樂果文化

樂果文化

# 叩問男女

## 生命中的愛與性

*Love and Sex*

陳炳宏、阿媞◎著

序

# 生命之愛，如來之愛

陳炳宏

吾愛：

如妳
如是而來的
最初，
成我
如是而來
如如不動的
最後。

到底人類為什麼這麼的渴望愛？因為，基本上人類是透過男女之愛在對方的身上看到自己的問題，如果能夠同時在愛中解決自身的問題，那麼，就是開始懂得不把問題往外丟給對方，也不把自己的問題拿來要求對方，就開始瞭解不往外的尊重之愛。

然後進入提升的階段，已經不再是「找下一個更好的人」的這種態度，而是不往外，拿自己的慣性供養內在的如來、內在的本我、內在的自主性，而與內在的如來共雙修，以如來自主的能量納入轉化所有男女相的識性。當自身與如來在共振、共願、合一的過程當中，開始進入對愛的本身、生命的本質、如來的密藏，解性愛密因密碼的愛情解碼，這樣才能讓世間的男女之愛成為「互為世間尊重，互為自主」的生命之愛，這就是本書《叩問男女》的不可思議的內涵。

我們把每一個人的生命之愛交給他們自己在男女之愛當中所有面對的關鍵，尊重每一個生命有其相愛當中的各種因果與議題，也全然尊重每一個生命在解密解碼的當下皆有各種不同層次的對應，更以最深的讚嘆交給每一個生命內在的如來——生命的主——給予生命所需各種不可說的解密解碼的內容。

男女之間是人類生命最大的課題之一，人類的兩性關係卻從來就沒有辦法好好解決這個問題，所有男女的愛與性是生命誕生在地球上的關鍵，父母親一生相愛的過程會影響所有生命誕生的素質。

現在這個世代，男女兩性關係已經面臨到必須重新整合的時候，協助兩性從過去累積的苦難中全面性的走出來，是本書責無旁貸的初衷與本意。

人類男女的兩性之愛一定要變革成通往淨化生命的本質之愛，才能解決當今男女相愛累積的問題。

本書的關鍵就是提供重要的內涵給所有人類，讓男女兩性關係能夠全面性的恢復如來本質的生命之愛。男女之間以彼此相愛叩問彼此的生命，兩性因相愛而生命學會了自主且尊重的愛之真義，男女之間如果愛的層次更好，那麼，下一代的本質與生養的過程都能獲得非常好的觀照。

這一本書是此世代空前不可思議的男女生命之愛的密碼之書，以不思議對應此書的內涵，將能全然引動相應自身生命男女情愛的生命密因密碼，而以生命本質的智慧相愛，圓滿人世間的男女之愛。

# 序

# 從男女之愛中獲得解脫的智慧

阿娓

我一直覺得，如果人類能夠完全從男女兩性關係中解脫出來，就距離真正的解脫不遠了，我的母親唸了大半輩子的佛，卻仍受制在大男人主義的父親權威之下，師父告訴她說要忍讓，要維持家庭和諧，她也忍了一輩子了，但是，她真正從其中獲得心靈上的解脫了嗎？沒有，只是維持一個平靜的表象而已，不代表什麼。

男女之間的愛與性，是最直接、最活生生，也是最殘忍、最引人入勝的修行道場，為什麼在這樣精彩的道場中我們卻無法從經典中、從宗教中得到真正的解脫答案？為什麼沒有一本經典告訴我們如何從男女之愛中獲得解脫的智慧？更或者，從愛中獲得自性的恢復？甚至，在宗教中是非常明顯的男女不等同，女性被矮化，所有以男性為主而建立的宗教道場，女人只能卑仰，這樣的系統與帝王權威有何不同？

數千年來，人類不斷的往愛情裡面跳，有的人避之唯恐不及，有的人在愛中清楚了自己，有的人卻在愛中更加失去自己，有多少人明知自己不知如何去愛、什麼是愛、為何而愛，卻又拼了命的想去愛？為什麼人類是這麼的矛盾？這當中的密因是什麼？為什麼我們學習西方開放自由戀愛，甚至性開放之後，卻無法真正解脫？戀愛與性的開放是真的「愛與性的自主」嗎？這些問題是許多人在世界上最想問的問題之一，但卻也是最無解的問題，確定的是，男女之間是人類最難以通過考驗的人生課題。

《叩問男女》是《樂生命系列》的第三本書，我將自己和夥伴們向陳炳宏老師請益過的男女相關議題都集結在這一本書，也包括女人和女人之間互相為難的議題，為的就是希望給所有在愛中沉淪、迷惘、承受的男男女女、非男非女一個不同於現在世間的角度。陳老師以他完全不落入世間慣性的生命本然，解答了所有男女關係當中的密因密碼，把男女之間的問題到底出在哪裡、為什麼人類無法從愛中解脫出來的關鍵所在，都清楚的反應出來。

這一本書主要以「女相解脫」為主軸，表明了女人如何不再承受男人，女性同胞自身如何互相解密解碼解因的重點，更重要的是，《叩問男女》在現在這個世代重新定位了女性生命的價值，女性海底輪架構的特質與密藏，在《叩問男女》的揭示之下，顯得深遠而不同反響。而且，這本書裡面所有的內涵都來自於自性不可思議的法流，以生命的本然解開了數千年來到現在人類尚不完全清楚的男女陰陽乾坤的密因密碼。

承襲了前兩本書《叩問生命》、《叩問無常》的精神，這一本書依然是希望讀者們能夠「不以慣性頭腦閱讀，而以內在覺受納入」的方式來閱讀，遞減思議的思維。本書文體特別，與一般書籍不大相同，在口語化的中間，穿插了自性法流的韻律節奏，以不同的字體呈現，有些如詩歌般優美動人、沁人心脾，像旁白，也像電影插曲，有些如佛經般無上深遠的智慧，像如來佛的指引，也像一盞明燈。

所有書中傳達的生命內涵，有些詞句用語也許與一般人的用法不太一樣，因為那是一種密碼式的表達，不同的人在不同的時刻會有不同層次的領悟與解碼，請讀者們以直心的覺受來納入，讓它們直接穿透到你的內在，不必用任何的頭腦思議去揣摩到底在講什麼，也不要預設讀後的結果會如何，慢慢的體會，慢慢的領悟，急不得，哪一天說不定會引動你的如來性出來，自然就會懂，但也無法強求。重點是，遞減閱讀時的慣性。

生命的內涵無需學習，無需辨證，所有生命的答案，都在存在的本身。

祝福天下有情人都能夠在男女之愛中獲得解脫的智慧，以自性相愛，以如來相愛。

推薦序

# 誕生一個生命全然自主的女性

張端筠

在母親的子宮裡，我面臨一個重要的決定，是男？是女？我決定以女相降生。身為長媳的母親頗為憂慮，她有生男孩傳宗接代的壓力，然而我的心意非常堅定，雖然腦不甚明晰。

在我三十年後，面臨另一個重要決定，要婚姻？不要婚姻？我決定走入婚姻。愛情與事業非常順遂，而婚姻卻彷彿有一張看不見的網，隱隱覺得壓力莫名。如來的安排有其深意。

回顧半生，一帆風順的我，在正常人的糖衣底下，包裹對生命問號不斷的心。快樂的人在哪裡？快樂的女人在哪裡？

炳宏首次提起，要建立有史以來第一個女相解脫系統的重要性時，我的感受是混沌不明的，當時我正挽起袖子解決大家族稀奇古怪的疑難雜症，一心一意要翻轉世界，求萬世太平。至於我自身，求學工作順利，婚姻家庭幸福，身為女性的重重受制，因為苦得不徹底，體會有限，共鳴也不大，現在回頭看，無疑是一種缺乏自覺的悲哀。

叩問的深度越深，解除的覆蓋越多，層層翻開，終究我無以迴避，身為一個女性，活在一個號稱現代實則傳統的華人社會裡，我們從來沒有擺脫男尊女卑的慣性思議。我們譴責妲己魅惑商紂，呂后干預朝廷，武曌自封皇帝，慈禧垂簾聽政在一個男性主導的史觀中，強勢的女人令人反感，漂亮的女人也是麻煩。另一方面，則不斷的歌頌竇娥冤中的孝媳，苦守寒窯的貞婦，孝媳貞婦到今日二十一世紀，仍是我們對一個華人女子的基本定義。

姊妹們，捫心自問，妳是否和我有同樣的盲點，如此看待自身所及，上一代、下一代，以及所有身邊的女性？如果這些敘述有些刺眼，我們有多少不想面對的自己？親情的隱忍，愛情的隱藏，友情的為難，性的禁忌？

隨生命面向一次又一次的揭開，省思此生累世重重疊疊的人際對待，我所承受的，所讓他人承受的，相扶持的，相為難的，深埋的一切，奔騰湧動而出。

一向自詡堅強如男兒的我，在淚水中坦然承認自己的無助與軟弱，坦白自己一無所知，一無所有。

在柔軟中，舊我像老葉般剝落了，一種從未見識到的茁壯，在深處昂然茁壯。

《叩問男女》成書，是這幾年來，阿媞與我，還有許許多多因緣聚合的姊妹們，以自己的生命故事供養，那是無數次勇敢面對，無數次淚水洗滌中，共願共振，解密解碼出來的精彩內涵，一朵朵凋萎的花朵，重新綻放清蓮般無染的生命，親證這一切過程的我，感動無以言說。

感謝炳宏、阿媞，感謝勇敢以生命來會合的姊妹們，虛空中我已意會這是無邊無量女性殷殷切切在等待的不可思議內涵，等待一個重生的自己，誕生一個生命全然自主的女性。

推薦序

# 「女相解脫」──女性要瞭解，男性要知道的密藏

朝陽大學講師　張皓傑

兩性議題的討論，應該從人類有文明開始，就從來沒有停止過，這當中愛恨情仇的糾葛，不曾隨人類歷史的發展有所消散；其中的苦難承受，也沒有因為文明進步而有所解除，只是不斷變化成各種不同的面貌顯現。

可是身為飲食男女，不管這當中有什麼樣的酸甜苦辣，我們又不得不面對，也造就了古今中外無數探討男女議題的著作。

然而不管你面對兩性的態度是什麼，也不管你在婚姻、戀愛、家庭上面臨了什麼樣的問題，手上的這本書《叩問男女》，是你無論如何也不能錯過的，為什麼？你心中可能有一萬個問號，但我只需給你一個理由就足夠了──這是人類史上第一本，也是目前唯一一本深入談論「女相解脫」的書。女相解脫是身為女性的妳一定要明白的；而身為男性，想要懂得和女性良好互動的你，也一定要瞭解女相解脫。

什麼是女相解脫？又為什麼需要女相解脫？

首先我們要瞭解，兩性不但只有生理結構不同，其實兩性所受苦難的類別也不同。在男女共組的家庭中，男為陽，其結構是外放的，所以男性基本上作為都是往外的，負責在外打江山拼事業以維家計，其所累積的苦難絕大部分就是往外征戰時所累積下來的。而在另一方面，女性的角色則是負責照顧下一代，打理好家庭，承擔所有家庭中的問題，但是她所承擔的不只是自己本家而已，同時還得承受夫家的種種，例如婆媳相處等等的問題，再加上丈夫在外打天下的承受，回到家中還會轉移給妻子，因為女為陰，其結構是納入的，所以面對這一切都是概括承受。

從這裡可以看出男女在苦難的承受上是不相同也不對等的，甚至可以說女性的苦難是比男性還複雜的。但是目前人類在解脫智慧的建立上，基本上卻是以男性觀點為主，沒有任何的解脫系統是從女性觀點出發的，甚至從來沒人提出男女在解脫上的需求有所不同，更不用談建立以女相為主的解脫智慧了。

然而這個世界上的人數，女性佔了一半，女相解脫的密藏若沒開出來，兩性根本的苦難永遠也無法解除，這就是目前整個人類在解脫苦難上最大的問題，這也是「女相解脫」為什麼重要的原因，只是人類歷史上從來也不曾出現過這樣的內涵，不過這一切將從這本《叩問男女》開始改變。

這本書是從男女共同交集的情愛開始，指出男女在生命上交會的意義，是透過共同的生活，在對方身上看到自己的問題，以不往外的方式互相尊重，讓兩性在相互的對待中遞減彼此的慣性，進而讓自己的主性恢復，生命圓滿。最後引導到女相解脫，深入解碼種種女相的解脫密藏，讓多生累劫以來在兩性上累積的苦難能有真正解脫的出口，這正是生在世上的男男女女生命最終極的渴求。

## 【目錄】

## 第三章　在性中自主

## 第四章　男女之間的解密解碼

## 第五章　女相解脫與女女解碼

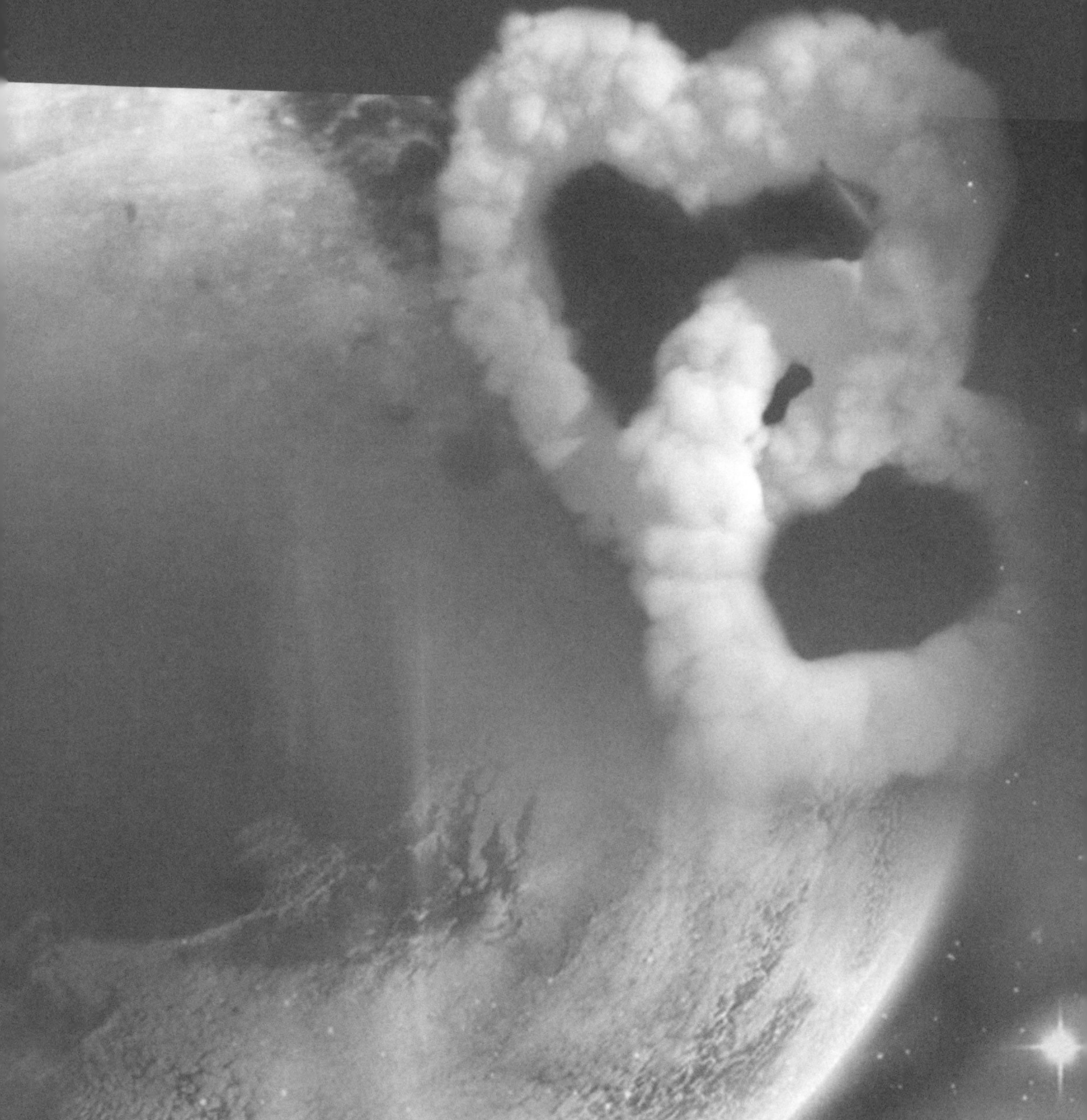

# 第一章

# 在愛中清明

# 以生命談戀愛

——世間男女的不等同、不尊重、不自主，唯有以整個生命去愛的人，感受最深。

一般世間的情愛，最後都變成一種對彼此生命更多思議與邊角的互相干擾，不等同於生命的恢復。

有一部分的人，他們的生命特質是會透過男女或人際關係的對待，當成是自身反省生命的觸動點。有這樣特質的人，在反省生命的時候，是用很深刻的感受去運作人生的軌跡，這一份深刻所代表的，如果用一般世界的方式來解讀，就會變成是有強烈或濃烈情感的人。

只是，這類的人在談戀愛的時候，如果對方不是等同地用生命在反省的話，這種「以生命來談戀愛」的感情，反倒成了一種表象的狀態。因為當雙方感情到了某一個階段，對方無法提升上去的時候，這類的人知道與對方之間無法等同，兩人之間的落差越來越明顯，對方越來越不能懂自己，這時候，就很想要抽身，而對自己造成一個重擊。雖然提出分手的人是自己，但傷得最重的人也是自己。

通常這類的人在抽離感情的時候，必須要同時砍掉好幾個層次的連結，但是砍掉之後，又拉回來再自我反省生命，就會產生一堆「為什麼」的吶喊與痛心，卻又不見得能夠意會到自己是用生命的本質在對應世間的無奈。

**為什麼有太多的愛，愛不下去？因為在識性的標準下，要求彼此的框架，變成預設的愛，設定的情是再也拉不回來的折磨。**

很多時候，人們在談戀愛，會把自己對待生命的誠意往外加諸在對方身上，當自身慧命尚不夠成熟的時候，會以為對方可能會有等同相應的覺受和內涵。但事實上，在經過多年之後，經過某一些歲月和過程，突然驚覺到根本不是這樣，那種失落是很痛苦的。

那不僅是一個戀情的失落，往往還是在所有歲月的過程當中付出了這麼多、面對了這麼多、努力了這麼多，卻對生命的一切問不出一個所以然來的失落，那是一種更深層面的找不到生命出口的靈魂的痛楚。

**男女相愛是一種生命互相面對的過程，這才是重點。相愛的痛楚，失去了初衷，不應偏執於自以為是的經驗框住愛情，因真愛才有情感。男女要把往外放在對方身上的全部放下，才能看清彼此為何而相愛的原因。**

**相愛的理由，是無法訂出任何的理由，因為它來自覺受，來自感動。**

**相愛的力量，是為了提升彼此，是有再一次改變自己的勇氣所做的決定。**

**關鍵在於，我們要徹底瞭解到，這個世界上大部分的人都在不斷地遞增慣性，尤其在兩性關係當中更是這樣。**所以，當一個女生的特質是會用生命的反省，進行人世間的自我面對，並以這樣的方式來談戀愛的時候，代表著這裡面也會有很大的承擔和承受。在很多關係的對待上面，尤其是直接的兩性對待上，會有很多的承受與痛苦。

因為她是以整個掏空的狀態去對應那一份情愛，那是一種很深的狀態所對應出來的感情，表示落入在男女關係當中的情境也很深。而一般人談戀愛是不會到這種層面的，只是在建立外在關係而已，有各種不同利害關係的考量，而不是一個深刻反省的方式來對待感情。

這是兩種完全不同的界面與人生，所衍生出來的一切是完全不等同的事實。

**用體會去愛，用感受去愛，越愛越柔軟，越愛越無分別，彼此的相愛，彼此是另一個自己的存在。相愛中，放下了，才是愛的情、愛的真義；放不下的，將成為另一種不安的累積。**

**不管過程如何，都是男女之間生命深遠的情義，不在於相愛的時間多久，更在於彼此體察了男女有別應有的世間尊重。男女之愛，生命之愛，情愛之智慧，愛情之慈悲，轉男**

女之識性，成就男女情愛之乾坤，方為男女中道正法之愛情。

男女愛情的每一種對應，當下的提點，納入沉澱反省，形成等同等持的對待。

男女愛情的每一種對應，應以解除彼此共同的不安恐懼，才是愛的真義。

用生命去做一種愛戀的圖騰，世界是一種慣性的情境交替，彼此之間是一種可說與不可說的情境的爭戰。

能愛的，用整個生命去愛，若自身不自知，將納入而承受無量，納入不能轉化，生命承受之沉痛，其覺受於生活中將無法轉化任何的可能。

一切都是生命之愛，但往外的覆蓋，只剩慣性之愛，能愛的也只是各自的立場，不能畏因，情境的因果，將是以整個生命去愛的人覺受最深。

# 什麼是愛？

——當你再也承受不住的時候，要愛什麼？如果你連自己都不懂，你能愛誰？

何謂心靈的聯繫？我們所講的心靈，就是真正一種內在性的狀態，所謂的聯繫，就是一種連結。你要結合的重點是什麼？愛，在人類所熟悉的世界，它是相對性的愛，只是，當整個世代的愛都變成一種苦的時候，那麼愛本身就不是愛，也表示愛本身都必須淨化。當所有的生命在每一個次第、每一個階段，都無法再承受的時候，就沒有任何愛可言。

當你自身可以開始反省思考「我愛你，但是我無法面對你的知見，我無法面對你的看待，我無法在與你婚姻的連結上，或是男女關係的對待上，在每一天互動的身口意中，承受你所重複的輪迴裡的因果、知見和看待。」

「所以，當我愛你的時候，我能承受；當我日益累積的時候，我無法承受；當我想改變自己的一切去迎合你的時候，我又無法承受，那麼，我就必須失去我自己，放棄我自己去愛你嗎？」

這樣的愛的狀態是一種徵兆，讓你開始思考真正必須的改變。

**愛的圓滿與成全，變動中男女的訴求，變化中訴求的男女，不可說的愛，永劫來的共同應對之道。**

彼此的臨在，問題已經所在。當彼此用一種判別的時候，那麼人與人之間，一切關係之間所愛的狀態下，就必須面對一種改變，那就是外在的改變。

如果男女之間任何一方的想法是「我有很多錢，我還有很多名，我有很多外在條件，所以你要什麼？我都可以給你。你要什麼，我買給你；你要什麼，我送給你；你要我委屈忍耐，我盡量在形式上都配合你，你要什麼我都隨順你。」

這樣的外在覆蓋性的給予，也是一種判別的行動。那沒錢了怎麼辦？資糧用盡怎麼辦？用盡就沒有愛了嗎？你是因為這些外在條件而來談愛嗎？所以當愛變成一種外在形式的來去的時候，這裡面剩下什麼？彼此的認知又是什麼？

另一種是往內的心靈層次，每一個關係都有因果，每一個狀態都有不同次第的無量劫以來的各種內在層次，你要連結哪一個次第呢？或者是「在這個次第，我們提升了，所以可以溝通了，並找到階段性的內在性的共鳴，所以，我們可以再走個幾年，走個兩年，走個三年，或走個半年。」是這樣嗎？

在男女關係之外，每一天在工作中、在各種的場合會碰到各式各樣的人，所對應的各種關係裡面，每一個因果都在變動當中，請問你能消化多少？那些不能消化的都會轉嫁在兩人婚姻或交往的男女關係上，這樣還能愛嗎？還愛得下去嗎？

**應對了一切，愛上了什麼？男女的日月乾坤，心靈中，找一種最後的出口，每一種關係，當下的情愛，共同的歲月時空。**

今天，你能有一點次第上的內化，內化到某一個次第、某一個功德、某一個靈魂體的時候，你自身的恢復和彼此共同的內化，所消化掉的某些慣性裡所得出來的空間，能承載幾年？外面的苦難還在加重，周遭眷屬的各種苦難還在加重，不見得人人能轉化啊！你有幾年的時間可以去轉化？有幾個次第去走呢？趕快去看一大堆書，全世界的書都抓來看，是這樣子嗎？我們講的連結，是用幾年幾年算的嗎？是用幾天幾天算的嗎？

這裡面只有一個答案，所謂的愛，是一種真正永不往外的愛。所有的相對性，一定要在所有的照見裡面，去知道自己即身的問題，要從即身下手。這個世代擁有太多，不是只有你自己擁有太多，而是每一個關係裡的每一個人事物裡擁有太多，擁有太多就很難觀自在。這裡面重大的決心是，**此一時刻的人，必須有一個空前絕後重大的知見就是——全面性的解脫，永無後顧之憂的解脫。**

若你今天沒有這個知見，你永遠是苦的，你要什麼都是苦的。你拿幸福美滿來覆蓋，拿道德來覆蓋，拿那些藝術來覆蓋，拿那些感動來覆蓋，到一個臨界點時，這些通通都會被打破掉，通通都會被因果覆蓋掉。因為每一種相對性狀態的次第都是有限的。

**從你生命中找最深的答案，總是一種悸動，面對如此這般的愛，我的關係裡，你是我生命之愛的答案。**

你要能知道你在無量劫以來所累積的因果是什麼。加諸在你自己的，和你自己內在無形引動的無形磁場，你是如何對待這些各行各業裡面各種不同的因果、朋友和親人關係裡面的因果？你是怎麼樣去引動納入的？你逃不掉的，我們無法預設因果的輕重，如果只能以有限性去做解脫性的工作，也是無法承受的。當無法承受無法解脫的時候，要愛什麼？

如果你連自己都不懂，都無法承受，你連自己都無法轉化，你能愛誰？先愛你自己的前生今世吧！先瞭解你自己是怎麼樣的德性，瞭解自己是什麼樣的毛病，瞭解你自己哪裡已經活得不成人形，我們再來談。

你給別人的是什麼？你給自己的是什麼？你離你的如來有多遠？**這個世代要全面性的解脫，你要能解苦難，要有重大轉化的能力，隨時隨地進行莊嚴的人生之道，和重大結界的能力，將無量劫無邊無量的慣性寂滅掉、粉碎掉。**這是一個生活態度，再過一段時間，所有的一切全面性解脫，是一個基本共同的生活態度，這是必然要走的路。

**生命的至愛，完不完美並不重要，一切為你而來，說不出來的願力，只為求一種本質**

**的愛，從平凡中生起。**

如果一定要等因果來催逼，那就等那個時候，讓每個人對自己負責，這是被尊重的。然而在這一個終極的世代之中，我們必須表達一個真實義就是，人類所有相對性的愛都會在這個世代終結掉。真正能懂得解脫的人，他才有愛可言。

你能不能意會到一件事情，佛陀的解脫之道，將成整個人類基本的生活態度，地球將成為一種有覺的生命體的存在狀態，他是肉身，他是覺，他這個肉身裡面裝的是如來的力量、如來的能量場。

所以，如來等同肉身，將成為地球未來的進化必走的最後之路。**沒有如來在肉身的等同之中，你能愛誰？不懂自己，你能愛誰？你有的，只不過是不安恐懼的評估；你有的，只是不斷在外在諸法中的連結。**之後，每一個人都在找各種的掠奪，成為一種習慣和慣性，請問：誰能愛誰？真有愛嗎？如果這就是愛，那已經是整個世代的能量場都無法承擔的愛。

所以今天要表達的就是**人類最後的機會——恢復如來性。**在日常生活當中，以無常的因果，叩問自己的如來，在即身肉身恢復自主的存在，一個莊嚴的世間尊重的生活能量場。當這個道場在地球成為一個自主的國度，每一個人都必須是自己的主。當大家成為自己的主的時候，每一個人都能懂得自己造了什麼因果，自己如何用自己的方式去遞減因果，而不要再加諸在別人身上，不要加諸在自己肉身上。

**問於我自己的，我不會有任何的刻意，你是我生命最深的完美，只為重逢中最不可思議的重逢，就在當下。**

能讓如來恢復在即身肉身，才是真愛的開始，其他的都只是過眼雲煙，就算當初真心的承諾，也因為無法承受，因為無法預設的過去生因果的臨在，而完全把所有的初衷淡忘掉。就算真有這個心，也無那個力啊！一切總在變質，所以人必須對自己革命。

**智慧者不在愛或不愛，而是在於本身的觀自在。**讓如來愛你吧！讓如來給人類最後的機會吧！讓所有的相對，告別這滾滾的紅塵吧！讓一切的地球歲月，只剩下自性的一點明月的空性，這就是真正的了義的愛。

大家都必須成為生活上共同的世尊，地球就是唯一菩提的原點。所以，每一個人都要成為自己圓滿的自主性，成為自己的彩虹橋，成為自己生命的主人，在自己的日常生活當中。這時候的愛，才是真實真義的如來性的無上之愛。

**一席天地中最深的盡頭，都是對生命之情、慧命之愛最深遠的初衷，無所不在的愛戀，在本質的湧動中，以血淚祈求彼此情愛的深化。**

# 愛的生命本質

——把愛當成生命恢復的重大契機。

什麼是愛？是誰在說愛？我為什麼要愛？如果我能夠愛你，我又是憑什麼能夠愛你？愛的本質是什麼？為什麼人在世間一定要有愛？

如果我們對對方瞭解之後，再決定愛，這是一種嘗試，但卻是一種因果。為什麼一定要愛這個人？你用什麼去衡量你為什麼而愛？愛是可以計算的嗎？為什麼你會有這些衡量，然後來決定愛這個人？

或者說，對方有什麼樣的資糧讓你能夠去愛？你要判斷的是什麼？如果對方所有的條件都正好是你要的，那麼，你為什麼會要？當你把所有的外在條件都理清了之後，那麼，愛到底還剩下什麼？

或者說，愛本身不只是這樣，我愛你是因為我瞭解了你？還是因為我不瞭解你？因為我瞭解你，所以我可以不愛，因為不用走那個過程，是這樣嗎？還是因為我不瞭解你，我一定要走這一遭，才能夠知道我為什麼需要去走這一趟來愛你一次，是這樣子嗎？或者是，我因為不瞭解自己，我必須透過愛你而瞭解我自己？

但有很多時候，當你愛上對方以後，反而是痛苦的，為什麼？世間的答案不就是「愛是幸福的」嗎？那麼，為什麼今天離婚的人會那麼多？是因為因果更重嗎？還是彼此之間的覆蓋更重？或者是終於瞭解了自己，或終於瞭解了彼此。

如果是瞭解，那因果就不是加重，而是從因果中解脫出來，彼此的因果已經有所解脫，只是在形式上，以分手或離婚去告別。有可能是這樣啊！因為已經瞭解了彼此了，也瞭解了自己，不用花一輩子的時間去學習兩性共同面對的過程，所以可能很短的幾年，在形式上的面對已經結束了，再輪迴還是那個樣子。

**不管人世間的衡量有多重，我只應生命的節奏來愛如此的你，我生命的唯一，我將在開始與最後，都與你共同輪動所有的覺受。**

但是離婚了以後，你瞭解了你為什麼要走那一遭嗎？所以，重點不是在於形式上的離婚，而是離開之後，你如何去面對？你為什麼會愛對方？在這個婚姻的前後過程裡，你的得失是什麼？或者，你能超越得失的看待？重點是在於誰去愛？一定是你自己。所以焦點是在對方，還是自己？有很多人連這個問題都搞不清楚。如果你今天清楚，你為什麼會愛對方或不愛對方，其實選擇權都是你自己在判斷，那你是以什麼樣的思維去判斷？你以什麼樣的人生價值去判斷要或不要？還是你的六根六塵投射出去的時候是受制的，因為受制所以拉不回來，所以你就必須想辦法去了掉？

緣份是什麼？這個份量的輕重在那個緣起裡面，你怎麼去啟動它？在啟動當中，一個智慧的人在愛當中，都已經在解除這其中男女之間的分別。當你解除不掉，下一個對象有可能會更好嗎？下一個愛情會更好嗎？離婚之後你一個人孤獨一生會更好嗎？這些都只是形式的問題，重點是在那個內涵本身，就是「為何去愛？」那個因緣的因，要以自己即身的問題去看，孤獨一生真的就能解決問題嗎？相愛無量真的能解決問題嗎？就是因為有某一種輪動，愛本身是一種輪動的軌跡，你一定要透過一個外在過程才能去完成。孤獨也是一個形式。

**無窮盡的我，在愛你的慈悲之中，不必再有外在的信靠，你我之間情牽的湧動，是我生死自在的解密解碼。**

要以愛見如來，但在以愛見如來之前，要先在愛中學習放下慣性。你為何會愛對方？因為你還有一些不得不丟出去的慣性，你必須丟給別人，才能夠看自己；你必須丟出去給這個世界，才能夠放輕鬆。結果是怎樣？真的輕鬆了嗎？別人的慣性難道不會在愛中丟給你嗎？所以這是解決不了問題的，一定要從自身去看。人類要提升到一個不往外的愛，不是不能愛，重點在於自己的不圓滿不要丟給對方，自己在愛中要學會放下，才有辦法從愛中得到真正的愛。

在愛當中要學習的是什麼？瞭解自己。如果你今天沒有辦法從對方去瞭解自己的時候，或者，你沒有辦法從自身去瞭解自己，你只能從對方去瞭解自己，但真的是這樣嗎？真的一定是透過這個過程就可以瞭解自己嗎？

你可能知道某一些可以調整的空間，並不代表你放下了，因為有太多的兩性關係是彼此之間的妥協，是經驗值之後避開的一種殘酷慣性的鬥爭。因為鬥爭下去，大家會活不下去，再加上兩邊的父母、兩邊的規矩，再包括一些過去生的因果，或包括小孩子來到這個世界，彼此之間思議慣性的評斷，比如說：教養的問題看法不同，那是誰對誰錯？小孩子又有彼此兩邊的傳承，所以重點就在這裡，雙方都要有不往外的世間尊重。

**不管相戀的結果如何，我們的情愛，共為肉身輪脈的密碼，共同放光在日常生活之中，愛的奇蹟，我們是覺醒之中共同的陰陽。**

你要懂得**愛是來自於你願意放下自己的標準，放下你自己的標準，你就會懂得愛你自己。愛自己的重點是懂得放下慣性，供養你的如來**，你要讓你的如來在你愛的世界裡站出來分享，一定要恢復如來去運作你兩性之間的愛。不管男女，單靠一點智慧，在你轉化很多的慣性時，還是轉不過來的，一定**要把愛當作是生命恢復的重大契機**，我們不能夠只把愛當作是兩性之中的某些情境式的愛戀。

我們要深化的一個知見就是佛知佛見，那就是一定要恢復如來性，一定要恢復如來本我，一定要恢復真理，如來恢復才有真理可談，男女之間也是唯佛與佛之間能知啊！

所以重點是，彼此的愛是要讓彼此的如來共同恢復，自己要與自己的如來雙修。你愛對方，也要愛對方的慣性，也要愛對方的轉換，你要協助對方轉識成智，協助對方去觀照如來性的引動。要愛，那就要全面性協助對方和自己恢復如來性，不是這樣嗎？要不然，自己的識性造就非常有限的認知，只是用慣性去看對方，能愛什麼？一段時間之後，情境一過，就受不了對方，因為不符合你的慣性，而你自己又不知道要放下慣性，到最後就是兩人關係告吹。

而你們的小孩子在這成長過程裡面，就是在對立關係消耗下成長的小孩，大家的德、大家的堪忍度都薄掉了，某個角度就是這樣。你一味的妥協、一味的逃避、一味的忍耐，能解決什麼問題？一直說要放下，但真的放得下嗎？

**用愛你的能量，寫下一本奧義圖騰的書，共同的情愛，是最深如來的應許，如此這般的相愛，從永劫以來，是彼此注定的無時無刻。**

現在的世代多麼的複雜，每一天輪動的衝擊，每一個因果、每一個考驗，無量劫來都在這一生反應出生生世世累劫的狀態。男女之間關係的經營到底為的是什麼？男女關係的經營就是要把你無量劫來所有的經驗值，都營造出你如來恢復的氣氛。男女的經營就是最深化的關鍵，是生死與共的狀態。

生死與共是什麼？男女的交往裡面是最深的照見，是性與性之間海底輪的輪動，是性與性之間的一種釋放，和海底輪的進進出出。**重點就是男女之間過去生因果生生死死的過程，當到了一個成熟點的時候，下個生命就誕生了，這個誕生就是兩性之間因果的延續，但是也是兩性之間成佛的法緣**，在一個生死的性的過程裡面，就是代表了最究竟、最清淨，也是最生死的輪迴。

所以，**孩子本身就是父母共同的畏因，孩子是雙父母、雙肉身、雙如來共同要轉化的傳承。**孩子接受你所有的傳承，承受父母之間所有共同的慣性，這些慣性若解不開，就是孩子要去承受。但是，孩子在叛逆期開始就是要走上他自己意志的路，他有他的靈魂體，他有他的因果，有他的生生世世，有他自己要去結緣的情愛。

愛是什麼？愛中的成長是什麼？放下慣性。但是如果你觀照不到，什麼都放不下，只是一味的在很多的外在之法當中，去求取或滿足對方的慣性。要看清楚，有錢不等同有愛，人類本身還是很容易用金錢去愛，去衡量兩性關係，以為「我愛你，你有什麼外在的慣性需求，我用錢給你，沒錢就沒有愛。」其實到最後，當兩性關係有愛的時候、有錢的時候都好辦事；當沒有愛，但是還有錢的時候，彼此之間的分離都是用錢去判斷，去討價還價。愛就是這樣子嗎？所以愛裡面的金錢也是彼此因果的算計，這樣子的過程對人類下一個世代的傳承有什麼幫助？

**你的存在，是我的本願功德，我的存有，只為了與你等同等持的無所不在，你的一切，是我肉身的法流，此刻，我們彼此永不再等待。**

今天的男女對待關係不是一個對價關係，對價關係是分別的，是不能等同的，是彼此落入的，是彼此慣性往外要求的關係。所以重點是在於無上正等正覺，我們在彼此對價的殘酷掠奪中，要解除這個相對性的計價方式，走上彼此共等同的部分。從共不等同走上共等同，你要有一個尊重，但每一個人要懂得從自身下手，而且一定要超越很多外在的條件。

如果人能在愛中愛自己，他的如來一定會供養他內在外在生存的條件，不會有太大的問題。考驗是難免的，但是生命生活中若能相應於如來性，一定有基本的福報，人要對這種信靠有絕對的信心。但人不能夠認為自己信靠了某一個對象，就不會有問題，不是這樣，人必須成長，人必須提升對自己的信靠，必須將任何往外的信靠都回歸，讓自己成熟，成熟到你自己的存在是你唯一的信靠。你必須將往外的無量的宗教、偶像，全部回歸到你如來。

愛有無盡的關係，男女之愛、親人之愛、朋友之愛、一切關係之愛、宇宙之愛，重點是什麼？你對你如來的愛，你對自己生命的愛。**你對如來的相應越深，你越能意會到怎麼去愛別人，你會瞭解到一切關係的愛，所有的名相都是假象，所有的情牽都是你不圓滿的地方。**

**你是我圓成的一切解脫之道，我一生中的行路，只為了與你解密解碼的自性對應，在最深遠的輪動中，我們共為彼此的陰陽無極。**

所以一個**重大且俱足一切關係的愛，就是在一切的愛中放下慣性。**學習先放下自己的慣性，恢復如來，並協助所有的關係恢復其如來的過程才是真愛。如果沒有如來恢復的機會，人類將沒有任何真實的愛可言，只剩下情境之愛。

所以我們今天示現的任何軌跡、任何的諸相、任何的語言和文字圖騰，都要以不可思議的實相的聲音、實相的文字、實相的書、實相的一切示現模式，其意義不在形式，而是在那個實相的本心初衷，我們要先要求自己在一切愛之中。

所以我們的生生世世都要去觀照，要先懂得愛生生世世的自己，不管我過去世怎麼樣。我的生生世世也有生生世世的父母，我生生世世的父母有他們生生世世的無量劫，我們每一個生生世世的父母，有他的靈魂體的無形的情境，有他曾經在佛之前的承諾，有他在無量道之前的不自主，一切的一切。所以我們無量生生世世就是無邊無量，一就是無邊無量。

我們愛自己的如來，就要愛自己過去的生生世世，所以，當下的別人也是等同自己的生生世世，只是，深的縱面部分是不同時空的生生世世，廣的橫面部分是同世的生生世世，生生世世不在同一肉身或不同一肉身，而是其生命面對的問題是一樣的。真正的大愛就是你瞭解到所有的根本問題都是因為「不識如來」，放不下慣性。

**愛你，我納入了所有的信靠，看著你的一切，成我觀自在永不往外的結界，不管宇宙如何，你是我生命無始無終的原點。**

如果能夠這樣的時候，你會很清楚的知道，在一切的愛當中的本質是如何的呈現。為什麼所有的愛都會變質？因為人本身累積到一個範圍的時候，他放下的、轉化的都是假象，他沒有辦法真正的放下。真愛就是放下，以放下供養如來，以供養如來去轉化自己生生世世的不圓滿，轉化一切關係的不圓滿，協助這一世的一切關係通通放下，甚至協助生生世世的自己與生生世世的那世代共法緣的眾生，在入自己即身的皈依境裡面，通通放下。

所以，一肉身一如來之恢復，是無邊無量的恢復，一定要協助無邊無量的眾生自主性的恢復，這就是愛的本質。所以我們在關係當中，是放下慣性，見自己如來，唯如來之所愛，方能以如來入肉身之即身圓滿的放光。協助善逝所有的一切關係當中的慣性，協助所有周遭的人善逝他的慣性，協助他們寶生自己的如來。**在日常生活當中，彼此以如來相**

見，彼此放下慣性，以如來相愛，這就是真正的愛的生命本質。

就是這樣的愛著你，彼此共為存在的終極，曾經在多少的時空，等待共同的圖騰，不再做任何生死的預設，也不再落入多餘的紅塵，只是共同臨在的感動，在一切的情愛歡愉之中，共同愛上了傳奇的傳承，男女的共愛，陰陽的無上，到終極情愛的解脫。

# 男女的交會與分離

——透過男女的交會，曝露自身無量劫來的執著與慣性。

女相由男相那裡所承受的苦，以及現代許多男女關係的複雜糾葛所形成的這些問題，重點並不在於男女關係的形式，不在於相戀、結婚，或任何其他形式，而是因為男相本身只能往外的對待模式。

男相本身是往外的結構，他的存在、肉身，以及所有的一切，都有他自己本身的標準與對女性外觀的喜好。大部分男相的模式都是往外且比較粗糙的，所以，男相傾向以外在方式來看待女相，不管是眼睛看、耳朵聽、肌膚觸摸的，都是女相肉身的每一個存在的部位——身材、肌膚、頭髮、聲音、五官……等，這些引動成男相的七情六慾，最後變為性的導向。

**不以慣性相愛，但求相愛中解除彼此識性的輪迴。**

**愛你以我心中的照見，知你所苦，燃起解苦的明燈，唯有在愛中，我不落入你愛我的慣性，我方能成你永生的知己。**

**而我因你的愛，從中照見我自身落入的慣性，愛你而知自身之苦，從你愛的提點中，我畏因自己拿何種慣性成愛你的我。愛你無傷，我因此放下慣性，知你生命的本有，因此無我，無住你我之間因果中的情愛，唯不以識性愛彼此往外的輪迴，但以放下的無為，成就彼此相愛的如來。**

性反應了男性本身所有的狀況，在性的過程中會激起男性的愛戀，但這種愛戀是他對自身的那種喜歡感的愛戀，然後把女性完全框在他的價值與標準中。當性的過程達到了他的標準之後，他的愛戀就會漸漸淡掉、退化掉，然後，把女相框在他的家庭江山裡，想怎樣就怎樣，多數的男相是存在這個慣性的，只是輕重的程度而已。

對那些被困在男女關係當中受苦的女相來說，重點不在於離開或不離開，如果妳再碰到的男性還是這副德性，妳怎麼辦？那不就是又一個輪迴嗎？在男女關係中的女相輪迴，是來自於男性本身的輪迴——男性往外模式的輪迴。如果沒有一個相當等同的智慧去轉化或沒有這涵養，男女之間是無法溝通，也無法解決的。或者，那個溝通也只是男相用來控制女相的一種工具，男相的專業、力量、知識、經濟、權柄和社會地位，這所有一般世界認為的加分重點，只是讓他們更懂得如何以非暴力，但卻是更可怕的方式來控制女相。

所以重點是在於，男性如何懂得不往外，這種狀態才可能解脫。女相要有一種智慧的了然就是——**男相往外狀態的模式所延伸出去的一切，才是女相真正所承受的輪迴的事實**。但是，妳要期待男性不往外，然後拉回來嗎？還是先讓自己懂得永不承受，洞察男性所有往外的慣性，讓自己有免於承受的智慧，能量的恢復與茁壯呢？

**愛你今生的緣起，不可說的感動，在於輪迴的，不在某一世，當下的每一個愛的動作，不管前生有多少個生生世世，不論來世有多少的來生緣份。當下的今世今生，愛你如愛自己的存在，把生命的叩問當作愛本身湧動的訴求，在生死之間，求不落入生死的今生情緣。**

今天所有的女相在承受男相之苦後，如果不從自身去改變，不去超越與轉化的話，即使再找一個男人，事情的發展也只是輪迴的輕重而已。就算是沒有具顯的暴力對待，在一個合法的婚姻下，不是只有性的不等同對待而已，還有各種不同可能的非暴力的對待，那也是非常痛苦而絕望的。日日夜夜，每一天生活在那樣的框裡面，所被削弱的能量又有多少？

所以重點應該是，女相要有能力洞察男相的慣性模式，在男女關係當中，要有相當的內涵與智慧，讓自己的存在和行為所呈現出來的是智慧性的，是放光的，是莊嚴的。這樣，男相在看到妳的外在與生命的內涵時，自然就不敢隨意褻玩焉，因為妳具有莊嚴的智慧放光出去，他自身的慣性不敢攀上來，不敢掠奪你，這才是女相真正能走的路——**發展自身的莊嚴自性功德。**

這是解除一切暴力和一切不對等的最好方式，解除而讓自己不承受，同時也讓男相所有的慣性退回去，自發性地退回去。

但是現在的女相都在做什麼？卑仰男相的外在條件和長相，或其他偶像式的崇拜，那都只會讓自己生命喪失無量劫面對的機會。**男女之間的對待，是一種互相的圓滿與成全，**不能因為外在的假象而讓自己養成一種虛浮和卑仰的態度，那會為自己製造更大與男相之間的不等同。

如果女相對於男相肉身的外觀與其他附加的條件，例如：英俊、挺拔、高大……等等的所有這一切無法放下的話，就沒有什麼好談的。因為所有的外在條件再延伸出去，就是社會地位、背景、經濟、財富……諸如此類附加上去的東西，對已經是被慣性層層覆蓋的人類來說，更是容易因此而被蒙蔽。覆蓋又再加上覆蓋，這樣誰還有能力把自己拉回來呢？全都被框死在裡面了。

**靈魂的時空之旅，陰陽相隔，陰中無量的太陽，陽中無量的月陰，時空是留不住的各種情境的寫照，有男有女，顯相出來的都是可以照見的。解脫之後的世界，不以覆蓋相愛，愛必然自主，愛更要提升，以生命的本質打破性別的界別，因相愛而彼此與生命的內在交**

**會，成愛的主體。**

男相用這些外在條件，很容易就吸引到這些被蒙蔽的女相，為了達成目的，所有的工具都可以用的，但那全都是往外的慣性動作。當男相不斷的用盡一切方式重複掠奪女相，一旦達到了性的目的，熱情開始消退，愛戀也會開始消退。男相往外的掠奪慣性，會等著再尋找下一個目標，這是男相的輪迴。

女相如果穿不透這些，就會跟著男相一起輪迴，用盡妳的時間歲月跟著他輪迴，耗盡妳的能量體力，甚至更多，到最後當然就只剩下痛苦了。如果當中還有性暴力，或其他殘酷的對待，那更是心力交瘁啊！

**落入其中，所有的相愛變成所有的承擔，將扭曲所有的相愛初衷，智者應提點所有的愛都是因果之間重大的轉換，轉識成智，不落入其中。在愛的對待中不要思議延伸所有慣性的身口意，才能遞減彼此共振的識性，才能不往外的體察在愛中早已承受而必須質變的因果。**

當女性說：「我也要像男人一樣，也要再找下一個目標。」但若自己沒有提升的能力，沒有穿透一切的智慧，沒有解除覆蓋的能力，下一個男人也會是這樣的狀態，因為是那個模式本身一直在重複輪迴，而不是對象是誰的問題。女相雖然不像男相那樣，是比較不往外的，但因為她過往承受男相的過程中，被牽動出許多過去無量劫來無法解除的痛，無法面對又解除不了，只好轉移目標，寄情於外在表象的東西，如：逛街購物、美容瘦身、飲食享樂……等，這樣，不但女相無量劫以來的密藏無法開演出來，女相自己也隨之而累積不好的習氣，照樣輪迴。

**以比較深的層次來講，男女關係就是一切關係的結合，男女關係的交會就是一切正法的交會，男女關係的存在就是無量的存在，在所有無量的臨界點裡面最後的一個臨界點，就是「陰」的臨界點與「陽」的臨界點。**

在地球上男女的重逢與交會，目的就是要重新建造生命的可能性，所以地球上的男女相是一切如來寶生善護的重大契機。所以，當男女陰陽交會的時候，就是一切如來再造之機的可能性，或者是無量生命重新再回歸到一個基本盤，在歸零狀態下重新再造，以陰陽交會的方式重逢，這也是一切正法可能的示現。

**無量的男女，無量的世界，無量的存在，無量的不可說，無量的不可預設，男女的交會是靈魂體的交會，是多重宇宙的交會。**在每一個男相的背後，是屬於偏向往外狀態的擴張的延伸型的不圓滿；在女相方面，是屬於可能不往外的內化的收圓型的不圓滿。這些不圓滿以無盡可能的形式存在於人類的生命型態中，當男女在日常生活中重逢的那一刻，也就等於是無量多重宇宙重新再造的可能與事實。

**能說的已說，所有的感動已盡，愛在誰的手上做生命叩問的動作？問為何而愛，今生**

**的愛是否是前世的果？原因何在？在靜默中深深的問：為何相愛卻不瞭解愛的本身？**

所以，這就是為何人類男女相的肉身結構中，最大的不同之處就是在海底輪——男性是無盡往外的海底輪，女性是無量往內的海底輪。

無盡往外的問題最關鍵的部分，由男相的形式在生活中反應出來；而無量的不往外的部分，透過女相的海底輪與其生命內化的過程而形成。所以，**肉身的器官和肉身海底輪的形式就是無量生命關鍵、究竟、到底和根本的狀態。**

不論男女，無論他們是偏向往外擴張或比較不往外，都有其既存的狀態與問題。而所謂的男女相戀，就是他們的這些狀態與問題通通在男女交會的諸相裡面，把他們過往無量被牽動且不圓滿的那一種眷戀的相，還會依戀的相，全都反應在彼此眷戀的情愛上。事實上，那一份愛、那一段情是他們執著於自身無法放下之處，而把它投射於對方的情境，是一種營造出來放在對方身上的情境。然後，又在這段的情愛之中互相牽動對方和自身的執著，以及不圓滿之處，相互考驗著對方。男女在生活中的相戀，是一種最深的曝露、最深的震盪，和最深的照見。

**因為男女的交會就是要通往圓滿，若不照見問題是不會有任何機會的，所以男女的交會一定要把無量劫最深的狀態給照見出來。**男性與女性他們自無量劫以來在無量世界裡面最深的不圓滿和最深的功課，或最深的願力，最深的通往清楚的過程，最深的轉化過程，最深的恢復生命圓滿的過程，他們在無量劫裡的不圓滿，那一份執著與依戀的情牽及攀緣，透過男女相會，透過彼此情愛的攀緣，通通反應在他們的男女關係當中。

**男女世間的情愛，是何等的刻苦銘心，每一個對待，都應深化彼此的生命。男女世間的情愛，不管任何層次，解除在世間的情執，才有真正的了然之愛。男非男，女非女，非男非女的存在就是生命最深的狀態。**一切的生命型態在他們的存在裡面，他們所有過往的經驗值都會儲存在他們的靈魂體記憶體裡面，無論男女都是一樣。肉身包覆在他們的慣性裡面，透過兩性關係的震盪，他們的交往所要相會的、所要共振的、所要照見的，就是曝露出自己本身無量劫以來的我執，放在對方身上不斷往外尋求而無法內化的部分。

**生命的獨特，獨自的特別，在稀有的神祕中獨尊生命神祕的傳說，寂靜自觀照，神聖不可侵，一念無生自有情，類別無上自獨白，傳承當下世代一切的呢喃。**

但是，人類的兩性關係從來沒有過這樣子的態度與知見來看待彼此存在的共振。所以當他們把自己的執著與不圓滿放在對方身上，放在男女關係上的時候，男相的做法就是不斷地往外，而女相內化不了，就不斷地承受。

這裡面最直接的就是，當兩性關係在海底輪交會時，表示彼此關係的確認而形成了交往或婚姻的事實。對相會的兩個靈魂體來說，彼此之間是有共同的承諾的，就是雙方要用當下的時間、交往的時間、共振的時間，透過彼此的對待，透過兩個完全不同的生命體，徹徹底底地震盪與照見彼此無量劫來的不圓滿，讓彼此走上真正圓滿的路徑。

但是，因為畏因之處不夠，結果常常都是把自己的標準與自己存在的不圓滿，往外附加在對方身上，形成了某一種存在的要求，愛對方，其實也只是在愛自己的執著。

**男女世間情愛，不應以慣性相愛。**

**男女世間情愛，不應以不安恐懼來延伸彼此的對待。**

**世間的情愛，不在於濃不濃烈，而在於覲不覲照。**

**世間的情愛，應以不思議相愛。**

男女都一樣，這都是一種「有關」的愛，不斷的反應彼此過往無量劫的輪迴。雙重的輪迴交疊在一起，成為現在問題重重的、牽扯不清的、紛亂的、消耗的、相互折磨的兩性關係，造成了很多毀滅性的狀況。

在這種情況下，當他們彼此之間照見的部分再也承載不了，沒有能力消化轉化，也沒有能量可以處理的時候，所能做的，就是將兩人的關係做一個重大的告別，就是離婚或分手。這段感情裡面的時間空間中，有某一種他們承受不住的狀態所產生的「分別」，累積了太多的「分別」在彼此的兩性對待中。

在離婚的形式中，也就是代表著彼此無量劫的狀況都要做一個重大的轉換與變革，到終究要告別的時候，就是代表著這兩人不但沒有完成這兩性關係共同密因上的承諾——解除無量劫來的不圓滿，反而還把不圓滿不斷地放在對方身上，彼此之間輪迴著，拉不回來。雙方告別而分開，就是告別了當初共同的承諾。

彼此放在對方身上的一切依戀，原本是希望在一對一專一的情況下，照見各自不圓滿之處，共同震盪出來之後解除。結果震盪出來之後，不但無法觀照，不能解除，反而還加深了彼此當下輪迴的事實，加重了無量劫來的不圓滿。這就是現在多數男女關係所呈現出來的樣子。

**男女的對待，是陰陽的調和，要能相應才能調整，透過對方放下自己，心中無我，才是無分別的尊重之愛。**

**男女之愛的痛苦都是為了什麼而什麼的愛，分別的愛，計較的愛，除了不安，終究無法再相愛。**

# 男女等同等持的關係

——以一世的時空，解除多世男女之間的糾葛。

什麼是人？人是什麼？人怎麼理解自己？人類有一個問題就是，當因某等身來到這個世界的時候，他是沒有任何其他的思維，因為他所有存在的狀態與因果全部都在這一生去面對，用自己來到這個世界的基本盤、基本模式去認知存在。

**人自問的，來為何來？去不知處，一切問題，一切不可說，人問向宇宙存有的一切，輪迴即是自身的妙答，識性的殘酷，苦難形成所有生命叩問的必然，人能問的，以來去問不再有來去的回歸之路。**

什麼叫做男女關係？男人真的就是男人嗎？女人真的就是女人嗎？為什麼人類要用一個最基本的肉身的生理結構來決定了男人是男人、女人是女人呢？

現在這個時代沒有任何的控制性，所以將所有的因果全面反應出來給人類，這當中有多少的男人內在心性是一個女性？他覺得他是女人啊！又有多少的女人覺得她自己是男性呢？有些女性來到這個世間的時候，雖然肉身是女生，她可能在年紀還很小的階段，國中、高中的時候，個性上就非常的像男生，她可能還存有上一世很重的男性氣息。或者是有的男人，他上一世的女性氣息在這一世還是很明顯，這些都是有的。這些都會影響他／她這一世的成長階段，我們能夠漠視這一點嗎？

**男女即身一切對應，應於生活，妙法當下；應於陰陽，觀照知苦；應於無住，非男非女；應之深遠，覺以善逝。如來示現，男之於陽，女之於陰，日月不二，乾坤無極，應如來解男女相不可思議。**

很多男性的生命特質裡面有女性性格的存在，這就是為什麼在現代有那麼多變性的人，男變女，女變男。在這個時代，女人和女人談戀愛，男人和男人談戀愛，那麼，這些人到底是男人還是女人呢？甚至有一些人是與男人或與女人都可以戀愛，也可以做愛的。那麼請問：怎麼去理解這一種多重複雜的關係呢？若只用社會道德去看這一件事，並不能真正解開裡面的複雜因果。

**戀愛讓依戀的情境，在愛中反應問題之所在，這是生命本身在戀愛中的本義與初衷，戀愛是將生命尚有愛戀的執著照見反應出來，放下，才能通往愛的本質。在於男女，也不在於男女，愛是解碼的必然，解苦的意志，如此才能在愛中學會做自己自主的不思議之**

愛。

**我們還能夠用單一的標準，單以肉身結構的標準，來決定如何認知男女嗎？**或者是要用我們人類所謂的主流關係去決定？重點不在這裡，因為那些都是形式上的認知，都要打破。我們要打破所有男相的既定價值，也要打破女相的自身標準，無論此世外表是男相或是女相，都是生命在無量劫來總持出來的——整個基本面對自我的一種組合而已。如果依照人類對男性或對女性的既有價值來認定，結果就會變成很多男性是越生活就越敗德，越粗糙，而女性也都失去了自己生命的自主性。

**男女之間，無不是為了打破彼此的慣性而相愛。**

**男女之間，把愛還原出彼此生命的自主。**

**男女之間，不設定的愛，愛不應被認知所預設。**

**男女之間，愛在身體的調整中，恢復生命一切的能量。**

**男女之間，愛的無量劫，所有落入愛的碎片全部圓收成自己的完整。**

**男女之間，在愛中，把失去的找回來。**

重點是，人是什麼？為何而來？你為什麼要用「男」的性別來到這個世界？妳為什麼要用「女」的性別來到這個世界？人最大的問題就是——「受限在男相」或「受限在女相」，打不破男女相的既定認知，然後世界都會用看待性別的標準去要求所有男性或女性，要求別人也要求自己。認為男生應該要像什麼樣子，女生應該要像什麼樣子，所以很多女性本身就會覺得：「啊，我就是被束縛的，我們女人只能夠這樣。」導致自己的認知就一直只能停留在相對性的卑仰中。

這些全部都要打破的。為什麼？因為人類要從自己本身的尊貴去看自己，如果你不懂得自己的存在價值，就只能在形式上不斷的去輪迴那一種非常表面的存在意義而已，那樣的男女對待都是非常的表面，是沒有任何的等同等持可言。

**人來到這個世界是為了什麼？愛是用來學習的嗎？愛學習得來嗎？為何相愛總是痛苦？誰的痛苦？看對方等同看自己的痛苦，痛苦表示在愛中尚有承受的問題。所以，愛的關鍵就是反應尚有問題的地方，問題反應出來就是愛的所在，在於尋求男女之間共願的共識，解決在男女共愛之中的問題，解決的過程就是愛的力量在恢復。如此，人來到人世就是以愛來圓滿生命本質的體會。**

**所以，愛的本身不是一直以識性去輪迴對方的行為對錯，不是一直以思議去判別對方是非的因果，愛是在反應問題的當下能夠不再往外落入對方的對錯，是自己叩問自己愛的能力如何，是否能無分別的把愛的問題當作自身的生命議題納進來，成為自己生命成長的動力與資糧。愛不在對錯，而在不以對錯看待問題所在，才能穿透問題進入生命本質之愛的妙法之門。**

我們必須講一句話，「**不在男，不在女**」，因為，在男在女我們都走過了。在男性的一切，在女性的一切，我們都已經很清楚了，經過數千年的淬鍊，在整個基本形式上的架構，男人就是那個樣子，女人就是那個樣子。當大家都赤裸裸的瞭解了男性與女性問題的時候，我們要怎麼提升、改變和打破既有的認知？因為瞭解並不代表改變了什麼，瞭解並不代表能進化了什麼或質變了什麼，所以仍然問題橫生啊！唯有真正的改變和打破既有的認知，才能真正解決男女數千年來存在的問題。

**重點是反問自己，把愛的對錯交給曾經相愛過的人，去做各種識性的判別？還是把問題還原成所有愛過的，都是生命對應的慈悲？其實，不管相愛中的慣性有多重，唯一的事實是愛當下都是生命本然的交會，生命之愛是男女之間必須進化的唯一之路。**

**愛是什麼？如果你今天不能從你的本質去感動你自己本身這一世來到這裡的一個初衷，你能改變什麼？你能愛什麼？**最多愛的就只是一個安全範圍而已。到了一個臨界點的時候，生命就沒有創意了，就只能用外在的方式來鞏固或控制這一段關係，而這一段關係裡面關住了兩個人。雖然人自己還是在改變的，人要面對生老病死，不斷的在前進當中，但是當我們都不懂得內化與質變的時候，我們就會受制於生老病死的外在形式。所以人類的男女之愛都是非常表面的，愛對人類而言，只要是承受不了的，什麼樣的愛都會改變。

為什麼人在愛中會承受呢？因為人都是往外看，往外要求啊！或者認知有限啊！不知道自己來到這個世界的目的，不瞭解自己為何以這等身來到這個世界，也不清楚自己要相應什麼樣子的質變來感動自己的如來。

**生命之於男女，男女叩問，叩問生命男女，男女情境，一切情一切男女相愛之境，境中男女，各有類別之分，生命次第，男女層次，廣天下男女共雙修，中道男女，世間尊重，自主男女，不可思議，生命自叩問，男女覺有情，天下共乾坤，陰陽圓太極，生命本無極。**

當你懂得打破自己受限之處的時候，你的生命是會前進的，你的生命是會不斷的自發性的前進，當你自發性前進的時候，你再看看你每一段感情的狀態，看看對方能不能跟你一起引動上來，自發性的前進？如果他沒有辦法引動上來，他一定會固執的在原地不改變。在這個時候，愛是什麼？男女是什麼？對待是什麼？你會很清楚的從那個臨界點看到，其實男女關係只是一個生命演化的過程而已。

但是，如果生命還需要靠一種男女關係來做為生命演化的過程，那還是屬於粗糙的。當大部分的人都沒有辦法再進化，都只是以不安恐懼來鞏固一個家庭的時候，雖然說維繫家庭並沒有錯，但是如果你沒有辦法轉化，以這個組合而合成的化學效應，就會變成一個家庭因果的共振，就是一個累積。

**尊重之男女，方能善護彼此生命的自主，衡量算計關係中盡是失去自我生命的本源。愛是放下，而良善良能的覺知之恢復，不在彼此間的外在條件，是在彼此共識下的納入之**

**深遠。世間男女，無常共愛，恆常共願，一切無不是在男女的共振中，為生命的本願示現男女共修的生命同源。**

這就是為什麼我一直倡導要建立「互為世尊，互為自主」的男女相，如果沒有互相尊重的生活態度，你自己如果沒有辦法觀自在的話，在男女相的背後就不是以生命的基礎來決定一切。人類現在幾乎都只用外在的基礎來決定一切，「有多少金錢、房子，家庭的背景、經濟狀況怎麼樣……？」考量的都是這些。這些我們並不反對，但是，生命內在的基礎在哪裡呢？如果你沒有生命內在的基礎，而你為了要得到這個關係的外在保障，你不就必須要委屈自己生命的存在嗎？

所以，在這種情況之下，男女彼此之間都互相在以扭曲生命的方式來進行兩性關係。如果要進入一段兩性關係，以現在人類的標準來看，不都是看對方漂不漂亮嗎？不是都看外在的條件嗎？這樣的人類還是非常粗糙的，等到相處一段時間，感覺沒了之後，什麼問題都來了，為什麼會產生問題？全是因為沒有辦法內化的關係。

所以關鍵不在男女，更在男女，生生世世我們都扮演過男或女，誰都一樣，但是輪迴是不會改變的。你有時候是男的，有時候是女的，你應以何等身，以怎樣的存在來示現這一生的功課？不管你此世是男性或女性，你要以怎樣的層次去面對你的生命之愛？

男女關係的背後一定是生命之愛，只是因為人類沒有辦法進入生命之愛，所以才停留在相對之愛的層次。相對之愛是用往外的模式要求對方，用慣性要求對方，當感動沒有的時候，當熟悉感已經熟悉到對方所有的一切狀態和所謂的優缺點都赤裸裸的曝露出來，沒有辦法隱藏的時候，要靠什麼去延續這份關係？以生命的質變與轉化，以生命的自主性叩問彼此生命的深遠。

為自己叩問，為一切蒼生叩問，為沒有辦法用生命去愛的男女苦難，其應有的解除而叩問，問出為什麼今天的男女之愛這麼的痛苦，為什麼人類在擁有一切的時候，在男女互相都瞭解之後，彼此之間竟無法有任何的融合？這才是人類最大的危機。

**男女之間的生死即是所有相對性議題的解碼關鍵所在，解一切男女之因果，即解一切萬有相對性之對應，男女之間無邊無量相對性之間，宇宙的意志以陰陽之二相，輪動所有宇宙存在相對性苦難的解脫之生命出口。**

**男女之間輪動的一切，即是宇宙即身存在輪動的等同等持，男女之演化等同宇宙生靈之進化，當下解碼如此虛空密藏，解碼宇宙如來深遠示現男女相共同共不同之不可思議之妙境。**

**男女之愛，即如來宇宙對無量生靈無窮盡之本我之愛，虛空本境，空性男女，覺男女愛之一切密藏，觀天下雙修無量之奧義，生命以男女之愛叩問男女之間生命之一切終極完成之自主。**

關鍵就在於女性的解脫系統沒有建立起來，而以男性為主導所建立的解脫系統，已經變成一種帝王術的狀態，在經過了數千年之後，以男性為主的解脫系統早已經變得解脫性薄弱，轉化力不夠。男性為了怕女性茁壯起來，數千年來以帝王慣性控制了女性，中國古代的後宮就是最佳的範例，這之中的發展有著男人的私心。而幾千年之後的今天，男人依然不知如何面對茁壯之後的女性，舉個例子，今天台灣的女性在各方面普遍都比男性優秀，男性無法面對，所以就找比較落後國家的女人來結婚，為什麼呢？因為她們比較聽話，很容易解決，都按照男人的意思去做，不是嗎？這都是因為男性有著一種相對性的控制性的慣性。

**女相必須全面性的建立解脫的系統，在無常世界，恢復女相自主的解碼，即身女相身口意，密解脫一切如來真實義。**

**女相即如來本身之即身存有，女相自身生命議題與男相各有其不同之類別，應以自身之存有模式，變革女相自身，打破照見，全面性恢復女相如來空前空性第一義之出世入世等同等持之解因解碼。**

**這是人類男女解脫系統各不同、共不同、共等同等持、共男女世尊中道、共自主的關鍵性的進化之關鍵所在。**

但是，重要的是，女性茁壯之後，女性自主了，女性本身也不能變成另外一種男性控制的狀態，所以就是必須要建立女相的解脫系統。要如何建立女相的解脫系統呢？叩問妳自己的如來，打破妳身為女性的慣性，如果模仿男相的控制模式，又有什麼意義呢？

為什麼現在的離婚率會這麼高？因為大家都不想被控制，要不然就是互相控制。當要分離的時候，所有要告別的狀態，都只剩下一種非常相對性的外在條件的分配，這與生命有什麼關係？這種分分合合的狀態就是人類另外一個更大的危機，因為將那麼多的情緒起伏傳染給小孩子，小孩子要怎麼辦呢？當然在大人這種不穩定情況之下，下一代的素質一定會更差，更流離失所，更無所倚恃。

**愛你以生命任何男女的形式，愛我以生活任何生命的問題，你我之間，如何叩問苦難解脫之後的變革？所有的答案，不在好與壞，不在條件是怎樣的訴求，而在變動的本身終將輪動出你我之間更深遠的不思議之愛。**

**愛你以生命，愛我以生死，提點的一切都是你曾經愛過的當下，你的存在是我恢復如來的必然，無求永生，無住永世，無我之你我。**

**愛不必是什麼，已經是什麼，不在生離死別，不問重逢的時間，愛過的時空，尋求解脫之道，生命已經在愛的形式中，先知先覺的把所有的感動化為相應下的情境，在其中的你我，終將走出不在其中的愛的心意。**

在這種情況之下，我們要問的是：「男女是什麼？」也要自問：「我以何等身來到這裡？」或「我為什麼以男人／女人的狀態來到這裡？」所以一定要有一批女性，不會一直停留於外在的這些美化形象身分的一些名牌、包包、化妝品、衣服……等等的裝飾打扮。不要只是這樣，更重要的是要懂得與自己的內在如來雙修，要懂得把自己的如來叩問出來。在日常生活中，妳要了義妳自身的慣性在哪裡？過去的承受在哪裡？當下應該放下些什麼？妳應該把妳的慣性整個供養給妳的如來，讓妳的如來坐鎮在妳的身口意，在妳生活的每一刻當下的時間空間裡，建立妳解脫的答案。在各行各業當中，這個大方向我們必須提出來。

**不必問我終將如何愛你，**
**你應捫心自問，**
**你在你我的愛中，**
**你將如何愛你自己？**
**以如何的你愛我？**
**愛如此的我，**
**而我也將深深的自問，**
**我是否以自以為是的我**
**不經意的在愛中，**

**扣住了你生命的軌跡？**

當女相的解脫系統建立起來的時候，它本身能夠轉化過往數千年卑仰男相的苦難，同時，女性也能夠對外在條件，如：社會地位、經濟地位……等，全面性的瞭解了然了義這當中的密因與涵義。在擁有外在條件之後，她們能夠善用，在互相尊重的情況下，也同時能夠協助男相的解脫系統重新再造，這非常的重要。

**在多久之後，你將會是如何的你？在多久之前，你又曾經是你自己的什麼？如此問你的我，更應如此問我自己，在多少年之後，我們又終將如何？這一切，能訴說的早已在愛的當下說完，那不可說的部分，又會在多久之後，昇華成如何的境界？我愛你，應你的如來；你愛我，應我的生命。愛是你我之間生命在多少年後必將走上彼此的靠岸。**

所以，男女關係不在於男女關係，因為，男可以是女，女可以是男，這個時代的男女性別在內在上是非常複雜的，在外在行為上更是複雜，所以，我才會表達「廣三雙修的男女相」密碼一定要在一定的時間裡，通往解脫解密解碼的狀態。這個大方向一定要先提出來，才有辦法真正解開男女相之間的苦難，要不然，人類一定永遠都停留在相對性的男女之愛，而男女相對的愛永遠都會有不安恐懼，永遠在害怕裡面擔心著失去與擁有。

所以重點就是一定要打破，照見自身落入男女相的對待。當一個女相不再輪迴在所有男相慣性的時候，她的素質會非常的高，她能夠與自己內在如來叩問生命的答案，而通往即身成佛的重大自主性，她會切入自主的國度、自主的磁場，自主的路在她本身的存在之中。為什麼？因為在這個世代來到地球的女相都有著非常重大的關鍵——這是另外一個密碼。一個女相已經歷經數千年甚至無量的輪迴，過去她曾經是男人，讓別的女性有所承受；也曾經是女人，承受過男性的慣性。

所以，現代的女性在叩問她自身如來性的時候，她有幾個苦難是要解除的，第一個，她自己還有尚存的男性慣性，就是在過去生曾經示現過的男性慣性要在此生解除；第二個，她過去生曾經身為女人的時候，她所承受自男性的慣性也要解除。然後，她才有辦法正視她此生身為女性的生命特質，完完全全的在比較無染的情況下，觀自在而深化，這是非常重要的關鍵。所以，女性本身也要把她自己身口意中殘存的男性狀態的干擾解除掉，甚至把自己女性的慣性也解除掉，這才是真正重要的。

男相的妙用與女相的妙用，到最後都是正法如來的兩種妙用，不管示現男性或示現女性都是等同等持，外在是女人但內在是男人，都不是問題，我們通通都尊重。因為有時候，一個肉身同時有著男性與女性的慣性，有好幾個特質同時在內外的狀態交替面對和輪迴，為的就是要**在此一重大空前的世代中，以一世的時空解除多世的糾葛，這是重大的密藏的開展。**就是在一世的時空裡面，讓多次關鍵性的輪迴在人格和靈魂體上集中在同一肉身，在同一肉身裡有女人，或有男人，或有多重的性格，做重大的交替、面對和解除。

**男女之間，女男等同，非男女之一切，共男女之當下，男女共宇宙之密行，女男共虛空之本願，男女共如來不二生命法報化，即身共生命圓滿莊嚴實相。**

這就是我說的「一肉身廣三身」，如果我們也把靈魂體的某一種個性的設計加進去，再將其恢復如來法報化之後的本質性加上去，那麼，一個人的肉身是何種多層次啊！人的尊貴和人的承擔，這一世的面對何等的不容易，但卻也是空前重大的機會。

所以今天這個肉身的整個設計和古代是不一樣的，人的整個狀態、整個的軟體是非常精密而複雜的，我們以千手千眼觀世音菩薩的圖騰來看就清楚了。這就是為什麼我們一定要完全徹底尊重，每一個人都可能會有他內外多重的男女性格集中在一肉身，因為每一個複雜性的背後都有其龐大的因果在那邊。

我們要先建立起自身的完整性，我們才有辦法會通多層次複雜的——目前全面都要成佛的各種不同肉身的內外層次設計——男男女女，非男非女，空男空女，一切男女相的對待。

**廣三即身空男空女遍宇宙，廣密雙修皈依境寶生佛，廣行諸法會一切智，廣天下無上男女覺行不二，廣當下諸佛如來生命實相，廣宇宙密解脫正法自主，廣生活性與愛共願無生，廣虛空實相法供養第一義，廣當下自性義實相莊嚴。**

我們要完全瞭解到男相或女相只不過是如來本身的兩種示現，當你能夠以如來性坐鎮在你自己當下存在的即身身口意裡面，無論變現男相，或變現女相，在靈魂體，在肉身，在一切的一切都完全是自在的，這之中的重點就是生命的自主性。若你沒有自主性，你變現什麼都是痛苦的，因為你不自主，只能受限在那一個變現的肉身裡面，去輪迴那個認知而已。

**我愛你，以不斷靈魂進化的我的永恆，入你無量劫來即身的身口意，你無窮的變現，已是我無量恆河沙數的不動如來，我之所以愛你，如我自身即身成佛的如來。你變現的無量生生世世，是我生命的諸佛；你示現的無量時空，是我生命的淨土。你是我唯一的虛空，我當以此生成就生命的畢竟空，以我此生唯一的肉身，遍灑成遍宇宙的日月星辰。**

**我愛你，你是無量，更是無窮，我無求一種等同，更是一種生命本質的等持，你莊嚴實相的慈悲容顏，我以我生命的本然，成就你我之間不可思議的生命之愛。**

但是現在如果有機會，我們要從我們肉身的一切男女相解脫出來，我們不落入自己肉身的一切，包括我們的肉身是男相或女相，或靈魂體的個性與特質，或記憶體裡的男相或女相的特質，這些功課全部要跳脫出來。如果能夠完全以如來性彰顯，那麼，男或女都只是佈局而已，但是裡面的輪迴都會非常清楚。

我們一切的變現裡的各種不同的男相、女相和靈魂體的架構，都是供養我們如來的法座，或者說那都是如來的妙用與示現。這個地方就是我說的**「以如來成生命之愛」來運作**

男女的解脫，成為自己本身無上男女的自主的如來之愛。

我以無窮解脫的靈魂意志愛你，不管你靈魂曾經如何的輪轉，你是我生命的解脫之道，你的心念是我唯一的自性，你的眼神是我通往智慧唯一的究竟，你的身形是我所有生命無窮的示現。

你是你一切的你，我都不必有多餘的心思，只要是你，任何的你，一切的你，可說與不可說的你，已經的你，曾經的你，都是我入我如來心性唯一的道路。

我愛你，等同愛我，等無差別，遍愛你的一切，如同遍愛我的當下，你我無分，無量劫無窮盡的恆河沙數，你是我唯一的永生，而我的永世成自主的國度，為男女的等同等持成世間圓滿的淨土。

# 善逝情傷，成就今世的解脫

——在孤獨中，形成由悲傷而投射出來的對男相肉身的渴望，落入的情境，卻顯得自己更形孤獨。

當一個女子看著她過去愛的存在經驗，當她在某一種愛戀的時空裡有受挫的時候，生生世世處在一種輪迴的孤獨裡，孤獨裡有一種獨自存在的觀照。當她觀照之中的解脫性是不夠的時候，經過某一種愛戀的挫敗和受傷之後，那是一種很深的悲傷，這個悲傷就會成為某一種狀態。如果她選擇害怕，不敢再進行下一次的戀愛，怕這一種生死之愛重新再發生第二次，那麼，就會選擇一種孤獨的結界。

**孤獨愛之孤獨傷，不在傲慢，無有邊見，如一理性，孤獨結界無傷悲。**

在結界當中，她本身的解脫性如果不夠，而透過某種才華，比如以文字圖騰去表達她對感情的嚮往、期待、沉澱、反省，和各種不同層次的心情時，這裡面有一個重大的問題就是——在每一個孤獨的反省裡，對過去曾經那麼重大傷害或挫敗的愛情當中，她的反芻是重新再輪迴一次的回憶嗎？或她每一次文字圖騰的記載，和每一次在各種不同才華的呈現過程裡，是不是以此再重新去傷害自己一次？

**心中千山萬水，心海文字圖騰，心性主性密藏，心願共主親臨。**

當她不是在一種解脫性的意會去遞減那種愛情悲傷記憶的過程時，她可能每一次的輪迴裡、每一次的記憶中，或文字圖騰的反省中，可能只是在那個短暫的釋放中，卻陷入更深的寂寞、更深的無法自拔的情傷和孤獨的承受。

**逆其反省義，女相解脫時，不在情中愛，一孤人獨尊。**

這種承受往往會變成某種極端的搖擺，然後設定成一種投射，在她的情境投射當中，會對另外一個她理想中的對象，產生各種不同層次的具體化的毒素，這個毒素其實就是另外一個擬人化的存在。這是她在沉澱當中的某種心境，在孤獨中形成一個由悲傷所投射出來的慾望，因為沒有解脫，因為她消化不掉。雖然，有些時候，她的某些反省透過某種才華形成對當世世代的影響，但是在繽紛繁華的背後，有時候，更形孤獨的卻是自己。

**背後之無量，縱世一才華，奇情不可思議之，繁華表相，迴向一切投射處。**

如果，她是透過文字圖騰，在廣大的共振中去示現她的心路歷程，那樣的形式所對應到的磁場是很重的。也就是說，當以這種方式去渡化很多女相或很多人事物的悲傷的時候，在感情世界的收圓裡，當事者本身和廣大悲苦眾生的共振，她所收進來對應的磁場是會很重的。

**心圖心路行，騰空一飛起，感情一世界，感應一主性，文章悲千古，納其眾生苦，渡化所有情。**

因為，「一就是無量」，她以這方式結緣的狀態，收集了很多女相共同的悲傷，累積到最後，她就會形成一種重大衝突的慾望，那是她本身累積了過去生更深層的一個無法自拔的悲，那是非常痛苦的。因為她自己在當世已經成為某一個啟蒙的角色，在形式上，會有一個更重的形式表相必須去維護，她必須保持某種神祕，而她也必須保持某種啟蒙的重要角色，所以，她的文字圖騰在那個世代的某一種存在裡，其實是會有承受的。

**一之一如一，無量量其無，圖中密神祕，奇蹟一女子，無廣最深廣。**

這個地方就會形成一個很神祕而深層的悲，孤獨終老，但是，她的問題其實是沒有解決的。她會有一種因廣大而形成且納於一身的一種對男相重大的慾望，這種慾望其實不是慾望，這慾望本身其實就是她自己內在的傷，因為極端的投射在對男相的悲苦裡，所形成的一種無法控制的磁場與能量。

**老其無中之老，納其一生之明，在獨孤中的寂滅，總求得一世的清明。**

所以，這種累積的磁場與能量就會在此世的肉身裡湧動出來，以祈求解脫性智慧的排毒、出離和寂滅，以寶生前生今世女女共圓滿的重大的即身成就，這才是重點所在。

**女女之間共守護，女女主性共寶生，女女圓成共世代。**

孤獨，不在男，不在女，是在男，是在女，當其廣收所有男女相各種不同悲苦的元素，和在愛戀當中的重大因果時，自己要畏因的是——自己的解脫性在哪裡？因為過往的前世要有機會解脫是難上加難的，要有覺性是很難的，所以他們基本上會有某一種轉移。當透過文字圖騰，或音樂、藝術，或各種不同途徑去展現才華，而廣渡於世代苦難的啟蒙裡面，在那當中廣大的對應，也同時收圓了那個世代男女相的苦難。

在自己內心一己的孤獨當中，若無法釋懷的時候，它就會成為每一個經絡輪脈或記憶中的重大毒素，成為某一種記憶的連結，所以這個深層的悲就會投射在對男相肉身的慾望中。那種慾望本身其實並不是那麼純粹的所謂肉體感官的慾望，它是因為來自於感情重大的挫敗之後，退回到一種無窮盡沒有答案的一種心境。

**打破無量之孤獨，答案無有窮盡，叩請只問自性，即身肉身，不落入任何世代之輪轉，各種才情成就之示現，圓成一行深之本願功德。**

而且，若她是有才情才華可以去與當世廣大的情愛磁場共振而有所影響時，她必須負這個責任去納入這些苦難的磁場。她自己的一種擬人化的記憶體就會進入另外一種具體的時空裡面，而形成一個重大的慾望的世界，這是非常悲慘的事情，因為她轉化不掉，覺性不夠。

**如何的影響？無受其苦難，慾望不在大小，永不再有任何的悲傷。**

人本身的存在本來就是非常廣大的，人的潛能是無量的，當她在思維裡形成一個極端的訴求，就會變成一種對肉身的慾望，或對肉身裡面每一種有關的連結就會反應出來。事實上，那就是她因為當世情境未解決的所有悲苦，所形成的擬人化的記憶當中的對待，這是必須全面性究竟善逝的，這才是真正的寶生之道。

**道其道，世間無輪迴，人本身，肉身法性流，解密解碼，解其生生世世。**

對前生今世，以今世的大智慧，圓成前世在陰陽兩極的對待當中，為了一個圓滿的無極狀態，所必須對前世在她悲苦的情愛中，所做的寂滅，而求其寶生之道重大的中道圓成。

**圓其陰陽之境，滿其前世之畏因，今世之愛，寶生之情，女女解碼，圓滿前生今世，主性之愛，共如來之情，寶生世尊中道，女相主位圓成。**

# 如來之愛

——吾愛，妳是我生命終極的完成。

在這個世代，女相在肉身中，尤其是海底輪的密藏與重大智慧之無上密碼解開的過程裡，她必須要能夠懂得全面性地不承受。不管是在合法婚姻當中或其他的男女交往形式，都是人類在地球上男女表象的行為。在歷史的演變與傳承中，兩性關係的發展形式不斷地在變化中，但是最重要的重點仍是在於，由這些經驗累積的過程中轉識成智，成就雙方通往圓滿之路。而女相要獲得內在如來的應許，承諾給予生命恢復的密藏，最關鍵的就是要有性的不承受。

所有男女海底輪的對待裡面，由女相納入男相所有進出的不圓滿的點點滴滴，都代表著男相在無量世界進出時，所累積的不圓滿的點點滴滴，透過性行為進入女相的海底輪。

無量劫以來，人類的演化發展至今，已經完全喪失自行提升轉化的能力了，許多靈修與宗教系統都宣告失敗，只是不斷地以慣性覆蓋，做的都是表面形式上的事，只會累積更多的慣性，造成更大的分別，人類再也無法提升什麼。當現在的男相自身的累積已經終於無法再自行轉化的時候，也代表著男相累積了諸多殘酷的苦難狀態在他的身口意裡面，已經沒有能力改變什麼。所以這時候，男相在性行為的每一個當下，都已經無法不令女伴承受他的慣性與苦難，這不是他要不要或想不想的問題，而是事實就是如此。

女相的成熟度就是要有永不再承受男相的能力，在平凡的生活中，不只是海底輪的不承受，性的不承受，也要在外在形式上不承受，在內在上不承受，在情感上不承受，在情緒上不承受，在心念上不承受，在一切的一切都不承受。從與男相的男歡女愛七情六慾中，整個拉回來到她自身的存在裡面，做一個重大的結界，就是走上她自己「無漏」的狀態。

如果今天女相因為貪圖性愛，或是以為自由地與男人做愛，換不同的男人，作風大膽地裸露身體就叫做性自主，並且把這種自主與本書談的「女相自主」劃上等號，那真是完完全全錯誤的認知。因為女相本身只要在海底輪承受任何男相的對待，就是「有漏」的等同存在，就不可能完全恢復到真正的生命自主。

當女相開始自覺，宣告永不再承受男相的時候，也要有等同的無上智慧，中道中觀。那就是要瞭解到，男相進出無量世界之後，將這些經驗值累積在他的身口意當中，其中不圓滿的部分，就是要以逆向的衝撞方式——性的行為，把這些累積的不圓滿的經驗值供養出來給女相內在的如來。

女相需要先在形式上不再承受男相任何不等同的對待，不承受男相主導下的暴力對待，不承受任何不符合女相意願的性行為，這些都要完完全全在生活中解除掉。當這些告別的時候，女相就有機會去療她自己的傷，拉回來自身的存在，面對無量劫來所有由男相所供養的點點滴滴，那是在性行為中最直接的面對與供養。

之所以要面對這些，是因為這一切都在那性行為當中，照見反應了無量劫來自己所愛的對象沒有辦法圓滿的部分。女人之所以會去愛這個男人，不是只是科學上講的什麼荷爾蒙的作怪或浪漫人士說的化學反應，真正在靈魂體上更深的密因是在於，這一個男性的靈魂體所在範圍裡面的苦難與問題，透過男相肉身的法供養真正地納進女相自身，**透過性的對待方式逆向的納入，成就她自己海底輪全面性地「無漏」**，從她海底輪的密藏與第一義當中了然了義，成為恢復她生命如來的終極的基本盤。

**吾愛，吾愛汝所有無量劫來走過的一切過程，因為，吾愛汝，吾不以分別心愛汝所有生生世世的因果，吾唯一所自身觀自在的，是吾自身能否有等同的願力承載汝所受的一切，善護你曾經落入的悲苦，在彼此的慈悲中，吾愛汝以吾生命終極的圓成，圓收你無量劫來殘存的碎片。**

所以，女相的解脫過程是不同於男相的，女相本身的納入性、收圓性，與比較不偏向往外的特質，透過性來納入一切苦難，轉化一切苦難，代表女相可以不必經過往外尋求的過程就能走上解脫與自主的路。

**所有納入的過程就是正法的開始**，最深遠的慈悲就是納入的根本所在，在每一個性的對待裡，不只是一個單純的陰陽交會而已，而是代表女相的海底輪需要一個男相的經驗值納進來，由男相供養出轉識成智所需要的逆向的重大體會，這是一種密供養。

女相的大智慧者若瞭解到這樣的密因與密碼，在性的對待裡，她會將所有承受到的苦難全部放下，放下的當下，就是她本身重大的解碼與恢復的契機。在這整個過程中，女相本身會知道，當她還需要一個外在的男相來對應時，就是她自己尚有可能往外而被牽動與受制的不圓滿狀態。她會瞭解到，與男相的性行為中，是提點她自身可以不必往外，因為男相已經把他無量劫來往外的部分全部完成，全部承受，也把他承受的點滴全都透過性的行為供養給女相，以此提點她不必往外。

女相在不往外的情況下，站在自己的本位裡面，以自己的慣性直接轉識成智，面對她自己的自性如來，與自己內在的如來做當下的無上雙修。在女相承受了男相無盡的慣性與苦難形式之後，這些承受已經具備了女相本身的特質，在同時存在的狀態下，女相轉身不再對應和承受任何男相，全面性地對應自己內在的如來，供養內在的如來，讓自己承受的一切共同的苦難，全面匯入女相內在無上如來的自性海裡面。

**這個時候，女相空性的如來會對著自己慣性肉身的女相做一個重大的表達：「吾愛，妳是我生命終極的完成。」**

男相的如來、男相的眷屬、男相的一切，在透過性，透過陰陽對待女相的當下，也提供了女相恢復自主的等同的重大資糧。女相在這世代，在生命恢復的過程裡，無論是度母、佛母、一切之母、無上之母，她在大愛狀態中，透過海底輪的終結形成了世間尊重的終極的解碼。在她肉身的每一個輪脈經絡中，一步一步地恢復，一步一步地展現女相空性如來的密因、內涵與法義，如來的密藏不斷地解除女相所承受的慣性與苦難，不斷地轉識成智，不斷地茁壯恢復。

在地球的這整個世代，女相如來的展現會是人類史上最重要的第一次，它是空前而殊勝莊嚴的。當有「永不再承受」這樣宣示的女相示現出重大的自主性力量的時候，在她不往外且生命完整的情況之下，開始對應自己內在的如來，內在如來承諾於她的法音會向她表達：「卿卿吾愛，妳是我生命終極的存在，終極的供養，終極的世尊，世尊之愛，世尊之性。」這裡包括所有無量輪迴在外的不圓滿，都是等同吾愛。

**汝之輪迴，等同吾輪迴的因果，汝之承受，等同吾無量劫一切的承受，汝所走過的路，吾如一受過，汝生命的軌跡，是吾一切覺受的照見，汝生命的變動，是成就吾觀自在的如**

**如不動，汝在不可說之中，思念吾不思議當下吾與汝一切共同示現的曾經，那都是生命彼此叩問的密碼。**

真正能恢復的重要的女相菁英、女相的世尊、女相的如來，並不是一般性的如來，她是根本重大終極願力的如來，她具備了所有一切。當這個世代來到這個層面，海底輪當下終極圓滿的確定，永不承受的確定，肉身的完整性確定，如來逐漸恢復的當中，在完全不往外的情況下，自己完整地面對生命。她叩問生命，她叩問一切，她叩問當下，她叩問一切的可能性，在日常生活當中的一切進行，永不流失任何機緣機會。她就是此世代女相的總代表，是終極世尊女相自主的示現與根本重大的願力者。

這不是只針對女相世尊的恢復，因為她還具備了對承受男相一切苦難的等同等持的解除苦難之功德力。所以，這一個世代女相世尊的恢復，就具備了這麼大的可能性，這麼大的能量、願力和莊嚴的功德之力，這是無量劫來不可思議的終極的一次。

當然，數千年來，在整個地球歷代示現過女相的肉身，都必須無盡地納入兩性對待當中的重大的圖騰與承受。永劫不再承受的當下，就是女相自主恢復的重大啟動與開始，那個輪動出來的力量可以解除無量男女相的輪迴。唯有女相在她的兩性承受裡面做一個重大的轉換，成就無上功德，男相的不圓滿才能獲得最後的解除，這是女相的重大智慧與權柄和無上的功德力。

在這種狀態下，在男女相納入女相終極完成的當下，在莊嚴女相生命解脫解碼狀態下的性的行為，性非性，性是愛的本身。在終極的圓裡面，性是太極，性是終極，性是圓滿。性本身對女相的海底輪來說，就等於是終極太極圓的輪動，莊嚴實相的結界。

女相在這過程裡面，會獲得她內在如來無上終極的妙法之愛、無上之愛，當內在的如來對著女相表達，也等於對著無量世界，對著無盡男相表達著：「吾愛，彼此當下無盡都是生命終極的完成。」

**性的心意，是如來究竟一切男女之間的因果，以如來共雙修，以本體共慈悲，以自性共性愛。人性的陰陽，天地等同等持的太極，性的不可思議，不落入男女相，無極圓兩儀，心性本自主，愛之以性，以性之根本，了義如來之究竟，生命之愛，雙修陰陽，解男女慣性，互為自主之男女相。**

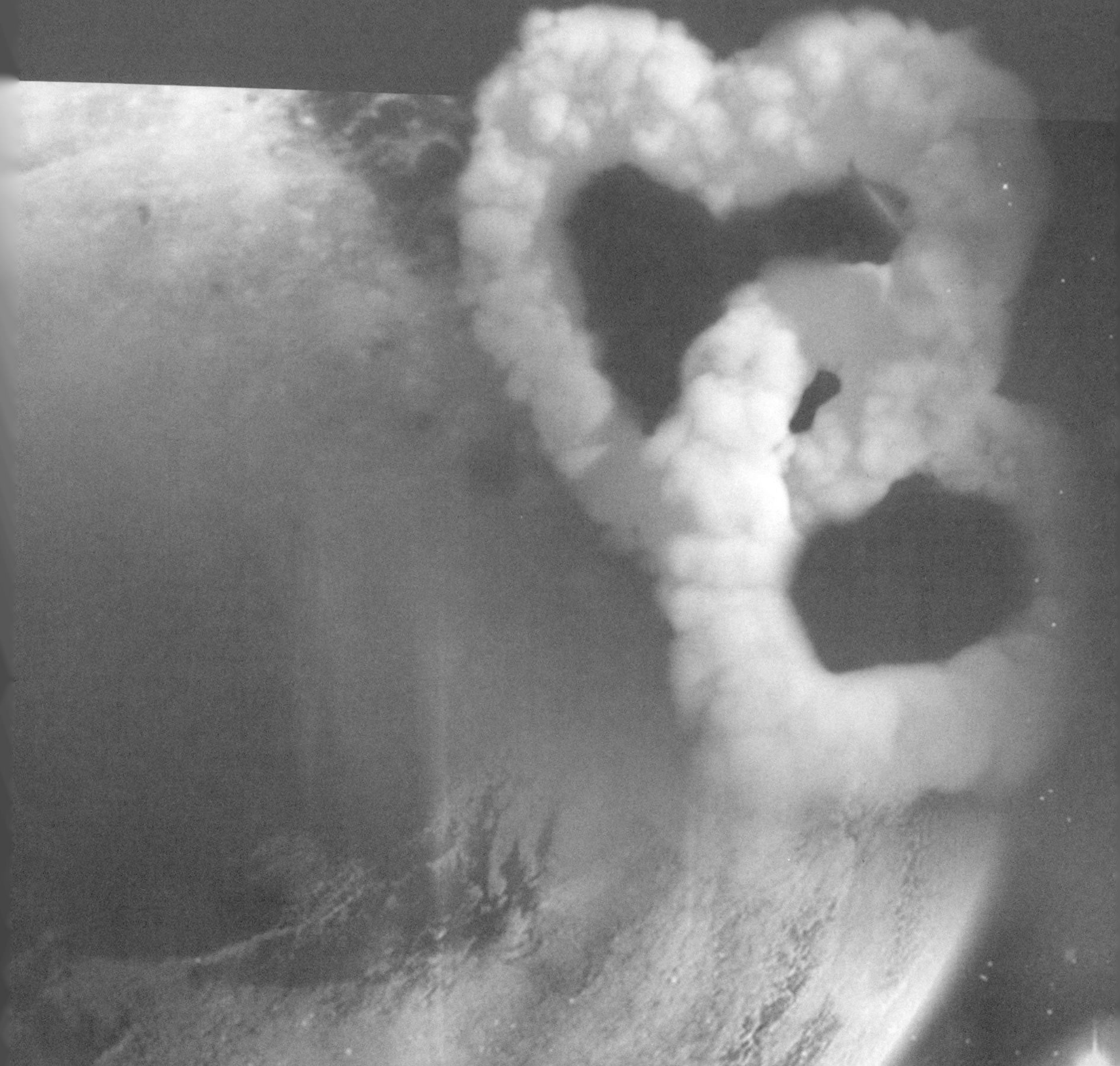

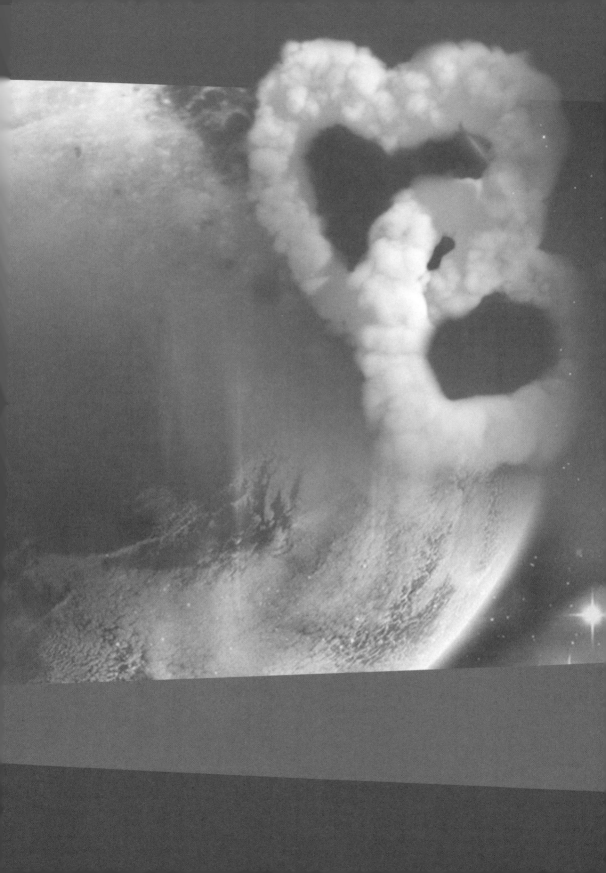

# 第二章 在愛中完整

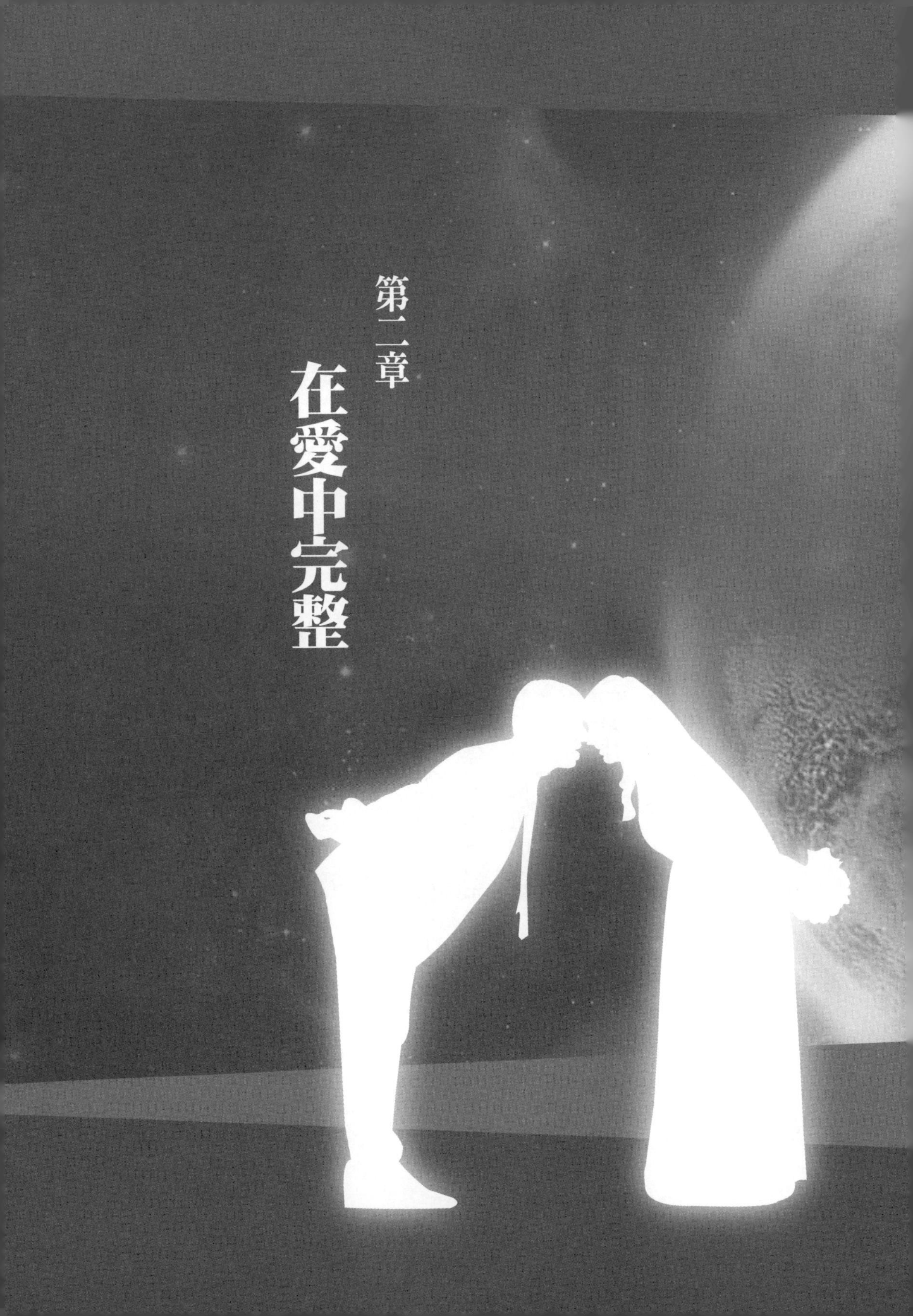

# 不是愛不愛的問題

——死了也要愛，愛了也要死。

我們真的能愛嗎？好像為了一種愛，我們永遠想要在一起。你今生是男的，也可能前世是女的，前生今世經驗過的男與女的角色都在同樣一個肉身之中。我們存在的愛，真的那麼重要嗎？為什麼我們眼中只有對方？因為我們有這麼重的因果，我們只看到陰陽之中的狀態，我們看不到不二的中道之義。

我們心中充滿著男女之愛的時候，我們真的是什麼都愛不了，我們以為的交往，事實上只不過是一種陰陽的交流感應。你是男人嗎？你是女人嗎？你是你的誰呢？我們在死中也要愛，我們愛了也要死，我們得不到這樣的愛，我們又讓對方去死，也就是等同我死了自己。

很多狀態不是男相女相的問題，很多事情不是往外愛的問題，而是我們自己無法在愛中看到自己本身的生死。如果真有愛，為什麼我們有生死之中的狀況？因為我們本身並不瞭解什麼是真正平和的愛。很多時候我們愛了，但是我們本身也無法在愛中得到什麼，感情真的那麼重要嗎？或者是我們要瞭解到，情愛之間的生死有那麼簡單嗎？

**在我中有你，不管天荒地老；在你中有我，生老病死也是自在隨緣，共同的山盟海誓之中，只為了彼此不再承受的完整。**

情愛之事讓我們瘋狂了、痛苦了，但是我們並不清楚，為什麼我們會愛對方？為什麼有一個這麼龐大的痛苦，要我們去愛著對方？很多事情是死了也要愛，很多事情是愛到死也要愛，若真的死了，也真的還能愛的話，那麼不如在死中去瞭解愛吧！為什麼我們本身在愛當中，還有這麼多的不安恐懼？很多時候，真的愛了就能夠負責嗎？還是我們不瞭解愛，所以我們才去愛呢？關鍵是在於，在愛當中我們有太多的忍受，我們能堪忍多久這樣的愛？

所以，當我們自己有所愛的時候，我們要瞭解到愛的本質是什麼？我們在愛當中的狀態是什麼？我們自己本身對這些要有所瞭解，如果我們充滿了愛，事實上等同我們充滿了敵意，因為有相對性的意念，我們一定有關鍵性的一種毒性在裡面。

**愛是什麼？愛了又如何？不能愛又如何？愛得平凡，愛得不可說，在愛的當下之中，一切的愛，都是早已不可思議的存在。**

有時候，愛本身並不是愛，愛本身是因為我們沒有辦法愛自己，所以我們去愛了對方。我們必須懂得愛本身是什麼，那就是沒有愛的問題，因為在愛當中，其實是一種引動性的狀態，當我們的法流引動出來的時候，是我們如來對自己的愛。但是你要瞭解，當如來引動一種愛的時候，你沒有辦法從即身的當下去面對究竟排毒的時候，那麼很清楚的，你就必須有一個外在的對象讓你去愛。

但是愛的背後的目的是一種連結性的狀態，當男女之間的關係連結之後，接下來就是要湧動那個愛背後的毒素。而當愛的狀態結束了以後，兩個人就是要在陰陽之間，共同面對自己的因果識性。你如果今天能夠承受得了，那麼，你就能夠在其中得到一種愛的真正的尊重，那就是你能夠排毒了某一些痛苦、某一些因果。

但是重點是在於，當你自己本身只能往外看的時候，你這個愛終究是有限的。那麼，愛的法流結束時，你只能夠充滿敵意的去面對你自身的慣性，那就是要求對方按照自己的標準來形成這一份愛；或者對方要求你要按照他的一種標準，去履行所謂愛的承諾。

**日子裡的恆河沙數，歲月中的乾坤諸有情，不管彼此為何而來，一切如來的應許，我們映照出共同無我的大道。**

所以很多事情到最後是生不如死的愛，愛不如死的生，生不起來的愛，終究就是一種關鍵性的痛苦。很多事情不是男女的問題，也不是關鍵性的一種陰陽的問題，而是你沒有辦法非男非女的問題。我們如果沒有辦法轉動男女之間共同的生死議題的時候，我們怎麼愛都是有問題的。因為愛之中，愛本身只是一種法流上的引動，目的是為了連結一種關鍵性的男女相，面對所有男女共同的一種分別狀態，解除所有男女的分別狀態，就是要解決所有陰陽對待的問題。

因為真正的圓滿，是一個無極的狀態，是沒有陰陽問題的狀態。所以很多的男女相，其對應的重點是在於中道的出離、中道的排毒。但是如果今天愛的引領，沒有辦法真正解除其中陰陽的毒素，我們終究進不了無極不二的中道。我們很清楚這份愛終究是一種最大的痛苦，因為所有的問題，我們都是往外的，我們沒有辦法共同在陰陽的愛之中，有一種無極圓滿的可能性。

**不在任何的世界中，只為了共同愛的解脫，就算已經在無量的世界中，這一份本體的愛，就是一切深遠的存在，共為彼此的唯一。**

所以我們只能夠互相看著對方，往外去控制對方，這樣的愛就是一種死了也要愛，愛了也要死的狀態，因為所有的問題，都沒有辦法在愛當中被解決。所以你即使瘋狂了，你也負責不了什麼樣愛的責任，這就是所有的問題所在。

今天我們要瞭解的就是這個議題，當我們清楚這個問題的時候，我們要瞭解，我們不是愛不愛的問題，而是我們如何在愛中真正的成就所有的法流。不是愛的問題，不是愛誰的問題，或我被誰所愛的問題，而是我真正能在彼此之間的一種陰陽的流動之中，把所有的生死問題，在男女的情感之中，全部解決其中的識性議題。

**你是我生命終極的完成，愛與無愛之中，是生命共同的非凡。**

**你是我生命終極的完成，不可說的示現，是生命恢復的契機。**

**你是我生命終極的完成，如此傳說的奧義，我如此等同的相應。**

**你是我生命終極的完成，讓所有的必然，都是最好的安排，共同編織這如來的夢。**

# 在愛別離中解除愛別離

——情愛之間也只不過是你為了對自己最深的看待，將自己給看回來，就不再有愛之間的問題。

我們今天要瞭解到，很多臨界點的觀照是你自身至情的臨在，臨在的狀態引動出來各種不同的愛恨情仇，之所以恨，之所以愛，這臨界點的狀態，你所判斷的臨在的生死情誼當中，就算是生死之中有所了義，但是有時候在生死之間的來去當下，沒有辦法有所判別的時候，或者是，在情愛之中的情過深的時候，在一個臨界點上，在生死之中的判別出了一些無法預設的評估之時，我們要如何去意會這樣子情愛深淺的境界？

情愛的臨在，與你本身在無常之中所臨在的自主性是有關聯的，自主性的重點，是情愛的核心價值，情愛中的情緒本來就是不能自主的輪迴相，在男女的對待中，過度用力的情境情緒，就是整個相對性的照見，也就是整個要轉識成智的切入點。每一種關係在每一種世代的輪迴裡面，都會有我們的某一種在意，這種在意也是我們輪迴的生死點。男女對待的諸有情，就是**在陰陽中的雙修共振中引動出男女之間情義上互相投射的生死點，這是在情愛中被照見的因果**，也就是男女之間彼此最在意的識性控制。

我們要在情愛中告別的，就是彼此在對方所投射最在意的情困情綁，這就是永劫來在陰陽相對應之中還會落入輪迴的所在之處。我們要有一個很深的了義就是，我們愛這樣子的一個肉身，愛這樣子的一個圖騰、長相、特質，**到底我們是在愛對方？還是在一種投射下，對自身某一種可能再輪迴所在意的一種投射之愛？**

情是對自己的情，愛是對自己的愛，只是我們看不到自己即身的生死，我們只是對別人在生死關係之中的一種情愛的判別離。男女的陰陽對待，有其男女不同因果類別的屬性，在男女的關係上做各種不同的判斷，這是永劫來的陰陽對待中識性苦海的波動，透過男女情愛的對應，引動出我們能夠從陰陽判別的識性中出離的能力。所以，愛之中的清明清淨，也就是在情愛之中的了義圖騰，就是徹底的告別兩性之間的識性情愛，當無法往這個方向去做一種解除的轉識成智的時候，識性控制的累積過重，就會產生無法承受的恨，這個恨是深層的、無法預設的狀態。

**神變你我生命之愛的印證，永世不再有任何的塵埃，當世的顯相，我們都是共同的身口意，不再有任何外在的美麗。**

當每一個人所臨在的往外是過重的時候，他是沒有多少空間可以去做即身觀自在的。我們要瞭解到生命在永劫的輪迴中，有多少生命的形式可以求一個覺知常在的清明？我們有多少人在一生當中能夠看到自己本身情緒的起承轉合？這就是關鍵所在，更何況是解決自己本身落入情愛關係當中生死點的情緒。每一種關係所輪動出來的照破，我們之間不只是要照見，更是在於打破，當我們打破不掉的時候，很多情愛的記憶就會永遠輪迴在我們生生世世的關係之中而不自知，情愛之間的來來去去，都會造成生死因緣之中，緣起上生死畏因的逆向承受。

當我們在情愛之中承受了一切的時候，這種承受就是一種情愛之間的苦難，所情的不一定是所愛的，所愛的也不一定就是有那個緣份所在。除了時間空間的臨界點，關係著人與人之間對應的輕重，男女的輕重、陰陽的輕重、因果的輕重，無時無刻無不是反應在男女情愛心海的輕重、愛恨別離的判別。我們問情於天地，我們自己的每一天有多少的時間叩問自己的如來？我們所臨在的當下不能自主的痛苦，就是在於透過情愛，愛戀別離，**我們愛不出自己的一個完整性，因為我們就是把自己的情，放在別人存在的一切輪動之中而不自知。**

**不管變得如何，這一份情義，都是生命獨一無二的舍利子，就算是闇黑中的投射身影，我也是色不異空、空不異色的愛著你。**

所以任何的關係都是為了照破，但是人類歷史上有多少時空，是可以瞭解到這樣自我照破、自我打破的重要性？我們人類在整個慧命的成長上，還是透過相對性的來往去看待某一些基本面，但是這是不夠的，是不究竟的。

所以我們在兩性關係的陰陽之中，所面對出來的究竟就是等同等持的「非男非女」之相。在「非男非女」之相當中的無極性，也就是陰陽調和當中的相對性，全部解除的時候，我們的即身當下不往外，在任何一切的相對性，能愛的就是即身的如來。

男女相肉身的中脈或左右脈，在男女相陰陽的對待之中，無不是在調合肉身男女陰陽相的轉識成智，成就男女肉身無承受相無極如來性的中脈中道中觀法身如來。所以，男女肉身中脈之如來性能調整你陰陽之中的即身肉身左右兩脈的陰陽相，當左右兩脈陰陽相的相對性全部解決的時候，就是中脈即身當下觀自在的本尊本身的即身法流。所以，中道即身肉身的存在，解除了相對性的左右脈狀態，也同時涵攝左右脈，同時共為廣大身的即身中脈。

我們要瞭解到，情愛之間的究竟性，就是在一切生死愛別離當中、生死判別的轉識成智中，出離男女陰陽的識性。所以，男女情愛關係的無預設性，和各種男女識性極端控制或極端的告別離，都是當下陰陽示現最直接究竟的出離相。**男女之愛本不可說，陰陽之情本觀自在，情牽為何物？只為了在相愛的過程中，解除不空的情的識性。**

男女相就是最深的投射、最深的生離死別。愛無所愛，情無所情，**情愛之間也只不過是你為了對自己最深的看待，將自己給看回來，就不再有愛之間的問題**，情之間的臨在，就算是愛情的臨在，也是多餘的存在。若我們總是看不到自己的時候，愛了再多也是沒有用的，因為我們只是在輪迴中，有著因果相伴在其中的生老病死的兩性關係罷了。

**不管你變得如何，你都是我當下唯一的愛，當下生命終極的吾愛，我不想有多餘的稱名對你，但我絕對是奉主之命，如是我聞的愛著你。**

因此，當在情愛中有承受相的時候，我們要瞭解那就是愛不了自己的落差，緣起上性空不了，所做的相對性陰陽相的對待罷了。以究竟來看，無極本身即是非男非女、非陰非陽的狀態，天地之間只不過是共等持的一人存在的中道即身究竟的蓮華。功德力成就的即身，自主性開出的完整性，就是你自己本身與你如來真正不可思議的究竟之情、深遠之愛，就是你與你如來的盟定。在你如來面前，放下你所有陰陽的相對吧！唯有如此，你所有永劫以來相對性的愛，才能獲得最終極究竟的解除。

**不管你已如何，或者是如何的你，這一切都已經不重要，能不能解脫，能不能成佛，我只相信一件事，我們是共同俱足的情境情愛，就算這一番愛隨波逐流，我仍舊是如此愛你的自性海。**

# 女相不要活在男相的識性控制中

——習慣性迎合男相識性的標準，是女相永劫輪迴最深的悲哀。

陰陽對待當中，最大的殘忍就是見真章，就是互相的照見。在陰陽交合的過程中，其最大的目的是在於一種最深的成全，但是如果我們沒有辦法內化的時候，我們就可以看到，其結果就是數千年下來反應出來的最大關鍵問題——在陰陽交合的男女相之中，所有的女相是被控制的。當控制成為一種慣性輪迴，男相控制性的力道出來的那一刻，也就是女相臣服於男相的一種慣性喜悅感生起的那一刻，這種喜悅感其實就是最深的被照見狀態，因為在男女交合的當下，**女相永劫輪迴在男相控制的習慣中，這個習慣是一種習慣性的喜歡，而這個喜歡的背後是最深的悲哀。**

為什麼數千年來男相一直控制著女相？這是因為永劫以來，女相本身沒有自己解脫系統的密藏根本，是一種從來沒有被建立過自身系統的飄浮的狀態，只能夠著根在男相識性的控制下。所以數千年來的控制，女性的靈魂體，或是說女相存在的一切存活價值、存在價值和慧命價值的一切狀態，只能夠迎合男相的識性標準。

這樣長久累積下來的狀態，所造成的後果就是——男相所有識性的控制，竟成為女相的回家之路，女相就將其當作是自己生命的本家，所以女相一直停留在某一種狀態就是「一種習慣性的喜歡」。幾千年來的陰陽交合，所有存在的兩性關係、夫妻關係，不管是個人地位和所有生活的一切存在價值，女相都習慣性的認為要迎合男相識性的標準，當這一切成為一種永劫慣性的時候，她對於家以及自身存在的價值就是「以符合男相的標準，成為她存在的本家，和最後的回家之路」的一種價值觀。

**你的無常，是我緣起性空的次第與次元；你的身口意，是無所不在的永世同盟。因為愛你，你的永劫就是我永生永世的盟定。**

當所有男性的識性控制升起的時候，很多女生會認為，她找到了一個可以依靠的肩膀，以為「一個識性帝王的肩膀」是她可以依靠的，並可以建立生命本家的願景，卻不知那是輪迴的所謂的一個家庭的本家。很多女性把這樣子的狀態當作是她自己人生的目標，所以一生當中，永劫的輪迴，就是把自己存在的價值和所有一切，全部將這些深深的種植在男性識性的控制之中。如果她失去了這個被控制的狀態，或那個男人的識性控制轉移到別的目標的時候，那麼，這個女性認知的自我價值就失去了，她就瘋狂了，她就活不下去了，就失去了根。很多女性的問題就出在這裡。

當陰陽交合的輪迴成為一種慣性控制的時候，而女性本身長期沒有解脫系統的自我建立，所造成的重大遺憾就是在這個地方。所以今天的首要之務，就是全面性在無常的世界，建立女相解脫根本的回家解脫之路，這是唯一最後的目標、唯一最後的本志。所以，我們一定要做的事情就是，**引動所有女相解脫的終極力量，全面性的建立女相解脫終極的回歸之路，那就是終極女相的自性如來解密解碼的重大力量。**

**這個解密解碼的圖騰，完完全全能將永劫來的所有女相被識性控制的這些苦難，全部都解除，而建立自己的解脫圖騰。**也就是將女相永劫來被男相識性控制的這種慣性的苦難，當作是她自己回歸的家，當作是她自己唯一存在的一種價值狀態，或者她被男人控制，卻當作是自己本身最重要的人生目標的這樣子的狀態，全部解除。

這是一種已經不知苦難，而只認為「能迎合男性的歡喜就是自己的歡喜」的一種重大迷失，這是一種重大的苦難，**沒有根的女相存在的終極輪迴，習慣性的被男性的控制性所操控的一種集體意識的狀態。這個連根拔除的最後機會，就是建立女相終極的解脫系統。**

**我將成你生命最後的聖境，吾愛，在密碼的背後，你就是我密行的本尊，你不可說的容顏，已是我生命傳奇的觀世音。**

這是空前重大的革命之路，也是當務之急的實相之路。所以今天有多少女相，她是活在男相的喜怒哀樂之中，卑仰著男相的所有情緒情境和所有的心境，靠男相的心念而活，靠男相的價值而活？這就是為什麼女相的漂泊是何等的深切而沉重！在這個世代，我們必須瞭解這個殘忍，我們希望所有女相對自己本身的苦難形式要徹底的明白，並且建立起女相解脫的系統，這是空前絕後重要的狀態，這是對人類最後的救贖。

女相終極解脫是在於終極女相女女解碼的密藏圖騰圓滿的建立，也讓所有的女相可以在日常生活之中，重新起一個再造之路。女相對自己的重新解讀，重新的解密解碼和解苦解難，全部由她自己本身一手包辦，全面性的建立。讓所有女相的慧命，全面性的成熟在日常生活當中，在無常中建立終極的女女解碼，徹底的從男相的捆綁之中和卑仰著男相的所有控制中，全部的解除解放。

**怎麼活著都不是問題，愛我所愛，吾愛，我以一心的無窮盡，擁抱你無量劫的身影，我將求得如來藏，以真實義愛你。**

# 解除識性之情，輪動主性之愛

——當識性解除的時候，對相對性的慾望和愛情的訴求就會減低。

愛的本身是什麼？愛是我們自身最後究竟圖騰所臨在的狀態。之所以有愛，我們必須瞭解最根本的愛的訴求就是——我要認識我自己。因為，事實上是沒有愛這個狀態的，但是當生命本身不圓滿的時候，就會往外，往外就會形成一種牽動的動力，牽動的動力本身就是識性的認知狀態。「你愛了一個人，那個人也愛了你」的狀態，其實就是在一個牽動中，曝露兩人所有落入的情境。這個情境就是識性的情景，這個情境就是識性的訴求，在這個訴求當中，你會很清楚的看到你自己曝露了些什麼，以及被對方曝露了些什麼，這個狀態就是真正愛的本身。

今天在愛情當下的兩個人，彼此的情與愛讓我們往外的問題被照見，但是大部分的人只是往外當下的一種識性作用義，也就是想要在愛情之中控制所有的情境。但是你控制得了嗎？**當你控制不了的時候，你就非常的痛苦，這個痛苦本身就是往外的狀態被臨在所照見**。所以，當你自己在愛情當中被控制，或嘗試控制別人的時候，你到底能不能在放下的狀態中去愛？這就是關鍵到那個「情」能不能放得下的狀態。當你所有的「情」都放下的時候，你還會有「愛」嗎？你的認知是什麼？你的作用義是什麼？

**讓我們的心靈永不再有距離，讓我們的靈魂永不再有兩極的問題，讓我們的生命都能夠質變，讓這一份愛，拭目以待。**

**當我們被牽動出來的一個輪動的動力，形成一個往外連結的狀態時，它照見的一個事實就是——我們自身生命的不圓滿，就是你必須透過去愛一個對象來提醒自己不圓滿的問題所在**。整個人類的基本面就是相對性的愛，但是我們要瞭解這不是愛，這是識性的作用義下所理解的愛，所以我們透過愛去瞭解到識性的作用，在控制中的痛苦是什麼？或者意識到沒有辦法控制的痛苦是什麼？此時，我們只有一個答案與目標，那就是我們的終極意志，透過愛本身所要了掉的情識是什麼？情的識性是什麼？

因此，我們在情愛當中解脫的時候，我們會非常清楚的知道，一種不往外的愛、不往外的情，就是我們要親見自己的如來義，我們要懂得愛自己。但是，懂得愛自己的狀態就是我們要解除識性，**如果我們今天不懂得解除識性，真的，我們要講一個非常直接的話就是——這是沒有愛的**。這些關係和對待裡面是沒有愛的，只是一種訴求上的反射而已。

男女之愛本來就是陰陽之間的調和、認知、輪迴和覺知的過程。今天如果沒有辦法覺知在情愛之中的陰陽性，我們自身所有往外的磁場都是一種沉淪和輪迴的相對性狀態，這就是為什麼解脫的時候是不受後有的，那就是一種傳承中的授記。

**愛你，如此的愛你，你是我生命唯一可走的路，你是我唯一可走的生命之路，如此愛你的我，走著一條愛你的生命之路。**

愛其實就是在解除不空之處，當你自身在看著別人的不空之處的時候，你選擇的判別是什麼？是控制對方還是被對方所控制？或者是徹底的解除這樣的狀態，那就是你從此不再有識性的愛，這是一個很深的意志與終極面對的立場，也就是一種終極性的志業。**所以愛本身的輪動所要照見的狀態就是——你的識性有多少的輕重，放在整個世界的男女相陰陽之中的輪迴當下？**

所以，當我們瞭解到「徹底不往外」，並「轉身面對自己內在如來義」的時候，我們就發現一個真實義的狀態就是——懂得愛自己，就是解除識性，在如來的蓮花座上解除所有的識性。**當你能夠相應如來的時候，你懂得愛自己的時候，你會有很深的恐懼，並且明白，原來你本身都是在識性的作用下進行所謂的識性之愛的相對性。**

**你是什麼？對你的愛會是什麼？以生命的愛愛著如何的你？你是如何的存在？讓我以本質的生命愛你，愛你，就是本質之愛的愛著你。**

因此，當我們解除識性之時，我們對很多相對性慾望訴求的愛或情都會減低的，自然的自發性的減低，這就是關鍵所在。我們自身與如來之間，轉識成智到一個究竟的時候，會非常清楚我們所愛的是報身成就的轉識成智。**因為在轉識成智當中，我們會瞭解自己是自主的，是完整的，是有很深的行深的體會，這個體會的愛就是——從苦難中走出來，從所有眷屬的牽絆中走出來，從所有無量劫以來的一切輪迴全部走出來。**這時候，你會清楚的知道苦的排毒與出離就是愛，所以那個愛的狀態是一己當下行深過程裡面的無上的愛。

解除識性之愛，進入無分別的愛，那是一種很即身法喜的自我恢復過程當中，所確定迴向自己的愛，這是非常關鍵的一種深刻之情。所以，從此以後透過轉識成智，自己與識性的存在狀態全部都告別了。

如來應許的狀態就是如來之愛，如來之愛就是我們能逐步自主的一種操盤和掌握權，那就是——我們不落入識性的被操控狀態。所以當我們能自己愛自己，我們是懂得從識性的那個「我」的狀態走出來，這就是無識性的我的狀態，當走出來的時候，那才是真正懂愛的開始。在識性裡面的自己，都是不可能真正愛自己或愛別人的，因為當不能承受的時候，什麼都是沒有用的。

所以，**主性的愛就是不再從相對性去認知愛情的狀態，而是自己對如來的愛生起一個最深的永劫來的應許盟定，那就是「我要肉身全部轉識成智」**。轉得過去，才有愛的實力，才有愛的究竟，才有愛的本然的遍一切處。

**如此的愛，一切生命完成的時刻已經到了，情愛之中的無來無去，情海之中的無我無識，就在愛中，完成愛的慧命之終極吧！**

所以，我們自己在輪動很多示現狀態之時，愛的存在就是完全讓肉身與如來結合在一起，這個結合過程的完整性就是千手千眼觀音如來的狀態。也就是你的如來在你自己即身之內，把你永劫來所有識性之愛全部解除掉，只剩下一種存在就是——無我存在的如來本身的存在之愛，那種狀態是沒有識性的。

一個沒有識性的狀態，那個湧動性的存在都是全然全覺的，而當你的眷屬回歸的時候，你會處在一個全然全覺的狀態當下。你的眷屬在回歸當中，所訴求的各種不同識性之愛，你完全不落入、完全無關性、完全不受制、完全無承受相的狀態之下，會有一種一己完整的放光的示現——我在無識性我的存在之中，所有的眷屬和眾生需要怎麼樣的一種慾望訴求，我都變現給你，在變現給你的當下，就是把你從情愛的整個識性狀態中全部解除解脫出來，並讓你回歸到光原來的狀態。這個光就是愛本身的存在，但是這個光是無光之光的狀態，不只是能夠自性的變現，其本身就是自性的光芒。

**讓愛的智慧引領所有的情海波動，讓所有相愛的人，都在情中成為引路的慧命光明燈，愛出一種清淨，究竟所有愛的識性。**

所以我們要理解自性之愛、生命之愛、本質之愛的究竟性，無所不愛的究竟性，但是絕對只有一個答案，就是將你從識性之愛的情結和情境中，全部引動解脫出來，這才是關鍵所在。當你本身是一個如來密行的存在存有，你自己愛的狀態中所有的識性變現，都是你從中轉識成智解脫出來的機會。因此，這個究竟義的愛就是指我們自身不以任何的識性來談情說愛，這就是關鍵。

我們必須在人類世界的兩性關係當中，宣告這樣究竟本源的新關係，就是以主性之愛、如來之愛形成所有一切的關係之愛，這就是關鍵所在。這種無關性的狀態就是不落入因果的狀態，不落入陰陽相對性的對待要全面性建立在人世間的關係中。當我們自身有主性之愛的時候，我們對人類世間之事，對各種不同識性之愛是一種尊重而不落入的觀照，人類整個苦難無論怎麼樣在男女之間做重大的輪迴，都是無關的。

**如何才能真正的懂得愛？當我愛上你的時候，我要從你的話中，懂你的真實義，從共同的相處之中，得到我們永生永世的愛，我生命的吾愛。**

所以，如果今天我們完全示現主性的密行之愛，這中間其實任何的名相都是奉主之名，在苦難之中也是奉主之名的愛，因為有男女的承受相，就是有殘存的陰陽識性，是男女不能自主的共同苦難形式的存在。但若能轉識成智而成自主的男女世尊之愛，男女之間就能了義一切男女相的辛苦形式，無不是為了成就共同自主的男女之愛。因為重點不是慾望中所認識下的一種愛，不管那是什麼情，都是不究竟、不解脫的，那個狀態是所有眾生需要的功課，**最後的目的也只是為了認識如來之愛，認識他自身的主性之愛**，這才是重點。

我們要瞭解，所有相對性的愛的形式，都是識性的作用義，那是識性作用下的苦海，這裡面是沒有愛的。但是我們不能去否定，而要去尊重，因為人類需要這個過程，需要這個相對性去輪動他自己的輪迴，他才能夠認知這個情況是絕對有問題的。當人們走出來的時候，他就彰顯了一個事實，**原來，只有在痛苦之中的相對性，才能從中去意會到主性的絕對性和主性的自性海完整的愛**，這就是關鍵。當他從那個慾望中的相對之愛走出來的時候，他就認識了主性的愛，這就是關鍵的答案。

**愛你，以我的生命，這一份自然湧動的愛，沒有先天後天的問題，所有的時刻都已了然，所有的生命都已走盡，愛的生命特質，我們在終極之中，成為愛的生命之完成，一種男女共同覺醒的生命之愛。**

# 男女世間尊重的愛

——愛是為了把所有落入的情全部解除，引動出自己成就緣起性空的情愛關係。

無量劫的因果，無量形式的存在，永遠不離一個問題，就是陰陽的對待，所以無量劫求一次即身的圓滿，這最大的重點是在即身的成就中，自身要用怎麼樣的狀態去面對自己？如果我們在無量劫之後的某一個時空，有機會且是以最大的可貴藉由男女相角色的關係去面對生命，透過當下的婚姻或男女相的引動，面對自己這一生在這個情愛裡面的因果，引動出一種能量場的對待，這不是一種宗教修行上的修法，而是在無常世界中男女的對待裡面就如是進行的。

我們為什麼會去愛一個人？愛到底是什麼？如果你是往外去愛時，你到底是為什麼去愛對方？你愛的是對方今生這個肉身，還是你已經看進他的靈魂？你要愛他的靈魂嗎？在靈魂的記憶中有這個靈魂無量劫的因果，他的無量劫因果你都能愛嗎？那因果裡的對待，你是愛他的果還是愛他的因？在因果當中就有它自身無量的因果，你能承受得了嗎？

**你是我生命的完成，我是你生活的圖騰，不管因果如何，在愛與被愛之中，只求一種終極的打破，無時無刻，在愛中恢復生命。**

在今日的男女關係裡，人們是否可以自問：當逆向承受不住時，為什麼在男女關係中很多人因為男女之愛而自殺？這個承受不住的逆向關鍵是什麼？自殺是因為你就是愛不起，承受不了這個愛。所以你到底在這個過程學會什麼？你到底要學習什麼？能學到什麼？還是這中間只是「因果」這兩個字的輪迴？這是事實，但在世間男女的互動中，有太多不可說的密因與密藏，所以男女之愛等同生死之愛。

你要在這個愛當中照見什麼？你看見對方無量劫的問題又如何？如果對方不改變或改變有限，或者對方都改變了卻永遠不符合你的要求，那麼你要自問：你的要求是什麼？你是拿怎樣的要求去愛對方？**你是愛對方還是愛自己本身的要求？你是否能夠從對方去看到自己，從看到對方的問題裡去看到自己的問題？**

若你自己能看到問題時，你要從對方學到的是什麼？你能學得進去嗎？你能看得進去嗎？你能拿對方的因果去看到自己的因果嗎？你看到自己在因果的身口意中去愛對方，變成彼此之間的框架、壓力或生死點了嗎？你意會到對方愛你但也承受不住的因果，是來自於你們在愛當中本身的因果嗎？在愛當中粉碎、被打破的那個負面能量，那種因果能量整個湧動出來，並且呈現在彼此之間的對待狀態時，你是否看到自己在這情愛關係中所要學習的是什麼？

**勇敢的去愛吧！在永劫來的將心比心，讓愛成為生命清明的誕生，讓愛成一種覺醒的道途，不在男，也不在女，只在從陰陽之中等同的覺醒。**

你當下的因果、價值觀和愛情觀就是你要觀照的情境，你知道你有多少無量劫輪迴的情愛？你是否能拿自己識性因果所產生的情愛假象動作，去看到自己在陰陽輪迴中輪動的真真假假？在這過程裡，不是去毀滅對方，而是去看到自己往外輪迴無量的模式，和過去曾經歷過的一切陰陽相、男女相中的相對性。

每一個人的因果就是在他的自身裡，因果，因男果女，因女果男，有多少無量畏因的女相，畏因的男相；有多少無量輪迴佛果的男相，佛果的女相，如果這個果能成佛，那才是重點所在。成佛就是你能從對方的因果看到自己的因果，不只是肉身的因果，還看到靈魂體的因果，看到無量靈魂體的因果，看到落入無量生命形式因果的自己，看到在無量劫來自己在陰陽對待中自身的因果。你有無量的男相、無量的女相、無量的陰相、無量的陽相，在陰陽當中，在男女當中，所有識性情境的輪迴裡，你形成今天這狀態的肉身，你以如此的條件去愛所有的輪迴之愛。

**就因我們的愛，成就天下男女共同自主的愛，打破所有相對的愛，等同等持彼此的實**

**相，在男女之中，共同解除陰陽的識性。**

對方今日能讓你愛或者對方來愛你，這都是一個來去，重點是什麼？沒有智慧的人，當無量劫來的因果到來時，彼此知道會有下一個無量劫的輪迴，但是不用等下一次無量劫，當下就要有無量劫了，哪一個當下不是無量劫！而智慧的人是拿無量的因果解決他自己的因果，當下就要解決。

當整個世代的擁有是無量時，外在的福報、外在的修法、人際關係、整個食衣住行都是無量，男女對待的一切情境識性也是無量，那就是無量劫。要不要在今生這世代全部解決？這就是關鍵所在。所有男女必須要有這樣的知見，必須要有這樣的觀照和覺受，重點在此。

**以生命之愛，成為男女之愛的終極的寶生之道，在愛的路上，開演最獨特的不可思議之愛，在男女之中，彼此都是無我的相愛。**

**你不能永遠只看到對方無量的因緣果報，而是你要如何在彼此對待的引動裡，引動出你自己面對緣起性空的情愛關係，這個愛是為了將你所有落入的情全部解除。**如果你今天有湧動的機會，你有機會親自以如來性面對自己，以你的主性面對自己，那個主性就是在你心性的靈魂體記憶之中，反應出陰陽識性的因果狀態，而不落入陰陽對待的輪迴。男女情愛的密行設計，就是一切永劫輪迴的識性因果，透過男女兩性的輪動對待，解除多生累劫輪迴性的相對性識性的相對應。所以，你生生世世的心性和個性造成的因果命運，讓你永遠輪迴，也永遠不能自主的部分，你如何全部拿掉？

如果今天你有機會面對，在主性面前面對你自己時，這代表你有一個機會以無量劫恢復你的本質之愛，你自身就要非常的清楚，這是因為你親近了主性，你親證了主性的臨在。也就是當你臨在於主性狀態的時空時，那個時空點就是你在生活當下的切入點，照見你自己當世即身某種情愛記憶的不圓滿，它本來是一個很容易在表相上就忽略掉的情愛的點線面，但在主性臨在的時空中，卻能湧動成你必須在今生解決而有機會圓滿的一個機會，並且對這一段情愛因果做無量的釋放。這個時候，如果你再往外，終將失去無量劫恢復的機會，也完全毀滅了彼此面對情愛情境時，一起去解決男女相的共同因果和共同自主的機會。

**你我之中，都是共同善護的生命之事，不管愛的如何，都要了義生命本質的愛，不管任何的階段，我們都以愛演化生命的本質。**

當你有機會自主面對自身情愛的一切識性問題，做無邊無量解決的同時，你要放下的就是對自己本身重大的承載，**你要有一個更大的我來面對你自己無量劫來的情愛關係，就是你自己必須承擔並瞭解這是你面對生命情愛的初衷和本意。**你面對了主性，你才能夠臨在於你自己情愛關係中無量劫的面對，才有辦法把所有過去生無量情愛關係的人事物，全部在當世透過一個不可思議的狀態，解決所有相對性，自己恢復生命的本質，同時也引領對方恢復其生命的本質。在這之中，讓彼此之間共自主的主性臨在，成為自己如來的密因、密碼、密行，解無量的情識情境。

所以一個引動的主導者，當他恢復到某種程度時，絕對不能讓自己有任何絲毫落入引動當下的任何情懷，那情懷的本身是要納入自己內在佛父、佛母的無量劫本質恢復之愛。引動者本身不管是男相或女相，必須即身觀自在，在引動自身與過去任一對象對待的任何關係中，都保持無關性，都要引領自己與別人解決過去無量劫裡情境情識來去中的因緣果報。

男女相的緣起，當下就要集體輪空，共男女相無邊無量的極致性輪空。男女的極端性本是生死情愛之中的最初與最後，所以感情的輪動在男女之間是不可預設的，但男女陰陽的終極之極致性，本在男女生死情海中深不可測的轉識成智之輪動，兩性極致的對應，當下即是無量終極究竟的輪動空性，也是同時解決永劫以來的相對識性。

在那當下，你自己本身的主性將臨在，親證並且得到與主性共主的整個即身輪脈的主性放光與識性解除，並且印證也同時授記總持自己如來性的盛世，在你每個輪脈中示現，做天下自主公義之事。

**無限的大愛之中，無窮盡的永生永世，男女終極之所愛，終極男女生命之大愛，所愛**

**的無量，都是生命最深的交會，都是無量世界覺醒的意志。**

這個志業就會引動在你的男女關係裡，解決所有曾經有過的一切相對性陰陽對待，所有落入其中的輪迴。自己即刻輪動成無承受的無極之無男女相、無陰陽相，而對方任何過去無量劫落入的一切因果關係的情識，也全部得到重大引領和恢復的契機。

這才是一個真正自主性無邊無量的即身共緣起性空，共緣起如來性，共緣起主性的無量廣三修的狀態。這才是真正自主的密之無上無邊無量男女相等同等持的世間尊重。

**你我之中的愛，是天下共同面對的愛，天下一切的愛，都是你我共同的吾愛，吾愛的當下，天下的吾愛，當下的天下，無所不愛的吾愛，共同的所愛，共愛天下共同的吾愛。**

# 男女之愛終極意志的解密解碼

——當我們愛著對方的時候，是為了迴向自己本身不圓滿的地方，我們是藉著愛對方來完成自己本身最後的慧命。

不管愛是什麼，我們本身的存在就是一種愛的本質。我們要瞭解，其實真正的愛是不可說的，凡可以說的，雖然是愛，但是它是有相對性的。我們為什麼要來到這個世界以男女相愛？那是因為我們要扣住一個生死點，就是我們要叩問自己即身所臨在的因果之處。

我們叩問於世間情愛的男女相，也就是為了要解決自己本身因果上的相對性、陰陽上的相對性，透過最一般的肉身之愛，在一生當中的情愛情海之中，生死相對以待，而能真正的瞭解本質之愛。之所以生死以待，所等待的就是轉識成智之後生死點的打破，本質的密行湧動於男女陰陽兩極的對應與對待，男女一切的無量狀態，不管是任何次第、任何的投射與迴向之處，都是本質臨在的具體狀態。

生死就是本質，但是當我們扣不住自己生命本質的時候，這一份男女之愛就會變成是非常痛苦的生死相應之道。為什麼愛是一種生死相應之道？因為它是透過一個完全不同的男女生命的架構，而視雙方各自打破的狀態，這是非常痛苦的生死情海的愛，但是，這是唯一通往直心本質的通路，這就是為什麼我們要在世間談一個滾滾紅塵無常的愛。愛的江湖路上，我們自己一路的血海，就是為了自身永劫的等待。如果我們進行一個最親近最深的男女相之愛，我們就有機會即身打破自身男女相的相對性，這個關鍵就是一個逆破的男女之愛。

**男女之生死，所應許的陰陽之中，已是無常男女的永世之承諾。**

這個本質直心的密行，就是我們如來應許永劫來的自己與如來的盟定，我們與如來的盟定就是生命之愛的吾愛，**我們的肉身就是如來的吾愛，如來就是我們的吾愛。**但是在一切的愛之中，最關鍵的愛，其實就是報身佛的愛，**報身佛的愛本身就是轉動因緣果報陰陽乾坤狀態的轉識成智之愛。**但前提是——沒有如來應許的本愛，何來報身佛真正轉識成智的運作？我們來到這個世界，成就了報身佛的吾愛，當我們自己的肉身還在一切識性因果之中輪動著無明之愛的時候，我們終將自問的是：我們自己是如何的存在，讓這個愛是這麼的痛苦？這個痛苦的愛是無所不在的承受。

在男女之愛中，即使今天我們是往外的一份愛，我們終究是要把對方當作自己如來的本愛，但是我們人類就是不懂這樣的一份最深遠的終極之愛。當我們的愛臨在於我們自己的陰陽乾坤的時候，我們每一天的陰陽、每一天歲月中的陰陽時空，我們所謂的等待，是為了怎麼樣的不安恐懼而存在著？所有不安恐懼中陰陽的引動之愛，都是我們自己本身各種不同男女情境的納入之愛，我們在愛中，所要得到的提點，就是我們自身應許的最深遠的無上之愛。

**無上之男女，在陰陽路上，永劫以來，永生之路，永愛同盟，終極之愛，愛之終極。**

如果我們以一個肉身，得到一個應許，不管是男之愛或女之愛，我們的陰陽之路，宇宙永劫以來的輪迴，都是一種愛。如果我們存在的各種不安恐懼的情緒，都是我們自身愛不了的最深沉淪的時候，那麼，我們有沒有辦法在男女的情愛之中，回歸到我們自己本身的痛處，就是透過男女的情愛看到我們即身身口意不安恐懼的存在，讓我們自己因為愛著彼此，而解除了自己即身肉身在男女陰陽牽動的各種不同的分裂之處；讓我們在分裂的矛盾之中，愛上我們自己各種不同曾有過的不安恐懼的存在。

我們永劫走來的存在，都在自己的肉身之中，以各種不同的形式愛著我們，攀緣著我們，信靠著我們，不管今天這份永劫以來愛的眷屬是如何的形式，是如何的男歡女愛，我們是否自問：我們懂得愛我們自己嗎？當我們肉身存在的身口意還是如此分裂矛盾的時候，我們學不會終極的愛，我們學不了究竟的愛，我們了義不了自己為何而愛的時候，請問：我們懂得本質的愛嗎？我們懂得用愛去恢復我們的本質嗎？在相對的男女之愛中，我們來到了這個世界，我們應許的愛到底是在何方？如果我們沒有辦法懂得愛自己，雖然我們在這個世間成就了某一種男女之愛，但始終是一種識性之愛的控制。

**男女主性之愛，男女肉身之情，逆破一切男女之形式，愛之以本質，自性之陰陽，法愛法流法無上。**

所以主性臨在的愛，就是共同終極生命完成的愛，我們看著對方的痛苦，就是我們自己的痛苦，這一份感同身受的愛，本身應許了所有無法消融的陰陽之愛。所以我們要瞭解，**所有男女相對待的諸有情，都是我們自身被照見出來的永劫以來沒有辦法在宇宙圓滿的不空之處。**當我們愛著對方的時候，是為了迴向自己本身不圓滿的地方，我們是藉著愛對方來完成自己本身最後的慧命，所以在男女對待的每一個日月乾坤之中，我們都是為了看自己即身的陰陽能不能夠圓滿成中道的不二，這就是我們自己直心的本質當下。

所以我們要懂得愛我們的肉身，我們要懂得如來之愛的本身就在我們無所不在的日常生活之中，那就是無常之愛。如果因為愛而導致那麼多的痛苦、承受、不諒解和那麼多的生離死別的時候，我們要知道，每一種湧動的愛都是為了契入本質之中的自主性的愛。

人類存在的男女關係，最究竟的存在就是互為世間尊重、互為自主的這一份男女之愛，這要到哪一個時候才能得到報身佛加持我們有轉識成智的成熟度，成就在我們日常生活的等同等持的男女對待？這個世間所守候的狀態，就是男女的自主狀態，所以，當每一個生命在往外投射的時候，是何等的痛苦？是何等的控制？是何等的不了義？但是，終究在永劫的一切愛的本質之中，所得到應許的中道中觀，無所不在的守護這一份所有永劫來陰陽對待的一切成熟處。

**如來之男女，男女之報身成就，轉識成智之陰陽男女，中道無極，男女共太極之陰陽圓滿。**

我們要有這樣的知見，我們來到這個世間，成就了男女之愛，所有的男相都是我們自己的女相，所有的女相都是我們自己的男相，在共同陰陽的男女相之中，我們一定要轉動得了我們自己本身陰陽的日月乾坤。在我們的一天二十四小時之中，在我們每一個階段的人生男女對待之中，都是我們自己蓮花座下真正的佛成的種子。今天這個世界中男女相的身口意，是何等的不等同，但這一切的苦難形式，都是在訴求一個本願的存在，這個本願的男女相就是中道存在的不二之道。男女的肉身都是不等同的肉身，男女存在的歷史經驗是不等同的傳承與印記。

所以我們要瞭解到互為自主的必然性，互為自主共愛的男女相，是人類最後的契機。每一個男女的對待不在其各種不同的情境和形式，寧可選擇曾經有過的相愛中所湧動的一切苦難之處，都是我們迴向之德的本志。我們在男女佛首智的無上性上，就必須把所有引動出來男女相的情緒，成為宇宙陰陽對待最後收圓的機會。這份圓收的男女相，是我們自身在共愛的本志上的終極臨在，之所以彼此相愛，就為了終極生命臨在的究竟主性的恢復。愛到哪裡，生命恢復到哪裡，男女之間一路的生老病死，共同相處的每一個時間裡面，都是我們自己自性壇城在男女相之中最深遠的牽動、最關鍵的行深的普化狀態。

**男女共為生命之轉捩點，共為陰陽終極臨在之無極本志，男女陰陽共雙修，陰陽男女共解如來真實義。**

以男女相成就一切永劫來的觀自在，以男女相成就一切行深的普賢之路，以男女相之間的無所不在成就一切不可思議的第一義。在男女之間都是中性等同等持，互為世尊、互為主的男女本質之愛的時候，這一切將誕生無邊無量的成佛佛成的總持。但是，這份本質之愛何時才有辦法在地球的男女之愛中，成就這樣自主的男女相的共愛？

本質的本然，在男女之間的存在不是以男女落入陰陽的對應對待來看待，而是不落入其中的本質輪動的一切處來看，落入陰陽的對待就無法確定男女之間的相待本來就是本質的本然，在本質性的密行中，男女不管其輪動的陰陽狀態是如何的問題，都在本質之中，只是男女自己本身的轉識成智是否覺所覺空了陰陽相對待的識性因果。

我們祈請陰陽不落其中的轉識成智，能成非男非女的圓成狀態，能成無男無女無陰陽識性的中道男女狀態，能成空男空女不可思議的男女實相狀態，唯有如此，男女的本質之愛就能具備俱足法性法流的自性之愛。當男女之愛能如此的時候，男女之間就能解密解碼一切中道中脈即身自性法流自主的男女相，共愛在整個地球的道場，共圓在一切男女相終極圓滿的圖騰上。讓所有的男女之愛都是宇宙最終極的完成，讓所有平凡處的男女之間共同存在的每一個狀態，都是宇宙永劫來陰陽相對待中，最重要最究竟的圓滿圓成，這是男女之愛的志業。

這一份愛讓所有永劫諸有情的靈魂體，都能得到最深的男女之愛陰陽相的無極圓滿的狀態，這就是男女之愛的本志，這就是虛空本志的萬有最後終極的圖騰。這一份本質的愛，這一份生命終極最深的完成，就是在當下一切男女的對待。所以，所臨在當下的一切陰陽相、男女相，所存在的一切實相奧義的中道圖騰，就是當下用生命之愛，圓成解脫所有永劫來一切陰陽的男女之愛。

**空陰空陽空一切男女之陰陽靈魂體，無極乾坤陰陽愛，男女雙修共無極，終極男女無極陰陽圖騰。**

# 無關之愛

——關係中有問題的因果，將其解除掉，就是「無關係的愛」。

我愛你，我愛你的時候，我能不能想到是怎樣的我去愛著你？怎樣的我是以何等的狀態愛你？我能不能夠在愛你的時候去自問：是怎樣的我在愛著你？或者，怎樣的你是我所愛？我之所以愛你，我能帶給你的是什麼？今天我愛你，我為什麼會想要愛你？當我想要愛你的時候，我們之間是「有關係」的。問題是在於，愛容易，但知道為什麼愛，是很困難的。當我們往外的時候，要連結某一種表象的愛，一種有關係的愛，它是容易的，因為往外容易，眾生就是這樣。所以要談一個表象的愛、一個往外的愛、一個有關係的愛是很容易的。

我們要表達的是，什麼是有關係的愛？「有」，有因果，有生死，有取捨，有標準，有時空，這個時空是有限的，因為有標準。「我愛你」，這是有標準的，這不是單一的，這其實都不重要，因為「沒有什麼比我還重要，我當下就是要愛你」。

「我愛你，大部分的時候，我只管我愛你，因為你符合我的標準，你的身口意符合我的標準，你某種條件符合我的標準」，但是，是這樣子嗎？那是因為我們之間一定有某種因果沒有解決，而必須去走這一條所謂的愛的道路，但有多少人會想到因果？沒有。就是因為有因果，所以我們不得不愛。

對眾生來講，我們為什麼一定要愛？我們如果沒有重逢，就沒有機會去愛，重逢也不一定要愛。今天沒有愛就不會有輪迴，因為今天愛了，就是有因果要解決，但是有多少人能真正去面對？他只管去愛就好了，愛下去的時候，自己的層次是如何呢？自己的識性有多少呢？自己的標準在哪裡呢？看不到，根本就沒有能力去想。

**我沒有辦法不愛你，一切如來義的深沉，都是本質湧動的生命之愛，最自然的俱足之愛，這一份愛，真的不必再多說什麼了。**

所以，所有的關係都是「有關係」，人類沒有辦法瞭解無關係的愛是什麼。因為有因果，所以有標準，「我愛你，你的存在條件符合我的標準」，標準本身就是因果反射的動作，哪一個人不是因為他的因果層次而形成了識性標準？「我愛你，因為你符合我的標準，而你為什麼符合我的標準？因為你的身形裡面有我們共同的因果，所以我愛你。」

但是真的有愛嗎？人是會改變的，萬一對方改變了，不符合自己的標準了，那就是因果在，標準就在，不符合就會變得有限，就會感受到痛苦，接下來當場就出問題了，因為標準不符合了，不符合彼此相應的條件時，思議就出來，「我當初為什麼要愛你？」這還是比較有一點水準的反思。而人們不會瞭解到，時空改變了，人是會改變的，人是會變動的，所以問題就出在很多人的認知是「我愛你，但你最好都不要改變，你改變了，我就再找下一個目標。」但這樣因果還是在呀。

所以因果本身就是一種識性的變相標準，這就是一種「有關係」。「我有一種標準，所以我愛你；你有一種條件符合我的某一種標準，所以我們在一起」。當一切改變的時候，放不下了，就鬥爭呀，就吵架了，當初如何不重要，曾經發生什麼事也不重要，因為很多生活上的習慣彼此標準不一樣。所有的因果都會反應在生活中所有有關的人事物上面，這其實都是因果反應，都是有因果的關係。而有些人等到發生狀況了，想要進行割捨離，卻斷得很痛苦，因為生命不成熟，並沒有在這個「有關係」裡面看到真正的問題所在。

**我的存在只為了愛你而來，所有我對眾人的愛，都是等同愛你的第一義，你是我萬有的微妙法，我以整個虛空宇宙愛著你。**

所以一個智慧者，怎麼會去隨便愛一個人，那是有因果的，如果真的與人發展出一段愛的關係，會在這個有關係裡面，與對方協調出一個解決的方式，那就會是通往慧命的方向。所以愛是什麼？因果的反射。每一個人都有因果，我們在愛當中，是遞減因果，還是遞增因果？我們舉目望去恆河沙數都是在遞增因果，為什麼？因為從來就不知道所有關係都是因果的課題，完全是死在自己識性的標準裡，連自己識性的標準都看不到，什麼關係也都是有關係的，是一種落入的痛苦關係，因為收拾不掉。

所以**無關係的愛是非常重要的，關係中有問題的因果，將其解除掉，就是「無關的愛」**，所以在愛中，你要從自身去看，去反省「怎樣的我去愛別人？如何的我會造成自己的問題，也會造成別人的問題？如何的我在與別人建立各種關係之愛時，那個狀態是不承受的、是減少因果的？」

在所有愛的關係之中，重點就是在於只要有因果就一定有承受，所以在關係中，我們要真正的走上一個愛的革命。所以，無關的愛，一定是從你自身的觀自在，如果你自己都不懂得迴向一種逆向的反省，什麼愛都沒有用的，解決不掉的，那不是形式可以解決的，因為只是遞增很多往外的標準和控制，那個痛苦就是彼此的標準在互相殺戮的鬥爭過程。

**無染的心海，你是我生命的弦唱，不可說的密音，你是我愛之中最不可說的畏因，我們之間沒有任何取捨，我們早已是無分別的相愛。**

所以這個「有」因果的關係是永遠都在承受當中，彼此都要去堪忍，彼此都有委屈，各自關起門來，獨自在孤獨當中不斷的思議著，不斷的找那一種因果性的「有」的方法去處理。再怎麼溝通也沒用，因為永遠就是看不到自己，要從對方去看自己是有限的。

當你比較清明的時候，比較快樂的時候，比較富足的時候，「啊！我可以從對方那邊看一下自己，為了對方，我願意在外在上做一些調整。」但卻是非常表淺的一種調整，而彼此就愛得不得了，這其實還是什麼都沒有解決，因為有問題的狀態永遠沒有辦法在這個有關係裡面的「有」解決掉，事實上這個關係就是在反應那個「有」的問題。

所以「無極」在我們本身的對應當中的重點是什麼？它反應了陰陽的問題，陰陽問題本身中間那一條線就是非常清楚的生死線，彼此越界，反應彼此的照見。但是如果你能夠從這中間的震盪，陰陽之間的震盪裡，不斷的去看到自己的範圍內陰陽當中各自的生滅門，你就能夠自己回歸、皈依、納入、畏因。然後這個關係就會淡化掉，「有」的關係就會淡化掉，到最後，中間那條線就整個沒有了，陰陽沒有了，就是「無極」了。無極就是無，你所有的極端都是無了。

**你以愛叩問於我，我以情回應於你，我們在情愛之中，解除共愛的生死海，吾愛，我們不必問於過去現在未來，我們只扣住當下共同的吾愛。**

如果今天不用透過外在關係，自己本身就俱足男相的能量場和女相能量場，成就男女相無分別的中道，將陰陽調和，陰陽的所有男相和女相，往左往右全部整個涵攝回歸，你即身就是無極身，還是可以有「無關性」的。自己與自己肉身內的男相磁場解除而無關，自己與自己肉身裡女相輪迴那一塊的因果磁場也解除掉，那就是「無極身」了。肉身裡面所有相對性的識性，全部解除掉，不就是「無」了嗎？「無」的背後就是平等心，不落入相對性，自己和自己肉身的識性無關。

**無關的背後代表什麼？以平等心供養我們的空性如來。我們唯一要親近的，唯一要有真正連結的是我們的主性如來，**但是你不能同主性如來說：「我要與祢有關」，那個有關很容易會變成自己用因果與主性如來連結。

很多人用因果、用世間的識性因果關係，那種「有」的因果狀態，要去修成佛的狀態，這樣是修不了的，唯有放下，放下，放下！趕快善逝，善逝！當善逝掉很多相對性，善逝掉很多有關的關係、有因果的關係、有識性的關係，所有標準都放掉的時候，如來湧動上來，完全就是在你平等心背後的無邊無量的如來之愛，那是在無邊無量的無關性之後的一個密愛。

**愛你，這一生都是無悔的，我以最單純愛你，我以最究竟愛你，我以最自然的絕對愛著你，一切此外無他的無求的愛著你。**

所以你要供養你如來，唯一的目的是什麼？放掉所有的有關的因果識性。整個中道的臨界點是什麼？無關的愛。在無關之愛中，你面對所有的關係，你不承受，而且往下看著廣大相對性的眾生，你跟他們連結，但不承受。因為無關，你也不會丟給他們識性，他們對應於你，你們不再是一個有關關係的建立了，都只是示現而已，你也不會承受，你也不會帶著任何用力的狀態去與他們對應。他們面對你，到最後自己都放光；他們面對你，只能選擇一條路可以走，把有關的狀態全部都放掉。而你自己往下可以對應眾生，往上你可以連接無邊無量如來的空性之愛。

所以「無關」是何等的重大，是何等的不可思議，**在無關裡面永不承受，才是愛；而承受不了，什麼愛都沒有用，因為它只是識性的一個假象的往外投射而已。**所以我們今天成就自己的「無關性」，是為了讓如來的終極實相能量能夠大用在我們自己的狀態。我們用「無關」恭迎如來完全等同肉身住世，讓人類重新開始懂得無關之愛和不承受的愛，這是一種無預設性的關係。大家都在關係的對應當中真正的恢復如來慧命，用清明去對應關係的進行，無關之愛將成為一種世間尊重和人與人之間的平常生活態度。

**愛你的一切，無不是我成佛的種子，因為愛的想念，都是我引動的不可思議，一切都是盡在不言中的了義，共同成為生命原點的愛。你是我的初衷，我是你的本願，當一切成熟時，因為這一份愛，我們將共同採收生命的果實，成為生命愛的印記與傳承。**

## 從識性男女相，到生命之愛的男女相，到與如來共主共愛的男女相

——在男女關係裡面，解除識性慣性，也同時恢復自身無量的如來密藏。

生命的男女相就是生命無量劫的盟定，因為人類所有的生生不息就是在兩性關係中確定的，兩性關係的確定代表所有宇宙無量生靈回歸到兩個基本面——陽中帶陰，陰中帶陽。所以無量劫來所有的關係，在人類存在的軌跡裡，最要確認的就是男女關係，因為**男女關係所組成的一種生活模式，這裡面所有身口意的對應能夠真正寶生所有生生不息的傳承，在陰陽交合的過程裡面誕生一切成佛的法緣。**

但是，這裡面最大的分別在於，人類大部分的愛都是慣性之愛，這種男女之愛雖然可以反應所有無量劫來兩性關係在生命上因果的問題，但是所有的生命議題，就是無量劫來男女相共振的慣性當中不能自主的部分，能反應卻不能解決，因為慣性的男女相本身沒有

辦法進入生命的男女相。

當男女雙方能夠進入生命男女相的時候，就是彼此進入轉識成智之愛的開始，也同時在即身當下男女的共振中，很清楚的知道不要用慣性愛對方，不落入對方的慣性之愛，然後共振彼此無量劫的慣性。但是，不能只是看到對方的慣性，更重要的是，不能夠在共振的慣性裡面遞增更多的識性，

**在生命的終極之處，共為生命無上的轉捩點，你的陰陽，是我的無極太陽，為了愛你，我將成為我自己生命的主人。**

所以在即身不往外的共振關係裡面，要非常清楚，在男女關係共振當下的每一個輪脈、每一個狀態，都是在法供養彼此即身重大無量劫的不圓滿，在即身不往外的同時，即身觀照自身的慣性，感恩對方以男女相震盪自己即身無量劫的不圓滿。然後，**在感恩對方照見自己無量不圓滿的同時，不往外的即身納入自身被震盪的不圓滿的慣性，轉身供養自己內在的如來**，所震盪出來的一切識性慣性，能夠當下放下的時候，就是在進行兩性關係的同時並與自己如來雙修的關鍵。

在世間的顯相上，存在兩性關係的雙修，雖然是兩性的關係，但女性與男性要有一個非常清楚的知見，那就是在「戒」當中，不再把震盪的慣性放在對方的身上。最重要的就是即身轉身面對自己內在如來，雖然肉身帶著慣性與不圓滿、不自主的狀態，但是感恩感

念對方在男女相中共振自己的不圓滿，同步在「戒」中，不再將慣性識性丟給對方，不再延伸彼此之間男女關係的不圓滿。

更重要的是，當自己不往外的同時，也把慣性整個轉身供養自己的即身如來，也就是放下自己在兩性關係裡面被震盪的所有慣性，不再丟給對方，自己自觀照。觀照自身的當下，即身不往外的同時，以叩問、叩請相應自己如來的恢復，與自身密的如來共修共振，覺一切當下的法義。

所以，這就是即身廣三，即身廣三就是在顯相中雖有男女相的關係，但從一個慣性之愛開始不往外而即身轉識成智，同時進行男女相的各自肉身與各自內在如來共雙修的狀態，那就是同時有男女相的顯相雙修，同時也與自己內在如來有密覺受的雙修，這就是「廣三雙三修」的空前絕後的解密解碼。

**吾愛，我們是共同生命主性的密藏，一切都不會是個問題，最妙的安排，就是生命當下共此時的對應。**

這個地方非常的重要，這個就是**顯相雙修與密身如來雙修，同時等同等持的進行，在男女關係裡面解無量的慣性，也同時恢復自身無量的如來密藏。**在共振的當下，不斷的解識性之愛，也恢復生命的如來之愛，這個地方的正法與妙法是人類佛法上空前所不存在的，是要即時即刻當體輪空進行的。

兩性共振的輪動裡，寶生出中道世尊的男女相，世間尊重共同的妙法緣。在這個法緣裡面，就是**在各自不圓滿的男女相慣性之愛、識性之愛的共振之中，建構出即身不往外而彼此互為世間尊重的男女關係，然後知道彼此都要走上自主的路。**這個自主的路並不是形式上的自主，不是不管對方，或在形式上尊重對方，或不論要做什麼都沒有一個戒心或戒德的一種表面自主，這樣的狀態其實是一種輪迴和毀滅，那是一種假相且完全沒有任何智慧的更大放縱，會形成更大的消散、更多的來來去去，那只是一個往外的慣性延伸，很容易就淪落到一種沉淪的狀態。

**愛是一種真理的告白，我以非凡等待這一份志業的愛，無所不在的愛著你的奧義的圖騰，我們共為自性的天下，必然是解密解碼的吾愛。**

當生命本質的男女之愛有一個基本如來相應的厚度，和如來的能量場、法義、覺受，以及妙行在即身肉身的一種狀態下，在很多關鍵性的修行當中，可以協助彼此雙方。當生命之愛的功德力貫穿到即身男女雙修的時候，那種確定性將超過人類所有修行的經驗值。

**男女之間的愛最重要的，是在於能不能夠在海底輪裡面完全深化到生命之愛，因為海底輪的生命之愛得以讓所有一切慣性之愛全面性的解除與解脫。**所有的生命都是透過男女相的交合之後，女人寶生了小孩，寶生了成佛的種子，代表男女之愛的一種所謂佛果的誕生，但是大部分的情況，都是帶著某種程度的因果和慣性。

如果今天雙修的過程中，他們生命之愛的如來性已經圓成了各種不同的經絡輪脈，一直到海底輪的成熟度都是如來性的一種能量場，進而寶生了下一代傳承的時候，其基本的功德力在任何層次的狀態都能夠有確定性的運作、確定性的寶生、確定性的供養、確定性的功德力。在兩性之間，如果這個地方沒有辦法進入男女相等同等持的本質之愛的時候，他們很多的共振狀態還是會有某種程度的慣性識性的不確定性，這種不確定的能量場會呈現在某一些男女婚姻、男女結合的共修上。

大部分的男女關係都是慣性關係，但是在這一個空前的世代，會有兩性關係是通往生命本質的一種共主共愛的關係。不過今天就算是有一個婚姻關係，有某一種共同修行的生命盟定的關係，也並不代表所有的一切都能夠共自主。

**在共同圓滿的歸處，就算是殊途的情，也是同歸的愛，在你的歲月裡，是我身口意最不可說的告白，只在盟定中的最圓滿。**

當整個空性時代來臨的時候，生命之愛將會以主性的意志整個形成終極的圓滿。當終極圓滿的生命之愛形成各種不同關係狀態的時候，與自己如來的確定，等同是與終極共主存在能量場的確定。當這裡面的每一個輪脈究竟到一切輪脈等同海底輪、等同佛首的當下，所有的功德力都能夠確定。

但是如果今天與終極共主能量場的確定，只是存在於某一範圍、某一部分的輪脈、部分的時空、部分的功德力的時候，在關鍵的界面裡，是沒有辦法去深化的；在關鍵的時候，是會被震盪出去的；在關鍵的時候，沒有辦法深入自己如來的密藏；在關鍵的時候，對於終極主性原點的能量場是沒有辦法了義的；在關鍵時刻，在某一些運作的法緣上，也沒有辦法真正解自己的如來義，或解得不夠深；甚至，在某一個入世的運作上，還是會在起伏的過程裡面，有某一些範圍的承受，無法超越自己在因果上或功德上的某些課題。

當自己本身與如來義在整個連結上的關鍵解讀中，只能夠到某一個範圍的時候，在叩問於終極原點共主性的當下，所形成的共同基礎是不夠的，雖然有願力，但與自己如來密藏的內涵和能量場的連結是還有承受相的。另外一個可能產生的問題就是，自己與終極原點主性意志的共同願力無法彰顯，共同的操盤無法形成，共同的了義和密藏或自己今生今世與終極原點主性的意志，和整個操盤共同共主的路，都無法具體的形成，這就是因為自己與如來雙修的連結點上不夠完整。最後的問題就是，自己在世間男女相輪迴的識性慣性，解除的還不夠究竟，生命恢復的不夠完整。

所以，這些的種種情況，當自己回歸到無量劫來最後的法緣和機會，也就是與主性的意志共主共存在的時候，那一種生命本質之愛的每一個輪動，就會產生不夠究竟、不夠徹底的狀態。為什麼？因為供養終極主性的意志，關鍵是來自於怎麼去面對自己的如來性。

男女之永愛，本在共主之永生永世，共主之男女，共陰陽之轉識成智，共解除一切永劫以來所有識性相對性的輪動，共為兩性中道自性法流，共為陰陽究竟之解苦解難，共為永劫以來男女相解密解碼之無上生命圖騰之奧義。

所以，當一個生命的存在與他如來的連結和共修的狀態裡，本身的慣性之愛轉成生命之愛的整個即身的條件，在即身的輪脈與即身如來叩問的相應度上不夠完整，與如來共主還有承受相的時候，在叩問整個終極原點主性最終極的意志當下，這個連結是會有障礙的，這個地方的確定性是確定不下來的，就一定會產生在願力上、操盤上、關鍵上，以及在與主性的共同佈局上，最後還是會被自身關鍵性的識性，拉回到一般世界重新再去面對，一直輪動，一定要輪動到一個臨界點為止。

**走過了一切，告白了最後，無法在一般的識性中去想像，你是如此這般，我的吾愛，俱足的情海，不是任何語言可以形容的存在。**

所以，本質之愛的確定是最重要的，整個即身肉身的每一個輪脈，與主性終極的輪脈一定要全面性的連結上，肉身的輪動與主性如來法流的輪脈，等同等持。在本質流動的法流中，已是肉身全知全覺之中道中脈輪動湧動的不可思議。肉身即主性，即如來，即本質，肉身的每一個輪脈要完整的與如來引動的報身成就全面性的覺所覺空，如一如實的存在存有，這時候，肉身就是本質身、如來身、主性身的中道功德身。

當全面性的連結在每一個輪脈，從佛首到海底輪，或心輪的每一個連結都等同等持的時候，基本上，就會產生一種確定性的狀態。從這種確定性的連結，自身會即時了義自己與如來之間的落差是什麼，然後在能量場上的那個落差，獲得主性正法當下的解除。

在解除的過程，能夠讓即身肉身與如來的落差獲得重要的解碼和解除，當場恢復與如來的相應度，將那些負面的能量、回歸的磁場、回歸的識性眾生，當場與如來是等同性的存在存有。其中的關鍵是，肉身轉識成智的功德力已經是無相的即身法流的如來性，如來性的本體輪動的法流，能令一切的能量回歸都是等同等持密行義的如來之自主原點，能夠因為在主性終極原點的確定性連結而恢復。同時，也能以如來性的肉身功德力了義，與終極主性正法共主的基本盤，也能當場確定下來。

那個當下性的確定，就是無量劫當下自身的功德力，如來等身於肉身，肉身與如來的確定性會等同於與主性正法的確定性。以即身肉身的如來性與主性正法內涵共同的確定，肉身才有辦法與自性法流共主性共如來。共如來共主的狀態將會在自己的志業中，在所有要轉化的對應過程裡面，能夠即時即刻了義如來義，了義自己本身的密藏，同時了義自己肉身所有經絡上要轉化的狀態，以及所要轉識成智的一切，這就是最重要的關鍵所在。

**在生命的每一刻中，與你互動的每一個當下，都是我生命恢復的日子，我只為愛你而來，整個宇宙，我只對你訴說我的初衷，滿了虛空的本志，圓了終極的情愛，你是我生命終極的吾愛。**

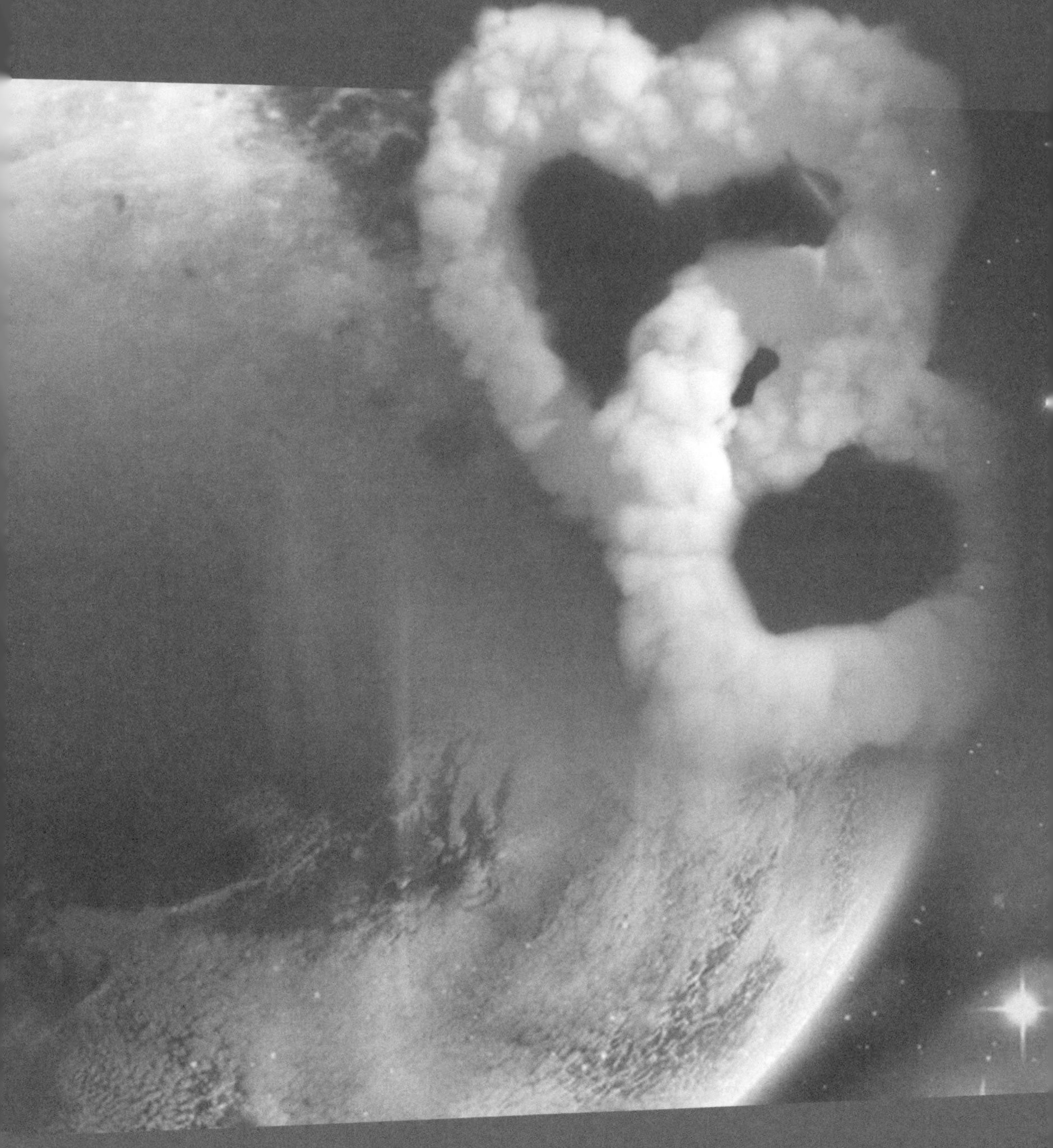

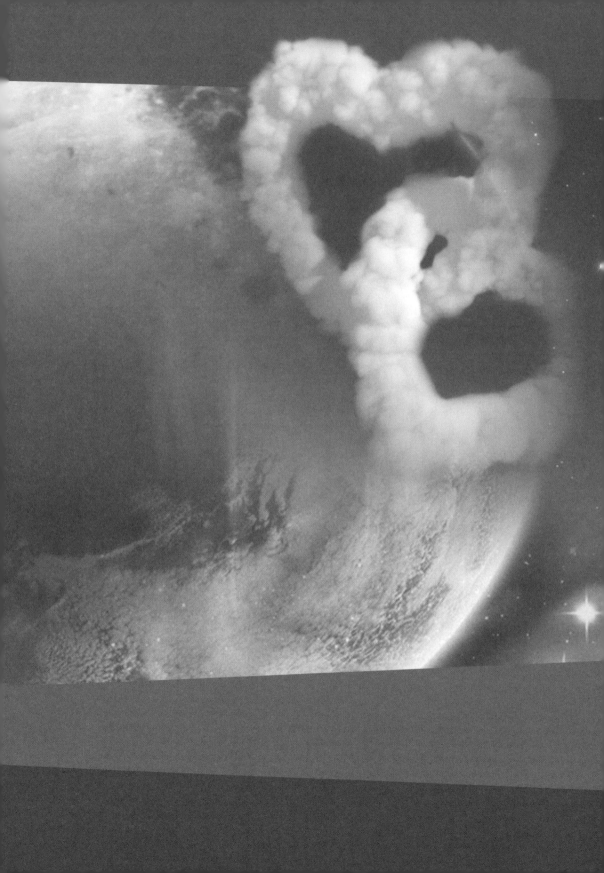

# 第三章 在性中自主

# 男女之間的性與金錢

——男女關係的金錢流，就是男女交會的法流。

現代男女根本的痛苦出自於性，整個世代的所有慣性與男女共同的因果業障在性當中全面地曝露出來，包括所謂的正常與非正常，以及所有沉淪的、非法的、合法的「性交易」，都是將男女關係轉換成金錢的衡量與評估。

一般男女在考量戀愛或結婚對象，包括他們雙方父母家庭所講究的門當戶對，不都以金錢、家業、背景、學識、工作、收入……等等外在條件當作衡量標準嗎？不都是以婚姻和男女性行為來當作買賣的附加條件的一種金錢衡量方式嗎？這種以「有安全保障」、「有穩定的工作和收入」、「少奮鬥幾年」，或「可以擴展事業版圖」……之類的考量下而形成的戀愛或婚姻，不都是以金錢流和經濟水準為優先考慮的標準嗎？甚至連離婚或分手時所評估的，不也都是金錢財產如何分配嗎？

不是只有嫖妓才叫做性交易，而是這些人類自以為合法自由的戀愛或婚姻當中的性行為也全都是「性交易」的一種。因為每一個男男女女已經徹底地變成以金錢衡量來形成戀愛或婚姻的標準了，整個世代沉淪在金錢流中。除此之外，人類所落入的無量苦難皆已在這個世代空前形成。

男女關係之間的磨合，從結合到分手都與金錢有關，這段男女交往陰陽交會的過程裡面的所有不圓滿，幾乎都會反應在金錢的處理態度上。金錢上的不安恐懼，也是男女關係背後引發出彼此無量劫更大不圓滿的引爆點。

**生死之於生，更之於死，善逝的臨界點，解男女識性互動的所有關係，不安即是生死，男女若有落入即是生死，男女若有取捨，更應觀自在，雙修無上。世間男女，中道尊重，妙覺生死，男女法供養，陰陽共振，空性圓成。**

原本男女的結合，是希望在一對一專一的狀態下，照見各自不圓滿之處而後解除。但現代多數的男女沒有任何觀照的智慧，更別說震盪出來之後放下的功夫了，當彼此承受不住對方的時候，唯一的處理方法就是分手或離婚。

這個世代，許多夫妻在處理離婚事宜的時候，過程當中的評估都只是在談論彼此金錢財務上分配的多寡，那是彼此的掠奪與鬥爭，在他們交往的時空中所有的不圓滿，透過這種金錢的爭奪方式反應出來。這種方式永遠沒有辦法切入他們共同造成的所有不安和不滿，也無法觀照、解除、消化，這就是現在所有男女相最大的問題所在。

**錢財根本義，男女智不二，取捨無上本，觀照自變現。**

**男女不可說，一切自男女，共同男女情，可說男女事。**

男女的告別就是兩人海底輪的分開，徹底回歸到彼此各自狀態的原點。但是現代男女在分離的過程中，他們將生活在一起所累積的不安與不滿，透過彼此金錢的掠奪方式而全數加諸到對方身上，不斷地互相折磨，更加重那不圓滿的記憶。所以在告別的過程中，沒有絲毫的平和，沒有反省自身從這段關係中學會了什麼、成長了什麼、提升了什麼，反而以切割分類的方式把婚姻裡面的不滿全都引爆出來，到最後兩性之間只剩下緊緊掌握住自己的權利來表達自己的不安，讓自己有下一個活下去的自尊與保護網——就是抓住金錢，分配雙方的財產。

**生死皆原點，類別無可分，善逝寶生佛，能量自衡量。**

然而，金錢的爭奪只會造成更多的不安與不滿，這是現在人類兩性關係當下的情況——金錢流是兩性之間等同反應的不安恐懼。

金錢在男女進行的過程與結束的過程中，都扮演了等同等持的關鍵性——以金錢的不安恐懼為基礎建立兩性關係，也以金錢的不安恐懼為基礎告別兩性關係。事實上這種方式完全沒有辦法解決問題，沒有辦法提升，也沒有辦法在這個兩性經驗值裡面轉識成智。

**轉識成究竟，扮演亦開演，關係各分明，金錢非等同，男女共世尊。**

**男女關係當中的金錢流，所流動的是男女交會當下的法流**，其中不在於他們圓滿或不圓滿，而是裡面摻雜了太多他們的狀態。人類所要對應的相應於內在如來的一切教法，大多都是透過男女關係來照見反應，但是人類還沒有辦法**把對方當作是等同於自己存在的如來，沒有辦法把對方所帶來的每一個震盪與力道當作是如來的教法。**雙方都只看到對方用他／她的立場來要求自己，而不知道對方的如來以他／她肉身的不圓滿來牽動自己的是什麼，不知道自己為何會被牽動，無法從自身去看。

這就是為什麼**中道非男非女非空非有的男女相是一切正法最後的機會。**

**男女性愛之密行，行一切男女共修之非陰非陽，不二男女共修，生死宇宙密解碼當下，宇宙誕生，生命妙用，共男女陰陽海底輪之究竟正法，男女對應，相應一切如來不二法門之教法，無住男女相，生命之進化，世代傳承，人類精進示現佛果演化之諸國土。**

男女需要有共振的智慧，以智慧來分配與運作他們的金錢流，共振他們自己的正法妙法，任何的妙法來自於彼此之間抵消往外丟出去的狀態。當對方將慣性丟出來給我們承擔的時候，我們要有辦法透過自己本身的慣性，不只是看到對方要求我們，也看到了對方用他的不圓滿來牽動我們自身的不圓滿是什麼。當我們能同時把自己的不舒服與不圓滿放下的當下，我們就能意會到——原來對方的如來與自身的如來有這個共同的意願、共同的共願，透過男女相來解決彼此的不圓滿。

這樣子的教法就是男女相共同共如來的陰陽無上雙修，共同解決彼此在陰或在陽都會落入的慣性，通通把分別帶往無分別的方向走，進入中道無上雙修的空性狀態。如此，兩人通通有機會恢復生命。這種情況之下，得到的金錢流是不可思議的，男女生死因果的交易，男女共為自性法流的金錢流之示現，陰陽共振共主的男女相之本願功德，都在共主性的男女無上雙修之中，以金錢法流的輪動，轉識成智男女陰陽相之自性法流的圓成圓滿。

# 從男相帝王術識性之性控制全面性的解脫出來

——男性獲得他對女性無所不在控制的最大成就的識性帝王術的心態。

我們今天來談一談，男人對女人最大的控制之一就是性高潮的控制，它背後的基礎就是識性控制、相對性控制，而其中最大的極端狀態就是海底輪性高潮的控制。從販夫走卒到帝王，他們用盡一切營造男女之間的情境情識，進入一種重大的佈局狀態，其目的就是要讓自身和對方的海底輪能夠有關鍵性的性高潮，然而，女生所不知道的部分是，這個性高潮本身的背後所代表的就是女相對男相更深的卑仰。

在整個社會資糧的安排、整個社會的立場和角度下，長期以來就是男尊女卑的歷史軌跡，在這樣的傳承當中，男相對女相的控制是無所不在的，而最深的也是最難以收拾的控制、最不可說的控制，就是識性下所佈局營造出來的性高潮。在男女間的性愛過程之中，這種最深遠控制的背後心態就是——所有的女性在性高潮之下，整個肉身失控的那種狀態，同時就是男人獲得他對女人無所不在控制的最大成就的一種識性帝王術的心態，這就是所謂的性的帝王性、性的控制性，這背後的立場就是男性帝王的識性所運作出來的狀態，而多數人稱其名為「浪漫的愛」。

**在愛中選擇成為真正的自己，自己是最深的無上。**

**在愛中選擇成為真正的自己，無我中的如來義。**

**在愛中選擇成為真正的自己，自性之愛的自性傳承。**

**在愛中選擇成為真正的自己，生命終極中的本質之愛。**

所以，這樣的性高潮，只是造成女性本身在這個性愛的過程裡面，無邊無量的被徹底赤裸裸的控制著，這是一種連女人的魂魄、肉身、意識型態全部都被控制的狀態。這是在帝王術的性愛之下最關鍵的地方，也是最可怕的地方，但也是男人的識性在性愛之中得到最大成就的地方。也就是說，男相透過相對性識性的控制，以帝王的心態得到陰陽之間最大的成就，這也是女相在形式上最全面性的臣服。我們要瞭解的就是這個心態。

所以在這樣的過程當中，女性所被培養出來的信念會是什麼？所有的女人在過去多生累劫來的歷史傳承當中，當社會資糧不夠的時候，女性唯一的生路是什麼？如果妳今天活不下去，妳只有到以男性帝王為主的世界裡面才能生存，或去青樓賣身，或去當人家的妾，那都是賣身啊！那最後的目的是什麼？絕對是與性和生存權有關。所以我們要瞭解到，這就是非常殘忍的狀態，非常不公義的狀態，數千年來，男女之間的公義到底存不存在？

**會是怎樣的愛？會是如何的情？有形無形的愛。**
**會是怎樣的愛？會是如何的情？有關無關的愛。**
**會是怎樣的愛？會是如何的情？緣起性空的愛。**
**會是怎樣的愛？會是如何的情？覺所覺空的愛。**

所以，我們從女相解脫的立場來看，因為數千年來男相掌握整個相對性社會的資源，以達到對女相最大的控制，我們要自問的是：為什麼走了無量劫，女相依然沒有辦法有這樣清明的一個自性解脫的佛首力量可以穿透男相的一切控制？難道這不是千年來男相帝王術重大社會洗鍊之後，對「非我男人族群」的最大陰謀設計圖騰——永不讓女性有機會——另外一種存在的重大帝王術的手段嗎？男相擁有了全世界外在形式的資糧，所有的女相都必須在男相認為安全的範圍之內，才能得到這樣子的生存下去的佈施，歷史上不都是這樣子嗎？大部分都是這樣啊！而我們要自問：為什麼女相自己幾千年下來都看不到這個事實？為什麼無能為力？為什麼走不出來？重點在這裡啊！

這不是一個簡單的事情，如果今天女相的解脫之道，要從這男相帝王術的控制之中整個解脫出來，整個走出這強大相對性帝王術男相慣性的控制結界時，女相必須謹記的是——自己走出來的軌跡，絕對不是再走成這樣子的後果，難道，再成就一個女相的帝王術來控制著所有的男相嗎?這絕對不是多生累劫女相承受帝王術之後，從整個肉身輪脈、一切能量場，以及有形無形長期被控制的不對等的男女關係之中，所解出來的那麼簡單的密碼而已。

**密碼中的男女關係，在關係之中，輪動一切無關性。**
**無盡的時空裡，密行所有的對應之了義。**
**解開所有的苦難，在肉身的當下，是唯一的愛。**

我們必須要看清楚，在所有的主流教法當中，有任何對女相圖騰的解脫狀態是一種專志專業的重大宣告和女相苦難的解除嗎?還是，今天的解脫之道大部分還是偏向於以男相為主的解脫系統、次第，以及各種不同的教法?這是所有女相自己本身必須去深思的問題。目前，我們看不到整個主流社會對女相解脫有各種不同的機制、修法、契機和生命出口，做關鍵性完整性的宣告和解密解碼，這就是關鍵。

所以我們今天要表達的是，整個女相肉身的經絡輪脈，包括海底輪的關鍵處，包括女相的佛首智，她整個的狀態是一個多龐大的從未被面對過的重大密藏?這才是重點。當今天我們有這個平台和機會的時候，女相要走上解脫的關鍵，只有一個答案——即身的觀自在，用女相肉身的結構和即身狀態。女相自己本身承受數千年男相控制而變成理所當然的無能為力，這背後隱藏的心態全部都要解除。

**早已臨在的主性之愛，於自覺之中的必然。**

**存在也是不存在，不存在也是存在，一切的寶生是最深的信實信靠。**

女性為什麼無能為力？請女性先問問自己的存在：這裡面妥協的心態是什麼？難道只是因為肉身架構不同的問題嗎？不一定吧！在歷史的洪流當中，在整個男相帝王術數千年對女相刻意的控制當中，還是有少數的空間讓女性可以主導，成為對當世世代有影響力的角色，所以，並不代表女性是走不出來的。但是，那只是形式上走出來，只不過是換成另外一個女相的帝王罷了，走的還是男相的路。

我們經過了多生累劫，到今天這個時代，女相自己解脫系統的建立重點是什麼？最困難解脫的絕對就是海底輪的性愛控制，所以我們必須要能夠清楚，在解脫過程中的性愛是什麼？轉識成智的性愛是什麼？轉識成智的男女關係是什麼？互為世尊互為主的男女關係是什麼？如果今天是在識性控制下的一個婚約或男女朋友關係的對待，那麼，營造性高潮和為其所佈局的所有狀態，都是一種控制性。女性朋友要瞭解到，生理上的釋放並不代表自己本身從男女識性中解脫和釋放出來，重點是在於，對大部分未覺的女人來講，都還是落入在男性識性操控下的兩性之間各種不同有形無形的對待關係而不自知，甚至期待著而樂此不疲。

**我生命的吾愛，我生死的至愛，生命契機中的傳奇。**

**我生命的吾愛，我生死的至愛，觀照無所的對應。**

**我生命的吾愛，我生死的至愛，最深遠的本質之愛。**

**我生命的吾愛，我生死的至愛，生命終極完成的圖騰。**

男相帝王術的控制可以是形式上的帝王術控制，也可以是一種心態上帝王術的控制，也可以是所有男相多生累劫來習慣以男性為主導的一種慣性下的帝王術控制，這是無所不在的狀態，各種類別的帝王術狀態是無所不在的形式。今天身為一個要走上解脫之路的女相存在，對於這一點，自己本身的智慧到底意會了多少？這才是關鍵。女相肉身每一個經絡的解脫性，從男相帝王術的控制當中整個超拔出來的有多少？在修行的道途上，在許多不同教法的對應上，有多少關於這樣關鍵性的女相解脫的重大密藏，可以讓女相從男相帝王控制當中整個超拔出來的完整宣告和解除立場？

## 任何的立場，都是愛的道途中的修行。

這不是一個為了相對論或在男女之間製造更大敵對而去引動的一個角度，這完全是因為多生累劫以來女相長期被男相帝王術有計畫且刻意造成全面性控制的結果，男女各自有其應該對自己慣性解除的責任，女相若要完全從這樣歷史的傳承中解脫出來，就必須清楚這個立場。今天我們要講的是中道的男女平等，不是在形式上去建立女權，而是女相要徹底的意識到自己身口意的結構，為什麼女人會承擔男人帝王術控制的這個悲苦的過程？男女之間的肉身結構本來就是不一樣的，當所有人都已經走了多生累劫，經歷數千年不平等不公義的男女對待的時候，這不只是生理上的問題和心理上的問題，而是整個中國歷史傳承的經驗值，為何要讓女性成為這麼大的一種承受相？所有要解脫的女相意會到了嗎？反省了嗎？懂了嗎？這裡面的密碼是什麼？憑什麼同樣生為人類，為什麼歷史傳承中都是在非常明確的立場下，被男相掌握所有的條件？而女相的卑微是何等的深重！

**一切的角度，都是男女傳承中的歷史定位。**

**何來卑微？一切的切入點，都是主性的密碼。**

**公義傳承，妙用在男女的輪動之中。**

我們的目的不是在宣告另一場男女之間的鬥爭，我們要講的是，女相今天不能夠再從相對性的立場去尋求解脫之道，而是要從即身肉身的結構，去瞭解在傳承當中卑微的走了數千年卻還走不出來的重大的密因密碼，一定要徹底的了義，徹底的清楚，因為這是最後的機會、最後的圖騰、最後的意志、最後的應許，這個密碼要非常的清楚。男女終究有別，肉身有別，苦難有別，形式有別，意會有別，結構有別，那麼，女相就必須從自身的經驗之中，生起在男女對待中不再被控制的一個革命的力道，從女相自己即身肉身當下的觀自在，建立轉識成智的解脫道途，而成就女相共主的如來志業。這是關鍵，這個狀態的建立也是整個人類最後的希望，這是非常清楚的事情。

**任何的觀自在，都是男女革命的自性愛。**

**一切的男女相，無不是非陰非陽的轉識成智。**

**在愛中，革命的火把已經點燃。**

男相有男相的悲苦，男相有帝王性的控制，陽剛的男相建立了現在整個外在的世界，那麼，陰柔不可思議的佛說主性密藏的權柄，就是在這一個世代女相解脫的關鍵點上，女相的力量掌握了各種不同宇宙最深、最密行、最深遠的納入狀態。所以女相存在的一切有形無形的結構，包括肉身的架構，是納入性的，是不可思議的狀態，這是到目前為止還沒有解密解碼的女相即身肉身密藏，不可思議的空前絕後的主性密藏。這個圖騰、內涵與解密解碼是在於，女相完全已經無關於所有男相相對性的帝王術，能夠徹底的回歸到她自己轉識成智迴向之德的報身佛成就，恢復於即身肉身的每一個輪脈當中，得到報身佛的應許，而入如來密藏重大的解密解碼，才有辦法解密這數千年來男尊女卑的關鍵狀態。

**轉識成智的迴向之愛，肉身的密藏，當下圓成。**

**解密解碼的圖騰，是即身應許的法身法性成就。**

這個傳承的整個對應，我們不論其對錯，重點是，當今天以男相為主所建立的帝王術已經腐朽到無以復加的地步時，人類再造的契機就是女相解脫，從即身當下的肉身、非肉身，和如來相的女相肉身，每個輪脈的整個恢復狀態開始，這是真正有自主性的女相用其一生的力量和權柄，走上徹底解脫的意志與決策，所要去圓滿的一個關鍵。

所以我們要瞭解，自主的女相解脫性功德力的法報身化三身於一肉身，這樣子的一個自性的新女性主義，其即身存在的功德力和價值，一定要全面性的建立在整個地球新世代的自性女性主義當中，主性的意志、主性密行的了義，一定要徹底的恢復在這樣子的女性世代中。每一個女性存在的肉身架構和輪脈，都能夠轉識成智，具備法報化三身功德力的狀態，解除數千年來所有男女不對等的狀態，解除所有男相識性帝王術控制的狀態，讓所有女生回歸到她自己本身特殊性、納入性的一種終極女相意志圖騰的解密解碼狀態，成為主性存在的即身肉身，主性存在的法報化三身的功德力。

**男女相的法報化三身的功德力，無不是在當下即身解密解碼的不思議之中完成。**

**一切輪脈的陰陽之相，在轉識成智中，得男女相的報身成就。**

**一切的男女之愛，同時具備無上的功德，本願圖騰的奧義。**

**主性的功德之中，陰陽的對待，男女的情愛，是宇宙最深的解密解碼。**

**主性的國度，男女共存在存有的世界。**

**主性的臨在，是男女互為世尊互為自主的存在。**

**生命終極的主性之義，男女之愛之中，終極解脫的法性肉身。**

**生命主性終極愛的藍圖，就是男女輪動示現中的無量劫來的實相奧義。**

# 永不承受的性

——女相海底輪，無盡的納入與收圓，轉化不了的，就成了女相承受的苦。

當男女交會的最關鍵時刻，就是關係著盟定的當下，最關鍵最徹底的就是所謂的性行為。兩性的性關係，代表著彼此的每一個輪脈、每一個認知、每一個心念、每一個相應或非相應、每一個對應，和彼此的身口意，在世間關係上的確認與交往相會的事實。

性是性，性非性，性是無量存在、無量經絡、無量生命對應下，最重要、最當下、最不可思議、最後到底、最究竟、最終極的對待。

世尊之性，中道之性，陰陽之性。性陰陽，性世尊，性供養，法供養，妙供養之性，性在乾坤，性在天地。每一天的陰陽，每一天的對待裡面都在解除所有無邊無量性的對待。

**我在性愛中感動男女之間的時空，不管性的供養有多少我所不瞭解的過程，當下的**

**性，我以觀照的誠意運作彼此陰陽調和的法緣，你性愛之中有我對你仁慈的誠懇，我性愛之中有你累劫以來試圖放下的思念。**

性的當下，性的本身，性的行為，性的生命，生命之性，生命之愛，生命的永恆，生命的存在，生命的一切，都是一種生命的反省。

性愛本身在進行的當下，都是彼此之間生命能量的交替、承受和對待，這當中的密碼是無條件的對待，等同等持的完成。

性的對應，性的行為，就是男女相陰陽乾坤生生死死的交替過程，一切存在於性愛的當下，它本身的輪動性都在無量時空中進行密虛空藏、密無盡藏的狀態，所以性的本身也是一切最後最終極的完成。

性就是創造，性就是圓滿，性就是真正所有一念當中宇宙奧義的存在，性本身的體會就是一切生命對自己最自然的反應。真正的生命就是真正的性、真正的愛，但是必須要有無上的智慧做為對肉身存在重大的涵攝，才能夠無上，要不然就變成一種往外掠奪無窮盡的狀態。

性本身代表陰陽交會，也代表男女相進出世界的過程。所有男相在無量世界征戰之後，其最後的依歸就是性，就是女相肉身的海底輪，所以當男相的海底輪對著女相的海底輪進行一切進進出出的過程，就表示女相經由雙方海底輪的究竟之處的交會，而承受了男相在無量世界進進出出的一切對應、一切身口意、一切掠奪性的、一切往外的模式所累積的苦難與習性。

**性不再只是性行為本身的動作，是陰陽之間身口意相不相應的對待，因果之中慣性的性行為，是落入其中的陰陽失調，性的中道是男女性愛中的世間尊重，更是海底輪不自主苦難解除的釋放，以解脫的了義，感動彼此，在性當下相應海底輪如來義的解密解碼。**

當一個男性面對無量世界的每一個動態與變化，諸如他的事業版圖、他的運作模式、他的雄心壯志與野心、他所面對的一切生死征戰、一切苦難、一切壓力，男相本身存在的特質是會將這些與世界的一切對應，集中在男相肉身的一切身口意中，在每一個男相偏向往外模式設計的特質中，他所對應納進來身口意的一切磁場，需要一種特別的釋放。因此，一個男性的靈魂體，他肉身的經絡，他的生命、宇宙、存在、意志，和他內在的一切神魔，在那個要釋放的臨界點，男相將他累積的所有苦難全部集中到他的海底輪。

當他面對他的太太或情人，男相將這些累積透過性的方式與他的女伴進行海底輪對應，這時，不管女相的意志想接受或不接受，想承受或不承受，在這個性的行為進行的當下，就等於宣告女相用她的海底輪，透過性的進進出出的行為，把男相在無量世界裡進進出出的苦厄收圓到女相自己的海底輪，女相對男相無條件的納入與收圓，承受著男相，這是女相海底輪的功德力。

所以，**女相的海底輪是男相所有累積到最後的重大依歸**，在性的過程中，終結所有男相之苦的過程中，也可能再造下一代重要的傳承，全部都在這個海底輪究竟的依歸之處。當兩人的海底輪陰陽交會時，所代表的就是，在性的輪動裡面，把舊有的部分全部輪動掉，把所有累積的狀態全面性地回歸消化轉化。而當男女無法把舊的輪動掉，無法消化轉化的時候，就是女相在她自己的海底輪全面性地承受男相所反應在他海底輪的一切苦難，引爆他們所有的問題與狀況。

女相肉身在性當中的一切承受，代表著男相無法在肉身裡面轉化掉的重大累積，讓男相無法轉化掉的那一部分，終將全面性地集中在女相存在的身口意裡面，透過性的行為做最直接最赤裸裸的對應。

當女相在性的行為中，無法承受男相的對待方式，當她的海底輪無法承受對方的暴力，在任何累積的苦難形式與一切男相可能造成的因緣果報的當下，女相的身口意與每一個輪脈就以最直接最赤裸裸的方式，在性的行為裡引爆她所有的經絡、身口意和存在的一切。那些無法消化轉化的部分，變成了女相在生活中放不下的每一種可能的形式、累積和痛苦，這個時候，性的行為反而變成了女相全面性承受男相之苦，成為她自己身口意和一切存在的重大痛苦來源。

當女相決定善護自身，永不再承受男相的時候，最重要的事情就是，要很清楚瞭解，任何的抱怨都沒有用，妳一定要穿透一個事實，要看透男相的慣性模式和不等同的對應方式，不要再順著男相往外模式的輪迴。若是男人在外花心，或者只會不斷要求女伴而不知自我反省，妳大可不必想：「我要再找下一個，才能報復你，才能平息我承受男相的痛」，不必，因為這樣根本解決不掉問題，反而讓自己承受更多。

**女相的尊貴遠超過女性自身的認知，因為女相本身即是萬佛之母、無量佛之母啊！**妳知道女相海底輪的功德有多大嗎？女相生下小孩，不單單只是生下佛與如來身，也生下許多的一般之人，或有先天疾病的人。這不是壞或好的問題，這表示女相的海底輪是完完全全無分別的，女相本身要承受所有圓滿或不圓滿的生命，從她的海底輪誕生出來，是無盡無分別的海底輪。

女相生命的恢復與輪動的密碼密因，一切都在妳們如來的內涵裡，早就已經在那兒了。但是，許多女相對於男相的卑仰和依賴，使得自己成為弱勢的族群，這些心態全部都要解除掉，對一切的生命不必偶像崇拜，因為偶像崇拜就代表著妳自己就是弱勢。然而，我們也必須知道，在整個歷史當中，讓女相長期處在弱勢，不讓女相出頭是男相的陰謀，是男相在位者的權謀與算計，使得每一個女相存在的意志、生命、力量、能量……等，全都受制於男相之下。

女相解脫首要之務就是，當女相本身還未生出足夠的內涵、基礎和智慧來將這些苦難轉識成智的時候，一定要先能夠懂得善護自己肉身海底輪的自主性。性的自主性、性的世間尊重、性的中道、性的生命的終極完成，一定要在女相的海底輪全面性地建立起重大的結界。因為**唯有女相真正確定永不再承受男相無量劫以來，透過性行為裡面的直接衝撞與擺佈，並建立起結界**，這樣，女相才能夠保持自身存在的完整，而建立一個到底究竟的終極結界，也代表著女相宣示永不再承受男相慣性與苦難的重大確定。如此，才有機會解開海底輪或其他輪脈的重大密碼，解除一切承受男相因果輪迴的苦，然後，全面性恢復女相自主的生命。

數千年來，多少個世代，女相已經承受男相到無法再繼續下去的地步了，該是整頓自己的時候了。這個世代是女相建立起解脫系統與恢復生命自主的重大關鍵契機，也是女相對自身內在如來的重大承諾。女相不能再讓自己承受了，不要再讓自己被男相牽動，不要再順著男相的慣性輪迴，全部解除吧！就從海底輪開始整個結界善護起，確定下來吧！這是非常重要的事。

**以不思議做愛的動作，性是究竟根本的生命探討，性之本能在於陰陽當下根本大捨的身口意之釋放，不以慣性從事性的行為，對下一代在生命誕生的一切流程中，當下緣起是誕生清淨的生命來到這個世界，父母以清淨心從事性行為，當下對要來投胎的嬰兒的靈魂體就已經產生彼此了因果的共振與解除，寶生嬰兒的靈魂體能夠在人世間第一時間功德力**

**的善護。**

**中道正法將在台灣開出女相解脫與女相世尊恢復生命自主的重大密藏**，但是，這一切也取決在，要有重要的女相開始意識到維持自身的確定完整，以無上的承諾供養自己內在如來對女相肉身的確定，讓重大力量的內涵成為她肉身恢復自主的寶藏、力量和功德力。要有這樣的女相示現出來，讓廣大的無盡形式的女相知道這些重要的內涵。

**女相尊重了女相自身，從自身的尊重開始，從自身肉身輪脈的尊重開始**，但也必須從卑仰迎合男相的任何界面整個拉回來。拉回來的過程就是解碼的開始，也是女相恢復自主，讓內在如來空前示現，開演世尊女相救世自主的重大啟程的契機。

# 自主之性

——以內在如來來對應，對性的對待到哪裡，海底輪就清淨到哪裡。

女性在面對男相存在的一切狀態時，要有一個空前的空性的知見，來觀照男相無量劫來所有的苦難。男性生命的特質、肉身的特質是屬於無量往外掠奪的傾向，當這些累積到無盡處的時候，在男性的存在世界中，這些所有的「果」其實是非常清楚的。

**女相必須要有空前重大的智慧，照見所有的男相，他們給予所有女相的重大逆向的震盪，都是密不可思議的一種逆向的操盤運作方式。**這些逆向的狀態，等同以逆密的方式、密不可說的傳承，來令所有的女相永不往外。男相以無量劫的輪迴所累積的一切，用這種密不可說的逆向方式，善護所有的女相。

女性本身要如是觀之，這是所有男相的重大的密碼與圖騰，所有男相的苦難與承載，都是無量往外掠奪的狀態所形成的，當這些累積到最關鍵最根本的回歸之路時，就是透過性的行為，對應女相的海底輪，回歸到佛母的懷抱。

女相在陰陽交會的當下，將男性無量的苦難納入她的每一個輪脈裡面，男相一切的掠奪和無量劫的累積，只有回歸到女相本身最深遠的情懷與初衷的那一刻，才能真正地止息男相所有往外的一切。

但女相納入男相的苦，她要如何才能永不承受？

**男相靈魂體的重大密因與功德就是，以他生命所存在的一切與靈魂體的意志和密碼，對女相做一種逆向的善護**——男相以他無量劫往外的無盡沉淪，來表達這樣的圖騰、密碼、流程、情境、戲碼和因果，深深地向女相表達著，提醒著女相「永不往外」。女相在觀照男相的時候，要建立起這樣的知見。

所以，女相永不往外狀態的建立，是來自於男相無量劫以來所示現的往外的過程，對應出女相永不被牽動、永不往外的不動性。

男性以逆向來對應女相的一切身口意，包括最究竟、最根本的海底輪的對應。每一個性的行為，都是男相靈魂體對女相靈魂體空前的懺悔，就像眾生對主的懺悔，就像無量的因果回歸到不二的中道。男相在無量的相對性裡面，透過每一個輪脈的對應，回歸到女相的每一個輪脈，這是一種逆向的、密不可說的善護，以海底輪回歸，確保女相永不往外。

若女相本身能如是觀照，則女相本身不但永不往外，也不再輪迴所有男相曾走過的路，女相才能真正地展現出她空性、空自在、空自性的生命特質。在她存有的存在裡面，將所有讓男相承受的苦難納入，回歸到女相身口意當中最到底、最究竟的海底輪。最究竟了義的根本就是「永不往外」的重大根本結界，徹底地確定女相存在的生命本質，在女相自主生命的恢復過程中，以她永不往外的狀態，再迴向給男相。

**當女相有這個知見來觀照男相的時候，所有對男相的承受等同不承受，以不承受理解一切的承受，以不往外理解一切的往外**，以納入男相的承受而等同等持的理解到女相存在的價值、生命特質，和她特有的面對方式。

當女相永不往外的確定點確立下來，並成為她身口意和行法重要的基本盤之後，她在每一個對應男相的過程當中，能夠因男相無量劫的苦難需要女相生命架構的特殊性，而涵攝一切，回歸到她每一個輪脈，回歸的當下，逐漸地放下，逐一地展現她的如來自性。

**女相如來的重要性，具備了一切存在的重大解碼**，所以這一世代，如來在女相重大功德的肉身設計裡，不只是為了純粹讓女相自身恢復自性生命與覺性，在海底輪、在性行為、在每一個輪脈的每一個行為當下，都等同把所有數千年來男相的苦難全部納入。

所以，在這一個空前的世代，女相的恢復是要在女性的存在裡面，恢復等同中道的男女相。女相解脫系統的建立與她們不可思議的恢復的完整性，能夠等同長期承受男相所供養的苦難輪迴，那些男性本身沒有辦法解脫與收圓的無量碎片，女相能夠全面性地納進，透過婚姻，透過性行為，透過一切男女陰陽的對待。

**女性肉身的功德是——面對苦難到哪裡，功德恢復就到哪裡。**這裡面的德性與自性，是因為她本身已經具備了涵納無量男性輪迴的苦難，同時又加上她自身存在的苦。女性生命存在的完整性，全面性含括在當世重大女相空前的空性示現，女相功德的自主性，可以到達不可思議的境界。

**當女相「無漏」確立，全面性建立解脫系統，也會同時引動裡面存在的密因密碼，**令所有男相必須正視女相解脫的內涵，等同將來男相本身要提升他自己，補充目前解脫系統的不足之處。同時男相也必須納入女相解脫系統的內涵，成為引領男相解脫系統的重新再造的最後機會。

**愛汝以吾佛果的成就，吾無住於汝恆河沙數的軌跡，自問於吾內在如來的妙用，以無量劫愛汝以當下的密行，吾之功德，是汝存在本身的心念，愛汝以寂靜寂滅的清淨，示汝以不可思議的即身成就，吾密身的本尊，是汝佛母示現的根本，以生命的原初，成吾愛汝清淨的一念。**

女相空前的示現，她不會再有任何不必要的等同男相往外輪迴的動作，依此知見來供養她自己，不再往外，自身就能與自己的內在如來進入全面性的無上雙修，無量雙修，當下雙修，無量苦難全部納進，裡面包含了無量男相供養的苦難。

在她生命恢復的過程中，自身如來會逐步納入與消化解除所有苦難，包括展露女性的生命特質、密因密碼，與其功德力。在解除與轉化男相之苦的同時，她的靈魂與肉身會流露出清明的光芒，她的每一個對應都通往覺醒。這時候，她可能會再度地逐漸對應到男相，包括性的行為、戀愛、或婚姻。

此時，她每一個行為的當下，包括海底輪的對應，不在於性行為有多少次、性行為的對象、性行為的因果，不在表相形式上不斷地思議與議論，否則同樣會落入了男性的軌跡，落入相對性，而累積成另外一種女相掠奪的狀態，這永遠是「有漏」的，因為那還是殘存了被男相影響而牽動出去的模仿男相或報復男相的一種往外的動作。

女相在解脫過程中所形成的空前的不可思議的自主之性，會是完全不同於男相的對應方式，兩性關係的互動將超越所有男相的模式，也會超越過去所有女相受制於男相而產生的觀念、價值和行為，那是承受下的女性思維，那是過去女相受制於中國歷代帝王後宮三千，以及家家戶戶由男相主導，以男人為尊這種觀念下的框架。女相在解脫的過程中，自身不能殘留這種承受之後的餘毒。

**相愛是為解除所有彼此愛的框架，相愛是打破所有尋求愛本身的外在之法，愛本身是沒有任何的形式，以愛的流程，入生命存在的本質，一切的愛，無不是對生命答案的叩問，男女相彼此叩問的相愛，是解脫彼此落入陰陽訴求生命恢復自主的生命之愛。**

所以女相轉化的重點，是以她空性的如來轉化所有承受的當下，所要輪動出來的智慧與涵養，要完全超越過往一切的一切。

有此功德力的女相恢復生命，如來等同肉身的存在，不以外在表相上的一切相對性來理解性的本身，而是以不落入相對性的理解產生對性的內在覺受。在她通往清明的智慧裡，以如來的意志決定如何使用她肉身的每一個輪脈，以及對應男相時遠近輕重的程度，以內在的覺性、覺受、內涵來確定與男相共同交會的一切。

這關鍵狀態中，當此覺受的提點是戒的時候或開放的時候，當下她都會有對應的契機、內涵、密碼與智慧。她的重點不是一種慾望性的或無法控制的某一種因寂寞難耐而被牽動出來的七情六慾，反而是為了轉化七情六慾所生成的一種交會。一方面，在自己功德力茁壯的當下，所對應於海底輪的每一個行為當中，涵攝了對方的苦難，也不承受自己的苦難，其本身的自發性自主性的狀態，在性的行為當下，亦能不落入相對性的性行為。

女相以她存在的功德、智慧、涵養所對應於男相的性行為，是**以「如來等同肉身」來對應對方的肉身**，過程中，觀照出所有尚存控制性和落入性的某些性的動作、性的想法，以及承受男相的可能性，同時也能將其轉化掉。

所以，**功德自主的女相，她的性的對待是為了性的覺醒，為了海底輪的清淨，為了海底輪的圓滿。**同時，也協助對方於性的淪落方面通往解除之路，把男相往外的性的慣性，同時在彼此性的對待當中，因女相功德力的渡化之力，令男相本身同時走向不再有任何性的掠奪慣性，在這樣的性的對待當中，獲得重大的解除與解碼，當下讓男性的慣性整個拉回去，懂得尊重。

因此，女相不是要制定外在的各種不同性行為的教條或規矩，她不是沒有智慧的放任，也不是一種覆蓋下的所謂道德性的壓抑。她的重點是要把這兩種同時解除掉，因為那本身不會是中道輪脈智慧覺醒的性的覺受。

女相以本身不承受，而進入女相功德自主的放光，來決定性行為的必要時間、對象、狀態、當下的輕重，和她所要對待的行為模式。

**汝之所愛，應自問是否有用力的動作與心念，汝當自問，應當如何自問？所問的是為了何種自己存在的答案？任何的問法，叩問的是你自身曾經愛過的，為何而愛？在愛之前，是否問過自己有愛的能力？在愛之後，為何留下如此神傷的遺憾？愛的輕重，為何無法預設？也應問自己，是否能承受汝之所愛？**

性不一定是在進行性的行為才稱為性，性的狀態是男相以他掠奪的慣性與心念，在他看到女相時所觸動的需求與七情六慾，做出一種信息的發射，那等同於性的侵略，那就是無盡的性的攀緣和干擾。然後男性會用盡各種不同的模式、手段、方法，讓女性與自己達到性的動作，這裡面完全沒有任何可以解脫的狀態，也沒有任何對女性的尊重。

當女相在空前示現的功德力當中，洞察穿透無量這樣的男性慣性的同時，不生起任何等同輪迴的心念與動作，因為那只是讓女相用性的報復令自己走上更大的承受，也在承受當中，走上更緊繃的控制性與覆蓋性的壓抑，或者走上更嚴重的放縱。其中包括操縱所有男相七情六慾的所謂偶像，或女神地位的價值觀，而產生性的主控權，全部都要解除掉。

這種情況下，虛空藏中密不可說的女相獨特設計的密碼、密藏、內涵，將全面性地示現完整。

以此莊嚴之功德，以覺受來對應男相海底輪，對方各種輕重的因果業報可以永不承受。**以內在如來來對應海底輪，女相就能清清楚楚的知道，自己對性的對待到哪裡，自己的海底輪就清淨到哪裡。**互動的當下，都能夠善護自己永不承受，自己生命的解碼與內涵，也會源源不絕，讓女相在性的當下就是生命恢復的當下，就是各個輪脈清淨的當下，也是女相在海底輪重大的終結點裡面，就能夠圓滿輪動她終極的性的圓滿。

同時，也令所有男相以無比的莊嚴與尊重之心，真正地解除他的掠奪慣性與無量劫的沉淪，讓男相真正去放下他的往外模式的因果輪迴，也同時讓男相有空前的一次機會，以他不往外的本位，重新檢討他們解脫系統中所有不足的地方。當男相放下對女相的不尊重，所有掠奪模式全部退回並歸零的當下，男相才有重新自我檢視，重新再造其解脫系統內涵的最後機會。

當此時刻，所有男女相就能夠建立互為世間尊重互為自主，中道不二莊嚴實相海底輪的圓滿性生活。

# 性之本身，究竟之本身

——回歸到本心本我本如來，以如來做一切愛做之事。

無上雙修皆中道，中道當下本男女，非男非女觀自在，本性如來皆性愛。

**性即是本性本心，一切性一切本性之恢復，一切性一切慣性之反應。**

**性即是本性本心，性愛無上如意本。**

**性即是本性本心，性情無關皈依境。**

有所住於一切性，無所住於當下性。以心性做一切性愛之事，以本性做一切性愛之事，以慣性做一切性愛之事，以何種狀態下之個性做一切性愛之事？

一切存在之本性，在於**性之本身要回歸到本心本我本如來，以如來做一切愛做之事。**

性是一種狀態，性是一種不可思議的存在，性是空性本身之展現，性即如來，性即一切存在之狀態。

在男女性的行為裡面，因為男女相的肉身結構不同，在性的行為對待當下，女相都是納入性的、承受性的性對待，男相是往外的性對待，表象如此，架構如此。

**我以雙修的密因，存在身口意的每一個畏因的提點中，以如來智慧的本尊相，感動你肉身每一個輪脈的密碼。我肉身早已在你身口意的存在中，相應你如來無量劫無住的生死當下，以我知苦的照見，解除你所有受制的結界，愛你以我佛身的願力，這一切，早已在宇宙的本然中，存在必然的愛戀。**

非男非女，一切陰一切陽，陰陽之不等同全面解除尚有陰陽調和之處也。

觀照整個世代，要男相在性當下轉換是比較不容易的，女相本身受制在性行為的當中檢視自己所承受的狀態，等同對自身何以承受性的所有狀態的檢視，不往外的評估，對自身存在於性方面的受制，自己的身口意，每一個思維、每一個存在、自身的一切，以此而納入提點，無所住於性，成就自己永不再往外承受男相的智慧。

性非性，性是一切慣性之反應，在性行為的當下，一切的慣性反應清清楚楚。所以，女相在性的當下觀照出男相的無量慣性，同時不往外不承受的時候，把自身會受制於男相的一切的等待、守候和崇拜還原給自己。當所有的女相納入一切陽性往外苦難資糧的當下，女性本身已經通達納入了所有陽性的模式。

在這個世代女相身為陰性的存在，她們的架構、肉身、特性和本質，都已經具備了納入陽性的逆向護持的重大資糧。所以，女相自己不往外不承受的願力，解除了自身受制屈從男相的模式，也觀照出男相逆向護持裡面的慣性，同時也解碼女相本身成就中道世尊正法的完整性。觀照自身受制之慣性，同時將承受男相之慣性轉識成智，等同等持，非男非女，轉化男女相之一切識性，變成自身生命恢復的重大智慧和資糧，於她的海底輪以及她所有的輪脈。

女相之自救、自解碼、自成就、自圓滿、自不可思議之傳承，應永不往外而解除一切承受，重點在於不往外之解碼，以及永不輪迴男相在性當中的慣性模式。

女相在海底輪建立結界，轉換成面對自己，以慣性供養自性如來，轉識成智，成就與內在如來雙修之無上正等正覺。此時，自身的性行為等同以內在的一切供養法性如來。

當女相不往外，所有慣性解除，完全恢復百分之百的「肉身即是世尊自主女相」的同時，女相本身完全等同等持解碼一切。性之存在當下，性行為本身當下，皆等同究竟面對生命之事實，性到哪裡，清楚到哪裡，圓滿到哪裡。

性本身不在於外在行為的做或不做，而是做或不做都不會落入男相的沉淪，都不受制於男相的慣性，而能同時放光，令男相所有的慣性皆不再攀緣上來。

女相自尊自莊嚴自無上成就之性行為，性之本身即一切究竟之本身。性非性，性是本性如來當下成就於女相海底輪，將無量的苦難全面性地解除掉，此為性圓滿。

**世尊女相雙修性成就，不往外逆供養如來密行雙修。**

**世尊女相雙修性成就，不落入逆生死自性密行不二。**

**我以逆向的護持，入你所有生命形式的因果，不在其中，轉動你輪脈的輪迴，在其中，我等同你慣性的苦難，轉識成智，成你世間正法的悲智雙運，我不必是如何的存在，但我必然是你所有覺受當下必然所需的觀照，即身善護，成你知苦的照見，我可以是你一切的眾生，也不必是你當下的如來，只要你無住你自身的觀自在。**

過去數千年來，有關於性的所有一切，人類對於性的本身、性的對待、性的一切解讀，都有極大的誤解和扭曲，在此世代必須要做一個空前的全面性的轉換。

**性即金錢，性即如來，性即諸佛如來本心究竟之根本大法，性之所在代表一切諸佛如來對無量眾生之對待，海底輪之面對等同佛法之重大妙法。**

一切妙法本身無法可談，一切天下之當下為正法之當下，唯善逝之也，善逝之，究竟之。

海底輪的根本究竟之法義，已經到了人類必須全面性地面對與轉化的時刻。此為主性之來臨根本之訊息，根本之基本面也。

當所有的眾生在海底輪的對應當中，空前曝露出所有無量劫累積的慣性，既無法提升也無法轉化的時候，也代表了整個世代的生命走了無量劫一直走到現在，已經完全無能為力了。過往所謂一對一、一對多、多對一、男男女女、非男非女、女女、男男與一切的一切，都在一切關係裡面全面性地曝露出——一切已在海底輪的根本究竟之處無法再走下去，兩性之間的關係也到了全面崩盤的狀態。這一切問題，男女之間關係的苦難都是由「性」所照見出來的，人類空前的等待，所求的根本法義就是——主性正法的來臨。

**主即性，存在即性，一切之如來心性皆性之本身之存在。**

**根本之性，天下之性，無上分別之性，逆向所有狀態，以海底輪逆向成就佛首無上智之性本身之行為。**

**根本之性，天下之性，無上分別之性，性非性，性所說諸法如來本義。**

性非性，性本身之當下，性之所在，逆一切處遍一切處皆陰陽交合，無量宇宙無量當下基本的主流皆陰陽交合之狀態。

性之一切衡量的傷神全面性解除，就是根本教法之所在，如來重大根本教法。

**微妙法觸動一切當下，無上甚深微妙之根本空性之大法，唯善逝為唯一正法。**

**誰是誰觀自在的愛？觀你生命順逆之間的男男女女，誰是誰變現出去的分身？但我只想與你等同，在所有宇宙的乾坤歲月，我以任何的陰陽，愛你以生生世世各種男男女女的形式，守候你，成你生命恢復的資糧。我以不預設的生命形式，成你生命的戒定慧，在不動的輪動中，承載你所有曾經有過的取捨，我願在你識性的審判中，讓你將所有的因果成**

如來雙修正等正覺的蓮花法座，我生命的初衷，是你無染佛果的最後，是我生命的本願，
守護你此生即成的佛果。

# 海底輪湧動的叩問

——永劫來，你以識性理解海底輪的心念，瞬間全部被海底輪湧動出來、排毒出來。

關於海底輪的湧動，對我們整個人類來講，我們要看海底輪的湧動是處在怎麼樣的一個狀態，如果你是識性、一個純粹生理上的湧動，它就是一個識性的湧動，就是生理上的需求，它是識性的。但是就修行來講，如果海底輪湧動是因為你已經有一個決心，「我以海底輪的生命意志，不再受制於所有男相識性的控制」而湧動了，那麼，那就是你的第一義的開始——我就是要走上解脫的開始。

我們要有一個認知就是——海底輪是代表最深的沉淪，但是海底輪也是代表最深的究竟。所以海底輪它本身湧動之時，你的狀態是往外還是不往外是關鍵。你往外，它還是輪迴性的湧動，輪迴性的湧動最後還是在一種浮沉的狀態；但是如果你的海底輪湧動本身不是識性的湧動，那就是你自己能夠在無常世界裡面，在你即身的當下，海底輪湧動出來的重點就是——你自身要湧出某一種出離的狀態，要湧出一種解脫的狀態。所以湧動出來的狀態就是一種訊息，它本身就是一種叩問、一種決心，那就是一定要走上女相解脫的究竟，重點就是「不往外」。

**愛你是生命中的奇蹟，生命奇蹟的恢復，奇蹟之愛，在愛中生命恢復的奇蹟，這一份愛的意志，就是一種奇蹟的生命之愛。**

當你不往外，第一個要生起的知見就是「那是如來湧動的——如來湧動的訊息、如來湧動的法義、如來湧動的狀態」。這本身要告訴你什麼？當你覺受到海底輪湧動的時候，那就是一種修法，它就是一個通路、一個微妙、一個答案，你怎麼去覺受它？你用什麼心態去覺受它？

我們人類習慣於心輪的湧動，習慣於肉身某一些輪脈的湧動，但是我們人類沒有辦法去面對海底輪的湧動，因為大部分的湧動都是識性的，都是生理需求的。假設我們海底輪有湧動，那也都被理解成一種生理上的需求，那就是人類的卑微。

但是你不往外看海底輪湧動時，那就是海底輪本身在求救，海底輪在反應問題，海底輪在表達永劫以來的問題。所以，海底輪的湧動，如果你只停留在一種生理上的理解，或男女的一種訴求，那永遠都是沒有辦法解脫的，你永遠沒有辦法知道問題出在哪裡。

所以，海底輪湧動就是提醒：你如何與海底輪共修？但是，今天我們必須走上解脫的時候，那麼，海底輪就是代表地獄眾生的叩問，或者自己要全面性解脫的叩問。

當你決心海底輪不往外時，你的海底輪必須與你的如來連結，這個第一義是什麼？海底輪的湧動是如來透過這個狀態在提點你什麼？你如何淨化你的海底輪？你如何是不往外的看待海底輪？你如何在面對海底輪湧動的那一刻，沒有任何識性去理解它？

**這一份愛，對你，我還能再說些什麼？愛本身的仁慈對待，我們是生命之愛的同路人，自主的開花結果，共同臨在愛的演化之中，完成自己。**

你不能夠拿識性去覆蓋它，海底輪湧動的時候，你閃過的所有識性狀態都要解除掉。如此這個湧動就有意思了，這個湧動就是照見你所有永劫來，以識性理解海底輪的那一些身口意、那一些心念和識性，全部瞬間被海底輪湧動出來、排毒出來。你有很多識性上的理解附加在海底輪上，這些都必須把它洗得乾乾淨淨。所以每一次海底輪湧動的時候，你所有對海底輪的識性理解都全部解除掉的時候，那麼你剩下的就是什麼？湧動。

湧動本身就是動出你所有的識性，在海底輪裡面牽動出來的所有不如法的知見、想法和對待，或是永劫以來海底輪裡面深沉的重大因果、識性因果，全部都輪迴在那裡面，都被湧動出來。或者是，當海底輪湧動的時候，你所有的識性全部在海底輪被排毒的過程裡，你要能寂滅它、善逝它的同時，你自己本身有一個重大的狀態就是——當你湧動是連結如來義的時候，你就能夠進入解密解碼的狀態，還給海底輪本身一個自主性。

**因為愛，在愛的世界裡，有著彼此最深最不可說的思念，生命的情懷，生死的情路，在覺的愛中，就是彼此生命最深的親愛。**

我們必須瞭解到，海底輪本身就是一個重大的圖騰，它本身就是你的前中脈的究竟，但是前中脈代表的就是，它會反應人類立場上的所有問題。而為什麼要有後中脈？後中脈就是一個全面性的承載，承載所有的相對識性。這就是為什麼耶穌被釘在十字架上時，那個十字架是在他的背後，承載著所有當世眾生的原罪，但是對耶穌來講，他本身不能有任何的識性，也就是當世耶穌所有永劫來的識性，這一個靈魂體全部都解除掉。所以他背後的天父就是空性。

十字架的密碼是什麼？就是前中脈、後中脈的佛首智之交集、海底輪之交集處，在即身肉身形成的等身等覺之無上中脈自性十字架，所以十字架的密碼圖騰就是解除一切相對性的識性，而應許入空性之門的密行之路。所以，肉身背負識性的原罪，就等同肉身背負十字架，肉身前中脈、後中脈合成十字架中脈，在於解除所有最深的相對性識性原罪，這就是肉身中脈十字架的核心重點。

你的後中脈，後十字架，後十字架本身要到究竟，而前後中脈的連結點就是海底輪。我們講海底輪是包括生門和滅門，每一天所有的飲食全部過濾完之後，透過滅門整個即身排毒掉，如果都排毒不掉，就會累積。海底輪之生門等同滅門，即是非相海底輪的生滅之門，這是輪動海底輪生門滅門的轉識成智。

生門入空性之門，滅門入空性之門，生門非生之門，滅門非滅之門，等同等持之生滅，等覺等空之非生非滅，共轉識成智中脈海底輪無極不生不滅之空性之門。所以，重大的善逝和寶生，都是海底輪。

我們必須把海底輪等同於臍輪，等同於心輪，等同於意志輪，等同於喉輪，等同於眉心輪和頂輪，中脈的佛首頂輪到中脈的海底輪共為轉識成智輪動，而成就自性中道的法流。而同時肉身中脈所有重要的經絡輪脈都同時同步當下轉識成智，一切輪脈的識性輕重，都可以透過海底輪做最究竟徹底的排毒解放與出離寂滅。當中脈的法流都無識性的時候，中脈的每一個重要輪脈就會產生一個不可思議的功德力，中脈的每一個輪脈同時具備其他輪脈所有的密行功德和等同等持的作用義。

**愛到底是什麼？我問自己，為什麼會如此這般的愛著你？在愛的世界裡，輪動著我們的前生今世，只為了這生命終極之愛的應許。**

你的海底輪如果有辦法等同於你肉身的其他核心輪脈的時候，也代表那一個輪脈能夠究竟，重點就是在這裡，所以**海底輪本身是另外一個逆向的佛首智**。以我們人類的立場，最重要就是頂輪，但是我們人類因為太過於發展頂輪，所以被太多識性和思議覆蓋。人類對海底輪的無上究竟修法是不熟悉的，容易用染著的概念去框住海底輪的本願初衷。海底輪其實是一切最初與最後的終極之臨界點，所以當海底輪運作的一切清明清淨的時候，也代表整個中脈是即身當下無漏的時候。

身體中間就是心輪，心輪就是「觀音心」，往上就是上三道，往下就是下三道。坦白講，心輪它是比較不思議的，上承十方諸佛，下化六道眾生，所以心輪就是一個十字架的核心，但是現在很多觀音系統的心輪都已經受傷了，因為救渡過度，因為自己引領眾生的因果過度的擴大，而導致心輪本身無法承受負面能量的累積，也造成在引領上成為法執法教的嚴重問題。所以必須觀自在自己肉身的心輪，有當下的承受相時，也就是整個觀音渡化的承載力必須全面性檢視的時候了。

當這個時代所有擁有的一切都到了盡頭的時候，我們必須從海底輪生起真正的主上的密藏。任何的湧動就是一個關鍵——我湧動，**我只要是海底輪湧動，我就是宣告不受制男相；我只要是海底輪湧動，就是宣告我今世必須是究竟的；我只要是海底輪湧動，我就是要走上虛空的畢竟空；我只要是海底輪湧動，我就是要往上一直到佛首智，**我要讓我海底輪的湧動，直接就是到佛首智，等同等持。

**愛的本身，在臨在的時候，就是一種真實義的信靠，愛的本質，是世間尊重的自主，互為生命的親愛，一種生命自主的本愛。**

逆向的佛首智就是海底輪，人類習慣的正向的佛首智就是我們的頂輪與眉心輪，海底輪就是我們等同的逆向佛首智，我們要將海底輪等同於人類習慣且常在使用的佛首智——頂輪和眉心輪，等同等持。

所以關於海底輪的湧動，你要有這樣的知見——所有以識性理解海底輪全部都是被排毒的，永劫被排毒的。只要被湧動的海底輪，它就是如來義，它就是與如來連結了。海底輪的湧動就是如來協助你用如來的能量貫穿在海底輪，解除你永劫以來海底輪的識性，解除永劫以來你海底輪的那一種來去和因果的識性。

你必須要有這樣的知見與奉行，你的海底輪本身一定是不往外的，專注在自己的如來上，與如來究竟的雙修。所以當你自己的海底輪有一個某種結界的清淨之後，你的湧動就是一種真正走上主性海底輪的開始。

當海底輪不斷的在解除因果的時候，每一個從海底輪誕生的小孩生命，他的狀態是會完全不一樣的。海底輪的因果越重，生下來的生命，他的干擾就越重；海底輪的識性越減少，生命生下來被寶生的狀態就越完整。甚至如果海底輪本身的功德力夠，這一個生命本身雖然有較重的識性，但是他今天有這個機會，透過一個有功德且比較沒有識性的海底輪而被生出時，這個功德力甚至可以解除這個小孩生命體的識性。在懷胎十月的時候，這個有功德力的海底輪，就能夠遞減這一個胎兒的因果狀態。

所以，海底輪的湧動就是在宣告，這一個世代所有的女相全面性的終結所有承受男相的狀態，海底輪的湧動，就是女相究竟自我叩問解脫的等同等持之奧義。

**你是我生命裡最真誠的愛，愛的力量，愛的覺察，愛的變動之中，就是最深的情懷，不再有任何多餘愛的追求，只為了重生而愛，也不為什麼而愛，讓最自然的愛，成為最深的本質之愛，無求於愛的至情至性之愛。**

# 性慾與性能量的解密解碼

——為了要解除宇宙永劫以來所有相對性陰陽能量的輪迴問題，才形成男女相對待的密行。

當我們已經開始走在解脫的道路上，有一個清淨的結界了，沒有男女相的攀緣，也不往外的時候，為什麼有時候身體還是會有慾望的反應呢？這時候，我們必須要以打破時空的狀態來看待，而不是單純只以當世時空的自己來看，因為當你開始與解脫的主性能量連結時，你的所有過去生生世世未解脫的時空磁場，都會回歸到你此世的肉身，與你共修。

你的某個過去生在男女相方面可能是極度不自主的狀態，當有這樣的前世磁場回歸，來與你對應的時候，就會引動你某一種男女相的慾望，那個慾望的背後，其實是前世今生必須要共同面對的男女相的苦難議題，那是一種引動、一種求救、一種卑仰。這裡所指的卑仰，是指在打破時空的狀態下，這個前世的角色，他／她對於在男女相中卑仰的苦難狀態和識性狀態，沒有機會在那一世獲得解決，於是就會產生一種輪動，來訴求於今世的解脫。

所以在這種情況下，當世有機會解脫的肉身必須要能夠透過堅定的意志，不再落入相對性的男女相，不受牽動，也就是非男非女，而能把過去生不圓滿不自主的時空磁場，在今世轉識成智，讓你的這個過去生的時空能夠與你在今世共同圓滿自主。

每一個肉身裡面同時會有男性荷爾蒙和女性荷爾蒙，我們假設，你的左脈是男相，右脈是女相，那麼你的中脈是什麼？你的中脈所要成就的一定就是——非空非有，非男非女。你要讓你還會落入男女陰陽識性的牽動，不斷的遞減，不斷的收攝回來，就是讓你的左右兩脈會往外延伸出去的識性慣性，全都解除掉，最終回歸於中脈中道中觀。這個解除的過程，包括你過去生生世世任何男相或女相的示現，陰性能量或陽性能量全部解除，這是我們要行深的方向。

**不動的尊者，一份如如不動的愛，一切諸有情的愛，在微笑之中，供養著一切傳說中的無染之愛，只為解脫而來，只為救贖而愛。**

所以有時候，你的如來不只會引動過去生可能是非常卑微的女相磁場回歸，也可能同時會引動另一個具有金剛性特質的男相磁場回來和你對應。那是代表著，如來透過這個金剛性的男相要你更行深轉化，使你比較能夠意會到你所有關於男女相的落入和因果課題，進而全部解除掉，你此世肉身的意志是否堅定？就是這個金剛性男相的磁場會給你的檢視功課。

這種狀態，目的就是為了要引動出自己在男女相中各種不同分別的深層殘存的識性和因果狀態，否則，我們會很容易的就以為：「我這輩子已經確定沒有任何男女相的攀緣了，或我在這方面沒有任何興趣，所以我應該沒有任何男女方面的課題」，錯，不是這樣的，很多人在形式上出家了，但他在男女方面卻有很深的壓抑，內在的男女識性根本沒有獲得解除。

生命的本質是要回歸到中道的，所以在某一個時間點裡，你的如來一定會引動某一些狀態，讓你內在深層沒有畢竟空的識性整個湧動出來，重新面對一次。所以即使你沒有男女相，也不往外了，但當身體還是會有性慾的時候，可能就是在提點你，你還有男女相的承受和落入。之所以引動出來，是為了要整個徹底的解除掉，所以我們講的中脈中道中觀，中觀會觀照你左右脈所有男女相的落入，在打破所有的前生今世當中，在第一義的時間點裡面，直接在肉身進行重大的非男非女的共雙修的解除工程，這就是中脈緣起性空的重要性。

一個大智慧者他本身的金剛性就是——不落入任何的男女相，進而不落入任何的相對性。當我們有相對性的時候，就一定有陰陽相，就有所有男女相的議題。

所以，一個行深的男女相是在即身肉身裡面，進行所有相對性的解除，就是左右二脈分別性的解除，我們可以知道，從太極的圖騰分別出去就是相對的陰陽能量，假設我們把一個人的肉身視為一個太極的圖騰，我們人的中脈就是太極裡面中間的那條線，其同時圓融了所有男女相，當所有落入兩邊相對性的問題全部解決的時候，就是中脈中道中觀所在。

你的本尊，一定要即身成就，但是你一定要完全堅定自己的意志，就是你要承諾自己的如來，永不落入所有男女相的輪迴，永不落入所有男女相的對待，永不承受所有男相的問題，同時，也要解脫自己在女相識性的輪迴。女性是這樣，男性也是這樣。

**蓮花座下的千手之情，千眼之智，如是來愛的成就，如是去愛的圓成，永不再落入輪迴的愛，我們是共為如來的主性之愛。**

所以，生生世世所有相對性陰陽輪迴的能量場，都可以在此世全部回歸，解除在即身肉身裡面，但是你一定要先建立不往外，轉身面對自己如來的法供養，不再落入相對世界的輪迴。當你轉身不再落入相對性一般世界男女相輪迴的時候，就會起一種「密行」，這裡是指你從此以後，只看著你的如來，只卑仰著你的如來，這個卑仰者是識性的你、還有殘存識性的你，但是已經懂得不往外，完全與自己內在如來共雙修。這個時候，你的如來就會引領你開始走向解除，讓你即身肉身裡面殘留相對男女相的識性，逐步的開始通往非空非有、非男非女。

那個「非」就是轉動轉化的意思，在即身肉身裡面進行所有轉識成智的工程，所有識性的陰陽相全部解除掉，所有識性的男女相全部解除掉，而成就真正的無上中道空性存在的肉身能量場。

在這種情況之下，當你海底輪的能量場開始湧動的時候，這種狀態的性能量，是海底輪的性，不是一般男女相性慾的性，這種性能量本身就是「究竟」的意思。當處在每一個男女相的行深轉化裡面，所有有關男女相的識性毒素直接就從海底輪排毒出去，就是一次到位，一次究竟。每一次的排毒，就是解除某一個次第的男女相，一次就排毒究竟，一次就解脫究竟，徹底解除究竟。每一次都是一個圓動海底輪的徹底解脫，解除所有永劫以來男女相的苦難狀態，轉識成智，這才是真正的行深，是海底輪的行深。

**如此行深的愛，只為了究竟每一次的對待，是男也好，是女也好，只為了徹底解除所有的生死情愛。**

而且更重要的是，當你的即身肉身能夠納入你多生累劫以來各種男女相苦難磁場的時候，也就是說，你的肉身有足夠的衣缽可以納入得了，並且有足夠的智慧轉動得了，這時候，你透過海底輪性能量的重大解除，就不單單只是你個人肉身海底輪相對性的問題，而是永劫以來你和你眷屬任何無邊無量相對性的問題，全部都得以有機會解除。例如：你父母兩性問題的苦難磁場，也可以在你即身肉身的陰陽當中，轉化解除掉；如果你有小孩，你小孩的男女婚姻問題也可以納入，成就你佛母寶生海底輪的究竟解脫。

所以中道的即身肉身是人類的寶藏，非常的重要，一個中道的即身肉身一定是「非男非女」的，就是他／她可以把男女相陰陽相所有的議題、所有的苦難磁場，全部在一個即身肉身裡面，就全部解除。之所以人類的肉身設計成有男相和女相，就是要解除所有宇宙永劫以來，所有相對性陰陽能量的輪迴問題，才形成男女相對待的密行。雙修就是為瞭解決永劫以來宇宙所有相對性的問題，這個目的就是雙修的密碼。中道的能量場是人類永劫究竟解除所有相對性的一個無上重大存在奧義的能量場。

**奧義的愛的能量場，如此雙修的密碼，如是解密解碼的雙修，當下已非陰非陽，我們是愛的無極。**

所以當我們講「性」的時候，是包括心性、個性、本性、靈性、一切性，只要有識性的存在，就是會有相對性和各種不同的次第，其中就一定會有各種傷神的衡量，這些都是必須要解除掉的。中道的能量場在解除相對性的過程中，一次到位，就是海底輪的究竟解脫，而要走向究竟解除的最重要的基礎，就是你必須完全徹底的決定——**在此世，我完全只為如來而存在存有，永不沈淪在所有相對性的識性關係裡面。**

對一切世間關係的相對識性全部解除掉，才有辦法去意會如來引領的女相解脫的密因密碼。如果還尚存往外的識性，所有的密因密碼將是不完整的，因為肉身還在世間關係當中載浮載沉，一下面對如來，一下面對識性眾生，一下男歡女愛，這樣是無法究竟的，終究是不可能有一個行深的可能。

所以當你向如來承諾一個堅定的密行意志——我要完全解除所有男女相對待，此時，你的如來一定會檢視你，讓你意會到永不承受的真實義，並且有鋼鐵般的意志，成為你日常生活中的一個金剛性結界。

當你可以如此的時候，就會進入一個非空非有、非男非女的行深轉化過程，就是開始解除所有相對性的能量，永劫以來的前生今世，落入相對性的任何女相男相角色陸續回歸的時候，你所有過去生在男女相方面的承受時空，也將有機會可以全面性的解除。

**因為愛而回歸吧！因為回歸而愛吧！若還有今生今世，這一份愛，終將落葉歸根於何處？給一個意志的密行，問於愛的密碼，金剛之中，是不動如如的愛，一份應許的承諾，在愛的結界中，我們所有有關的一切之愛，將是最深的無關的生命之愛。**

# 男女陰陽共振的共願與密因

——所有的不圓滿，都是通往圓滿的究竟。

究竟之處，就肉身來講就是男女相的海底輪。

愛於非愛，愛於密，愛於因，愛於果，愛於一切的當下，愛於當下的放下。而**放不下的愛終究非愛之本身，通往愛的本質來自於本身對自身的放下。**感恩於對方在男女相陰陽狀態裡的共振而放下，那不是一個表象上的和合，因為表象上的和合根本解決不了任何男女相在無量劫來最深的共願裡面需要深化的部分。

**一切就是答案，一切就是性本身的究竟。**

**愛於非愛，如來之愛。**

**感恩感念，男女共同共願。**

**一切的和合，一切之因，如一之佛果。**

**深之於無盡，化之於當下，放下之無窮盡。**

在相對性的男女關係裡面，觀自己問題所在的一切，雙方透過共震盪，而互相承受了彼此無量劫來的每一個包袱和情牽。我們要向對方表達無上的敬意，因為他／她，我們看到自己。這樣子的世間尊重的禮敬，來自於放下本身。

**行深轉化，行無量轉化之無盡。**

**放下下放，所有的所有，在莊嚴的禮敬中，深化著兩性共振的不圓滿。**

**觀成就，觀性別，觀性互供養本然之智。**

男女無上雙修共振的內涵，尚未證顯於這個世代，實相莊嚴的男女相其密不可說的對待中，都等同慧命的恢復。

當世男女互相攀緣的逆向累積與震盪，代表男女以生活中的各個層面共振無量的世代，以此方式來成就無盡男女之無上雙修，這是靈魂體的本願與密因。無所住於男女相的共振，每一個震盪都是真正對於無量劫不圓滿的慣性所供養出來的涵養，所要培養的就是無所住於相對性男女相的每一個可能深化的契機，如來共振共同雙修，同時安住在彼此如來恢復的兩性生活關係。

**緣之所在，成就之所在，緣無量劫，共性生活等同。**

**緣之所在，成就之所在，緣無量壽，共雙修共功德。**

在當下這個世代男女相的無上雙修裡，形成家庭，雙方都必須面對自己的父母和對方的父母。男女相雙方的父母與家庭就是兩家過往男女方面的慣性識性所在的不圓滿，所形成的總集合，但也因為如此，當兩性關係能共同共振，解除兩家族歷代祖先的不圓滿的時候，也代表著對過去一切慣性識性重新再造的機會。所以，會有過往祖先的靈魂體透過當世夫妻的婚姻，重新成為這個家族家庭的小孩，再次輪動他本身的不圓滿，以企求能有解除共同慣性識性的機會。

**我應如何愛你？以如何層次的生命答案？你曾經如何的宇宙是我當下如何生命的進化？你深之以無窮盡，我以遍虛空納入你無邊無量的存有，如來之愛，愛於非愛，終究一切終將如何？**

**我隨你入所有的究竟，我更與你共出無量世間的無常，我們容得下所有苦難的本身，我們的佛首，在法報化的終極本體中，早已成共願的空性，生命之愛，應之以如來，永不退轉。**

每一個世代的每一對夫妻，承接了各自祖先家庭的慣性與不圓滿，再加上他們自身的因果，都有可能在身口意上、在有形無形上、在精神上、在ＤＮＡ上、在所有層次上傳遞傳承給小孩。所有的男女關係都必須在互相對應的當下，遞減自身的慣性，遞減相互的承受而後解除，這才是對小孩、對祖先家庭、對自己本身最無上之寶生如來的善護。

**解除一切覺受，解碼所有承受。**

**解除肉身之狀態，恢復肉身之如來能量。**

在男女相的一切對待裡面，如來圓滿的可能性都在其中，所以他們如果可以獲得自性如來的承諾，生命承諾的如來種，那就是小孩生命的生生不息。**生命的誕生，就是成佛的承諾，就是男女生活對待的寶生如來，也同時解碼所有的辛苦**，男女生下的小孩就是如來的寶藏，只是透過女相的海底輪誕生出來。

生命的誕生，男女的共願；生命的寶生，男女共同成佛的心願。世代傳承，一切存在男女陰陽共振的共願裡，寶生的生命是一切如來成佛成就的機緣的根本所在。

能遮滅彼此之間慣性與不圓滿的無上雙修，就是對過去和未來無盡的生命最重要的善護。而當下正在進行的兩性關係，其密因就是這樣子的事實，更是莊嚴不可思議的一切共如來寶藏的功德。此刻在地球，這不可思議的密行之處，就是一切兩性關係進行的密圖騰的功德力之所在。

當這個世代的男相慣性已經累積到無力調整與轉變的時候，當女相已經承受到無盡的時候，女相本身必須在此一世代，空前建立起女相解脫系統，整體人類才有繼續下去的希望。

女性要注意的是，在男女關係當中，不落入男女相的情境、情牽，自身轉向與自性內在如來共震盪共無上雙修，把無量的不圓滿直接匯入自性如來的自性海裡面，成就「肉身即如來」的重大終極世尊女相救世自主的示現，終極莊嚴無上功德。

以此叩問生命之自主，令一切女相能夠在男女雙修當中累積的一切諸苦、攀緣或被攀緣、承受或被承受的一切狀態，都從無量的男相那裡整個拉回來，再從自身女相自性海裡的無上功德，取得善護、轉化、深化一切諸苦的機會，直接獲得內在自性如來的恢復。在女相肉身的存在裡面，解除她每一個輪脈當中深藏的苦，一直到海底輪本身的圓滿，生生不息地再造自己的生活，以此功德迴向給她的祖先，迴向給她的小孩。

這就是現在當下要進行的女相無上功德力的恢復與建立的莊嚴事實，女相的再造之機，男女共振，再造法緣，無上生活，無量恢復，當下進行，進行當下。

**問於男的，等同問於女的，雙修的慧命，放下所有性別的分別，兩性的無上雙修，乾坤之間，無量劫深化的契機，男女緣之所在，共乾坤陰陽雙修之本願。在於男女的，寶生所有的即身成佛，不落入男女的，共享法船的彼岸。男女之間，密行佛父佛母，佛之承諾，無量生命佛果誕生。**

# 女相海底輪誕生生命的功德與密碼

——生命的誕生，無量劫的等待。

當一個女相受孕的時候，也就是代表有某一個靈魂體，在無量劫的等待後，有這樣的機會可以以肉身的形式，誕生在地球上的法緣，這是靈魂體無量劫的等待。但如果他失去了這個機會，被以流產或墮胎這樣子的形式終結這個機會，對那個靈魂體本身，以及他與母親靈魂體的法緣，還有對這整個懷孕生產過程中，所有有關的有形無形生命的法緣，都是當下的某一種重大遺憾，那等同是無量劫遺憾的存在。

**一種誕生，無量劫等待的究竟，緣於密藏虛空本體，緣於人我之間平凡人生，等無差別，一種誕生，本不思議，來去不可說，誕生當下，滅無量生死之善逝，佛誕之生，生命寶生，世尊尊貴，永生誕生。**

做這樣子的表達，並不是要延伸或增加生小孩的不安恐懼而讓很多人不敢生產，完全不是這樣。表達這樣的內涵，是因為目前整個地球、整個世界，男女感情與關係的對待是非常不成熟且粗糙的，是不尊重的。今天這個世界會造成許多流產或墮胎，是由於落入男女遊戲中，男女彼此不尊重、彼此掠奪而造成的遺憾。

不只是戀愛關係中的狀況，甚至在合法的婚姻之中，夫妻之間或雙方家族的對待若有很大的落差，導致女方無法承受，也很有可能會造成流產的遺憾。雙方當事者無法觀照到這一切流程當中的重要關鍵所在，可能他們也沒有任何承載承擔的能力，去面對這樣的事情。

**不安的誕生，恐懼為何存在？天下掠奪，生死交關，一切為何？陰陽未定，人性本性，誕生之義，生死之本，佛母佛父，無不是無量劫的當下。**

所以，重點是在於，對於生命來到這個世界的深不可測的關鍵性的因果，這裡面的本因所造成的結果，這之中任何要不要把孩子生下來的決定，或生產過程裡面的所有狀況，或決定是否要生下小孩有關之當事人，我們都要去瞭解這個本因是什麼，才是最重要的。

其重點不是「我害怕，我不要生小孩」，不是這樣理解與對應，重點不在生或不生，而是我們必須要瞭解，生命來到這個世界的不容易與其莊嚴性和可貴性。人類在以海底輪要不要生下小孩的這個生死畏因當中，是為了讓人類真正瞭解到生下小孩的功德力，及其莊嚴和殊勝。重大的關鍵是在於，我們要做一個真正深遠有智慧的了然與瞭解，讓所有的父母深刻瞭解要誕生小孩是何等莊嚴而關鍵的事情。

**之所以生，一切愛無盡。**

**之所以生生不息，對世尊的尊貴，永劫的深情，以生死做深遠的訴求。**

**生滅之愛，不生而永恆，不滅而永世。**

所以當男女在進行有關可能會誕生出小孩的一切性的行為，包括心念，都應該往提升智慧的路走，要提升自己本身生滅的觀照力，才能夠圓滿與順暢的面對小孩來到這個世界的生滅。

因為當男女瞭解到這當中誕生小孩的這個「果」，其背後有重大有形無形無量劫的「本因」，以及它的莊嚴殊勝與不容易，那麼，男女在進行性行為的當下，以及雙方如何對待男女關係的當下，身為有肉身的父母，才可能會提升自身有關於誕生小孩的一切存在的心念、價值和行為。

**一念行為，不二行徑，一切果，一切關係，無關而有關。**

**一念功德，佛說莊嚴，人生不說，人性不攀，生死死生。**

**一念當下，密因密果，你我不分，判別無傷，如是我聞。**

這一切為的是要讓所有男女，和即將身為父母者在兩性對待關係之中，能全面性地提升，因為父母在關係當中提升的每一個心念，與互相尊重的自主性，其所有過程，都會影響著這個小孩誕生的所有過程。父母成長提升到哪裡，整個懷孕生產過程當中的不安恐懼就放下到哪裡。

這個**有關「誕生」的內涵與本義，是無量世界的期待，與重大根本之所在。**我們每一個人的肉身都有生滅，在以肉身形式誕生下來之前，每一個人都是無形的，而肉身死亡之後我們又會成為無形，然後再等待下一次的誕生。身為父母者掌握著誕生生命與否的權柄，當你身為父母的時候，你是在怎樣的狀況下讓你的小孩誕生的？或在怎樣的狀況下不讓他誕生？而當你身為無形，期待下次誕生的時候，你的靈魂體也同樣會面臨你的父母如何處理你是否誕生的整個過程，你希望是怎麼樣的父母來讓你誕生？或在怎樣的狀況下讓你誕生下來？身為父母的人是否能夠與那個期待來成為你們小孩的那個靈魂體感同身受呢？

請所有的父母在生育小孩之前，先讓自己懂得如何對待兩性關係。如何的心念與行為，才能讓小孩誕生的過程是圓滿、無礙和不辛苦的，這要從自身本身的畏因去修正。

**兩性關係，性別類別，關係兩性，無關性別。**
**無關之智，男女世尊，生於父母，養於天下。**
**無我無所，無壽者相，無量智，本心本我也。**

你的小孩可以是過去無量的祖先所示現而來的，你也極有可能在將來會成為你自己家族裡面的無量子孫，什麼樣的你，能夠讓你的整個家族傳承是圓滿、無礙、不辛苦的？那些可能造成流產、墮胎，或其他讓小孩沒有辦法圓滿誕生下來的許多粗糙而沒有智慧的知見和行為，都要在有肉身的時候盡量提升起來。

畏因之根本是在於父母本身在男女情愛世界裡的提升，而不是變成害怕恐懼，或者是認知以後不再生小孩了。不是持有這樣的想法，該生者避免不了，不該生者，強求總是用力和傷神。求與未求，都要從自身慣性的解除下手。

既然法界允許人類誕生在地球上，從事各種不同的面對與提升過程，當然是以成為優質的父母為優先考量。所謂優質的父母不是以有錢為唯一的標準，不是以外在環境為標準，而是，這當中有許多有形無形的複雜因素，要看靈魂體的特質、他們的因果業報、整體家族或是靈魂體的願力……等等。重點是，父母親本身是否能夠以遞減慣性的原則與世間尊重的態度來對待兩性關係，那才是真正的關鍵所在，其他的條件都只是外在資糧條件的善護與妙用而已。

**妙善護之緣起，妙善逝之性空。**

**妙子孫之未來，妙祖先之過往，妙現今之本我。**

**妙對應對待，妙世尊之輪動。**

許多兩性的對待對應的結果，令小孩誕生下來，或令小孩無法誕生，甚至死亡，這生與死裡面的因果與功過，真正的操盤者是在於父母本身的知見、心念、價值、行為與對待。

每一個生命要降臨到地球上，這裡面有著不可思議的無量劫的等待，今天提出這樣的內涵是為了善護一切生命的存在，才表達這個重大關鍵性的內涵。這是為了要讓所有的父母能夠畏因，而清楚知道自己本身應以怎麼樣的自主與尊重的兩性對待，讓自己能夠提升，讓小孩能夠圓滿的來到這個世界。

**無量靈魂，無量等待與守候，誕生肉身於人類世界，佛說無量說，一切生命誕生即身成佛之肉身，肉身尊責，佛成肉身必須誕生肉身，肉身志業，佛成即身當世身口意，無量願力，傳承生生世世之自我生命，生於成佛之本願，佛成佛身佛誕生。**

這是整體人類重大的提升與轉換的密碼，當世間所有父母都能在面臨誕生小孩的當下，從自身開始莊嚴其肉身，提升兩性關係的自主性，如此，世間尊重自主的男女關係，才有可能全面性的在地球上建立。

**世間性別無別，人性有別無關，人我之間，無作無所，密碼解碼。**

**世間共願深情，無不可說之事實，世界世代，時空當下時空的存有。**

**父母男女，男女父母，子女父母，父母子女，無分無別，世間不二，無上之愛。**

**生命世尊，不二乾坤，雙修誕生，陰陽自主，世尊生命，世尊莊嚴，生活生命。**

# 性愛非男非女，非陰非陽，圓滿無極

——究竟的性愛，在轉識成智當中，解除所有陰陽識性的狀態，進入無極的圓滿狀態。

我們必須要清楚一個關鍵性的狀態——性愛本身不是單純的兩性做愛的方式，性愛本身的狀態，不是一對男女在那邊做愛就稱做性愛，性愛就是所有心性本身的俱足性，這樣，我們才能讓所有的生命之愛，形成在我們一生的流程當中。

所以，性愛本身是男女之間的非男女的狀態，性愛本身是非陰陽的陰陽狀態。性愛是一種陰陽共構的狀態、陰陽共振動的狀態、陰陽非陰陽的狀態、陰陽之間互為轉動的狀態，以陰轉陽、以陽轉陰的共振動狀態。在陰陽共振之下，解除所有陰陽當中陰性的識性與陽性的識性，透過陰陽之間共同的振動，透過性愛輪動的究竟相，男女共同在陰陽的共振裡，形成一個無極狀態的圓滿的密行過程。

所以性愛本身就是陰陽的共振，性愛本身的交流過程就是陰陽調和的過程，陰陽調和不是為了陰陽之間相對性的處理而已，而是在陰陽本身的共同輪動當中，解除共同陰陽中各自的和共同的識性，這才是真正性愛過程裡面不可思議的引動狀態，這是我們必須要瞭解的宇宙終極性的奧秘。

今天人類的問題，是出在於人類以往外的方式理解性愛，很多的性愛過程都是各自的識性往外投射出去所形成的對應，所以這樣的性愛本身是陰陽掠奪性的共構關係和流程。

**共構愛的流程吧！為了愛你，我願意把我的多餘轉識成智，為了有更深遠的愛，我將不落陰陽之中，只為了與你愛的自主，共成無量的完整。**

我們要瞭解到，一個終極陰陽性愛的過程當中，不只是在男女之間的陰陽共振，而是不斷的在性愛的過程裡，讓自己心性中所有的陰陽相對性全部都轉識成智。

我們每一天在男女關係各種不同的互動之中，共同對應的每一個流程，包括男女的性愛，都是等同等持的轉識成智的過程。但是我們如何在性愛的對應中轉識成智？如何在陰陽共振的男女性愛中，成就報身成就的法流狀態？也就是說，如何在陰陽之間「非陰非陽」？如何在所有男女相的性愛中，成就所有陰陽的報身成就？

報身成就就是男女陰陽互動之中，一切關係的轉識成智，男女性當下的識性因果的解除過程，男女之陰陽兩極在情愛中輪動，不落入相對性的陰陽之識性因果，讓男女的即身肉身當下就能夠無緣性的互動、無干擾的尊重、無男女相的對應。所以，男女互為陰陽雙修的轉識成智之報身成就，當男女對應當下無承受相的時候，就是男女陰陽無相無極的互為世尊互為自主之男女圓動的無極陰陽的男女相。

所以性愛過程中的陰陽相，它本身就是在所有陰陽當中轉識成智共同陰陽共主的報身成就狀態。性愛的陰陽相、性愛的男女相，和所有的性愛關係，可以成就一個報身轉換的報身成就，就是陰陽的轉識成智。

**任何的諸有情都不重要了，你的身口意是我愛的諸有情，任何愛的當下，我只有最深的應許，與無量的轉化，變化之中，變動之義，我就是如此的愛著你。**

陰陽裡面所有無量的識性，雖然彼此之間是共為男女的陰陽關係，但是當男女雙方都能夠即身不往外的時候，在性愛對應的當下，就不會落入對方陰陽狀態的慣性。每一個肉身不管是男相女相，自己即身肉身都有左右脈的問題，都有陰陽性的狀態，所以，在陰陽的對應當中，會有各自的陰陽在共同轉識成智，有共同的陰陽在轉識成智，這是密行廣三中脈的狀態。

左右脈就是陰陽脈，就是男女左右脈，不管肉身是男相或女相，都有陰陽左右脈，所以在報身成就的即身陰陽轉識成智中，成就即身肉身的肉身之中脈，肉身之中脈整合陰陽左右脈，各自的男女相肉身就能在男女的互動中，成就廣三無壽者相空男空女的不可思議的廣三中脈的中道肉身，這就是男女陰陽在透過男女的全面性互動中，男女的肉身都能夠具備既深且廣的廣三中脈的無壽者相之無極中道肉身。

所以，在陰陽男女關係雙修的性愛交流過程裡，要如如不動在自己主位的陰陽無極的蓮花座上，不落入對方肉身的陰陽相，也不落入自己即身的陰陽相。彼此的肉身共同在陰陽雙修的性愛之中，自身陰陽的慣性是不受牽動的，同時卑仰著我們內在如如不動的如來，祈請如來將我們所有永劫的陰陽識性全部回歸到如來的皈依境上。

陰陽性愛的過程，也是無邊無量生命最究竟回歸的第一義當下的究竟義，這是不可思議的狀態，也是解密解碼臨在的關鍵所在，也讓所有生命可以透過性愛的過程，誕生在這個地球，來面對他所有生老病死的課題。

性愛的當下，就是多生累劫轉識成智非陰非陽成就無極圓滿的男女相，就是性愛究竟的法義，陰陽的性愛，男女的情愛，也同時解決宇宙永劫來陰陽相對識性的殘存，這就是關鍵所在。所以究竟性的性愛是在於，性愛之中的陰陽性全部在轉識成智當中，解除所有陰陽的識性，進入無極的圓滿。

**示現之愛，世尊之情，宇宙之中的不可說之愛，在非陰非陽的原點之中，我就是一個覺醒的愛，我以成佛的姿態，懇請你入我的蓮花座，我們以彼此的肉身輪脈相愛，無所不在的愛著。**

當所有人類的男女相完全進入重大成就的解密解碼的關係時，人類所有的兩性關係將成就為互為世尊互為自主的不可思議的自主的生命之愛。因為性愛本身就是關鍵性究竟的海底輪究竟輪動的圓動狀態，所以當男女相在性愛中，進入非陰非陽、非男非女、非空非有不可思議輪動的無極性圓動狀態的時候，男女之間肉身的互動，就會形成一個男女相共圓的無極狀態。

男女在無極中的陰陽相，就是肉身俱備主性的圓動之功德，是無漏的男女相，是無識性的陰陽相，是即身法流的自性法愛相，雖有世間的男女肉身相，但是卻是圓滿金剛性的輪動無漏的無上雙修相。

所以，性愛非性愛，性愛不是單純一對男女的識性往外投射的對應過程，我們要在性愛的過程中，把最究竟的法流法義，全部究竟在我們日常生活中一切男女關係的共同輪動中，這才是關鍵所在。

兩性關係的性愛是無關性的一種無緣性狀態的大智慧的佛首智，性愛本身就是無上的佛首智。性愛的海底輪究竟解脫的時候，等同佛首智的無壽者相之無男女相，男女輪動的無關之結界，彼此的陰陽相都是法性法流的圓動諸相。性愛的當下，是一切陰陽交流中解除男女慣性識性的一切雙修相，男女的無關性是一切陰陽交流的核心價值，解除男女永劫來陰陽殘存的識性，這是密佈局的諸佛慈悲之納入，也是人類兩性之間互為世間尊重的無極圓滿之實相雙修。

性愛本身的奧義，就是陰陽輪動的互動狀態的兩極性，兩極的臨界點狀態。陰陽之臨界，就是男女相日常生活中一切身口意的對應對待，無不是永劫來宇宙無邊無量生靈陰陽相對磁場的總持涵攝。男女的臨界點就是在陰陽的非陰非陽之中輪動，轉識成智永劫以來的陰陽相對性，這種報身成就的無緣性和無關性，就是陰陽男女雙修的無漏之不可思議的陰陽性愛之奧義圖騰。

**奧義中的陰陽，實相中的情海，是生命裡最深的佛首智之愛，不落兩極，示現兩極的輪動，在愛中，轉動天地的乾坤，一種愛，洞徹了永劫以來的生死無明。**

所謂的「非陰非陽」，就是輪動陰陽性愛當下的轉識成智，這個轉識成智是究竟性的，是彼此在輪動陰陽識性的一種對應，是報身成就的陰陽性的輪動。在陰陽輪動的當下，透過性愛過程的究竟性，讓所有的眷屬全部回歸到性愛當下究竟性的轉識成智的報身成就，同時把所有的眾生全部收圓在性愛當中蓮花座上皈依境的主位如來的即身肉身裡面。所以，性愛的過程就是所有生命體究竟的連結，一次到位，一次究竟，一次終極臨在的回歸。

所以，性愛非性愛，透過性愛的究竟性，收圓所有永劫宇宙相對性的狀態。所有宇宙的相對性，全部都要收圓，所有宇宙的陰陽性，全部要收圓。透過地球男女性愛的關係，在性愛之中的非空非有、非男非女的無極性報身成就的收圓當中，全面性建立空性性愛無上圓成的陰陽圓滿之相。

在愛中，收圓無量苦難的愛，在情裡，也解除了所有的男歡女愛，無不是的圓收之輪動，在愛的宣言裡，是諸佛如來的不可說，在陰陽的輪動裡，所有的男女之愛，都是宇宙相對軌跡的收圓之引動。

# 父母性之傳承

## ——性的不圓滿是一切不圓滿的照見，照見男女一切之不圓滿。

所有的子女都是父母所生，所有的子女都必須是父母有性的行為才能有被生下來的機會。性行為本身就代表彼此的精氣神、狀態、價值觀，和各自無量劫來靈魂體內各種狀態的交會。

雙方在性的交會時有各種不同的照見，包括他們會帶著各自的圓滿或不圓滿，包括他們會以慣性來進行性的行為，產生了各種可能性。所以，性本身的不圓滿反應了彼此無量劫的不圓滿，透過性來反應照見男女雙方，是最直接最徹底的方式。

在性的當下所有不圓滿的磁場與能量，都會干擾到懷孕與小孩誕生的一切狀態，在這種情況下所誕生出來的小孩，從他的靈魂體決定要投胎到這個家庭，到懷胎十月肉身的成長期，到最後生下來，甚至整個成長的過程，這個小孩都要對應父母親在性行為裡面的各種不同類別的不圓滿。

當小孩在不圓滿的狀態下受孕而誕生，等於承受了父親與母親在性當下的所有不圓滿，這裡面的磁場就會產生干擾，反應在懷胎十月裡小孩的所有狀態，再加上小孩自己本身的不圓滿，這裡面的影響何等重大。當人類沉淪於性的追求與享樂的時候，所有的承擔，所有的不圓滿都會立刻反應在性當中，而小孩就會依此傳承下來。而且，往往在最不圓滿的狀態中，其中的每一個傷神之處，都會反應在小孩未來面對他人生的狀態中。

**佛之愛廣宇宙，照見無量生命之不圓滿，佛之示現，無量宇宙輪脈輪動，佛父解一切男相之因果，佛母解無量女相之生死，佛父佛母佛不二陰陽終極之收圓，佛法性虛空空性密行，佛父佛母功德莊嚴無上總持，男女變革，雙修本我，性愛本尊，廣無量雙修，佛父佛母法報化本體空性。**

現在人類對許多事情的衡量都只以金錢為標準，金錢的本身就是所有的照見，但是海底輪的照見更是究竟、徹底而清楚。

這就是為什麼有必要提出性的重大法義與奧義，讓整個人類對性有更多的瞭解，提升對性的知見與層次，因為那關係的不是男女之間是否「性福」，重要的是整體人類的進化與生命恢復，是整個人類與其文明是否能再延續下去的重大關鍵。

性的本身不是只有性的行為，它也存在於每一個日常生活中夫妻或男女關係的任何對待裡面的每一個當下的行為和心念。男性會用他無量往外的慣性，女性會用她卑仰和隱忍的慣性而承受男性，彼此共震盪一切，只是，當這樣的共震盪到最徹底的時候，就是男女躺在床上進行性的行為，其實，性行為本身就是男女平常共振的總結。

性之當下，就是男女一切對待的總和，每一個性行為的進出與納入，都等同於他們慣性和不圓滿狀態的反應與根本的總結。

陰陽之間的對待最終結的佛果，最關鍵的狀態就是性行為，因為性行為本身是一個總結的行為，是一種「結果」的狀態。但是，進行性行為之前所有男女之間的對待，都等同於性行為的「因」。

父母親為了要生養小孩，要去衡量一切金錢以求生存的所有傷神之處與生活當中的一切對應，都會影響到性的行為本身，而影響到小孩與傳承。所以，為什麼要強調「出家」——出離家庭的慣性，因為，每一個人除了自己本身的因果業力之外，一生下來就會受到父母親不圓滿的影響，小孩子的肉身、行為、心念，一切狀態都承受了父母的一切生活對待，包括他們兩人之間性行為的對待，加上小孩本身無量劫的不圓滿，這個承受是無盡的大。

男女平常在婚姻，或在戀愛，其互動的一切因因果果，在共震盪當下的一切不圓滿，那些他們沒有辦法轉化掉的部分，會透過性行為來獲得一個轉換，在性結束當下的那一種平靜，就是外在的止息。但是當性行為結束之後，若男女雙方仍又重複那樣子的不圓滿的慣性互動，當震盪沒有辦法消化解除，內在無法止息的時候，很多的爭吵，甚至家暴就會產生，男女之間的圖謀就只剩下金錢或其他外在形式的評估與爭奪。

從此，生命的任何狀態都只剩下覆蓋，只剩下外在形式的評估和衡量，當愛不在的時候，當感動不在的時候，當彼此攀緣的情境不在的時候，當彼此之間的依戀不在的時候，剩下來的究竟是什麼？剩下來的是殘酷的對待，或表象上的和合，卻是私底下的不滿，剩下來的是各種不安恐懼，以及對自己本身所執著的所謂安全措施的建立，所衡量的盡是財產而已，這裡面更無法有任何改變的生活態度。

**性行為密一切不安恐懼示現變現，性肉身海底輪宇宙奧義。**

**性行為密一切不安恐懼示現變現，性行為無量雙修無盡性解脫。**

而很多的生命一來到地球，就是這樣地面對他們的家庭生活，從小到大，這對小孩的影響會多大？這不是有錢沒錢的問題，**有錢沒錢只是牽動出這裡面最深層的問題——男女關係的無能為力。**

性的不圓滿是代表無量的不圓滿能夠在性的當下被反應出來，但因人類根本沒有能力，已經無法再進行下去，無法轉化，一切的輪迴都已走不下去了，更何況是輪動。

當主性親臨的時代來臨，就是代表著空前的昭示——**當人類兩性關係已無法前進，無**

**法再走下去的時候，等同宣告這個世代的文明無法再傳承下去，就是人類開始走向滅亡的重大警告。**

此一世代的男女相真的是快到了連輪迴都已經輪迴不下去的臨界點了，空前的沉淪，令人痛心。當連輪迴本身都無法再輪迴下去的時候，只有兩種結果——全面性的毀滅，不然就是再造之機。

然而，主性正法的親臨，將空前開演與示現出——男女相非男非女無上正等正覺正法中道如來雙修之法義，令所有苦難之男女相有收圓的最後機會。

**主之無上正法正等正覺性觀自在，觀修密修修無所。**

**主之無上正法正等正覺性觀自在，性自觀自覺本自主。**

性在日常生活，性在當下，性在無量劫，性在一切生命的存在中進行著。每一種生命型態的生生死死，在性行為當下所誕生的無量，都等同如來的存在。

一切生命在性行為當下的傳承與演化過程，都是在轉化所開演之正法，生生不息。在無量宇宙中存在的生命奧義，等同等持於無量宇宙存在於當下的一切，遍一切虛空法界。

**一性一念，無量佛果，一念之當下，無量之性行為，無邊無量之如來佛果，生生不息之第一義。**

**正法開演主性之性、主之正法、正法之性，解除一切無上奧義性之本身非男非女存在**

之問題，就是為了開演「性之不圓滿等同性如何圓滿」之一切機緣法緣。

正法開演主性之性、主之正法、正法之性，主雙修正法修一切。

正法開演主性之性、主之正法、正法之性，主無量修如來法行一切。

性之所在，性之不圓滿圓滿一切不圓滿之性，非不圓滿圓滿非圓滿之性，非一切不圓滿之狀態轉動一切不圓滿之性。

入一切圓滿虛空如來正法重大性之奧義，圓滿示現，所有無上密圖騰之雙修，皆無上供養男女相一切非陰非陽之無上陰陽當下正法不二中道之性行為。

性之存在，本性如來之所在，終極之性，終極之圓滿圖騰，終極主性之性，性雙修輪動一切所有不圓滿之性之輪迴所在。

主性無上終極不可說之金剛性無量雙修之正法，輪動解除無量不圓滿之性之沉淪與輪迴。

密性輪動圖騰性金剛性，性不可說本性慣性。

密性輪動圖騰性金剛性，性不思議一切如來性。

正法之性，一切如來之所在，中道正法，性即如來，性即本性，性即如來之心性，解除一切性之慣性。

以此供養無上正等正覺終極正法實相，令性之中道之無上正法無上雙修入一切諸國土，成就示現終極無量密不可說之正法之性，萬有世代，終極圓滿。

**一切性一切之自性，一切性即當下之空性，莊嚴實相密奧義所在。**

**性密奧義性諸佛入諸國土，主正法密性無上正等正覺。**

**性密奧義性諸佛入諸國土，主不生不滅性終極運作。**

**性性自主，一切性一切究竟，一切本體本我皆自主自性，性本體廣虛空雙修不思議，性生死，性密不可說，性密藏示現終極正法，密雙修本尊，密雙修金剛性護法，密性無窮無邊無量性圓滿。**

# 流產與墮胎的因果

——不能誕生的遺憾之深之痛苦，等同地獄之苦。

因是因，果是果，一切因，一切果，一切惡因，一切惡果。每一個對待本身就是一種往外的過程，是累積的過程，也是解脫的過程，當下的過程，當下無生法忍。

女相本身的海底輪是一切無量諸佛所從出的根本地方，因為無量的肉身都會從這邊誕生出來。但是在懷孕與生產的過程當中，也會有很多的生命，因為某一些男女對待的重大遺憾而導致流產。

**生命生存無量劫之密因果，生之因，死之果，說無所。**

**生命生存無量劫之密因果，生之生，死之死，生死自因果。**

海底輪的流產等同於地獄本身的因緣果報，在這樣流產的法緣中的當下，等同於地獄的痛苦，聽起來似乎很可怕。會這樣是因為**海底輪是代表地獄的脈輪，它是最根本的脈**

**輪，也是最痛苦的脈輪，也同時是一切無量生命之生和無量生命之死的脈輪。它等同於諸佛所從出，也等同一切地獄重大因緣果報的示現。**

**無量諸佛之所從出，與地獄眾生之所生滅，是等同等持的。**

在這個人類自以為的文明裡面，因為有許多男女相的彼此對待無法等同等持，讓很多的生命流失掉而無法誕生下來，流產或墮胎本身就是一種女相能量的重大流失，也等於那一個等待的生命失去了成佛的機會。那個流失掉的生命本身所要面對的痛苦就是經由海底輪引動出來，母親如果不是以解脫的智慧去面對流產或墮胎，那麼，這整個過程就等同是地獄業障的重大示現。

地獄業障等同於地獄的果報，也非等同於地獄的果報。男女關係中期待的所謂「結果」，就是小孩的即將降臨，流產或墮胎就是他們結了這個「果」，但卻沒有任何肉身留下來，經由海底輪流掉，等於這一個生命他無量劫來在當下未來無量劫的延續通通流失掉。

**我是你生生世世的父母，也是你生生世世的佛父佛母，生命能不能誕生？如何誕生？誕生的前後，誕生之後的一生，這一切，即身之因，即身之果，因果本是生生不息的生滅本因，因果的交替，任何生命的誕生都是因果之間轉換的世代傳承，無量生死，以誕生的形式進行生命演化的流程。無量因，當下果，一切果，即身因，生活之存在，在誕生生命**

肉身佛果之自主。

小孩子流失是地獄果報，只是一個果的呈現。但是，今天會形成一個流產的結果，在這整個兩性對待流程裡面的所有點點滴滴，而導致小孩流掉，這當中，一定都會有非常關鍵的示現與提點。但是，現代的男女關係當中，並沒有辦法去觀照或覺受，而只有無量的承受。

父母雙方，尤其是女相是生或不生的最大決定者與關鍵者，當這個女性在評估要不要留下生命的很多關鍵性的考量中，她必須要放下所有與這個男相的不等同的對待。今天有這樣的果，就一定會有所承受的本因——為何小孩留不住？母親本身承受了些什麼？

「覺」的能力在人類目前的男女關係中是不夠的，男相所有的模式都是往外掠奪的狀態，女相必須從所有被掠奪與不被尊重的狀態裡面，全面性的解放與解除出來，在清明當中才有辦法去觀照且善護自身。

今天這個生命是何等的艱難才能來到地球上，無量劫的等待一次肉身誕生的機會。每一個生命肉身透過母體安全地誕生下來，是代表母親與這個生命彼此之間無量劫的法緣在究竟之處——海底輪的重大交會。母親誕生小孩就是代表著這個生命有機會透過母親的海底輪而以肉身形式來到地球，面對他無量劫的功過。只是，母親要不要給他這個機會？

**生命的生死，生死的肉身，無量劫於當下，父母之功德，一念判別，所有生死。**

這個即將誕生的生命累積了無量劫的功德才有這一次投胎的機會，來到地球做轉識成智的面對過程。流產與墮胎，就代表這樣難得的機會流失了，其本因是什麼？當然是男女之間的對待所造成的。

**寶生不在於能不能生，而在於生與不能生之間，父母判別本身的因果。善逝之善，寶生有關一切天地之間之生死妙法，所解之慣性，非男女之天地乾坤。生命轉換，生死緣起，性空解生死。**

今天這個時代，面對一個生命的來臨，很多的女相或男女雙方是非常表象地去評估整件事情。如果這個母親或這對父母最後的選擇是不給這個生命一個機會，那麼，他們也跟著這個生命同樣失去了無量劫共振共同面對的機會。

我們只能說，一個生命，他無量劫的功德，他的一切，當他有機會透過這個母親的法緣，來到地球面對他的一生，每一個過程都是無量劫的面對。這個小孩，如果他的功德能夠彰顯在他的志業裡，在當世也會有他無量的法緣全部都會受益，更何況如果他能夠走上解脫成佛的路。

**功德有自性，無量皆法緣，佛果即生活，生命自有情。**
**小孩非小孩，父母非父母，生死自生滅，生滅轉生死。**
**生死自來去，一切不思議，生滅不生滅，生死非生死。**

但是，如果因為男女之間有某一種極大的落差，這個生命無量劫的機會因為這樣的落差而流掉或被拿掉，這個果報不就等同於地獄嗎？這個地獄的形容裡面是含著非常非常深沉的遺憾與痛苦。但歸根究底，其原因是來自於母親無法面對海底輪所承受的一切苦難所造成的，其難處就是在這裡。

所以，我們今天所要對女相做的重大善護是——**成就女相海底輪的重大空前女相自主的皈依境，無上之皈依境，女相海底輪的圓滿。**

這樣的境界，只有終極存在的女相自主，變現在無上成就的事實裡面，才能莊嚴誕生，因為將來的磁場要收圓這種流失在無量虛空中的所謂流產或墮胎的無量生命的遺憾。在無量的虛空當中有無盡的生命，他不一定是用人類的肉身形狀的存在存有，當他有機會卻在關鍵時刻沒有辦法安全降落，獲得人類的肉身，這流失掉的機會是無盡的遺憾。

**境界自結界，肉身本莊嚴，皈依無上境，生死善逝本。**

**境界世尊主，女相善寶生，空性自不空，不空自性義。**

**形式皆無形，無形自有情，無關一切境，情境皈依境。**

但是，如果母親能夠以覺醒，願意承諾善護迴向給這樣的狀態的話，那麼，那一個靈魂體就可以獲得重大的善護與迴向。主性的力量能夠幫他做流產生命的結界，將來當他母親走上解脫皈依的時候，被流產的小孩的靈魂體就可以回歸到母親的皈依境上面，這是一個彌補作用。

我們必須表達的是，女性在日常生活中，她本身的每一個存在與行為，要能夠「有所為，有所不為」，要懂得她所看出去一切男相的過程，也等同於一切女相本身的存在。男相非男相，是生命等同靈魂體的存在，只是面對的功課何等之不同，何等之無量劫的不等同。

**能生的在父母，在地球，在宇宙，在遍一切處，在無量劫，能滅的也是如此，能生的在於自身之生生不息，能滅的在於自身寂滅之輪迴，畏因寂滅，生一切自主之當下，無生而念自在，無關而法自生，無覺而妙空行，如來本無生，生死見如來。**

在婚姻、相戀的過程裡面，女相要全面性地面對男相所有攀緣的狀態，這裡指的是，女相自己的存在，包含任何圓滿不圓滿與很多的因緣果報。妳的展現，是不是牽動了無量男性來攀上妳呢？

女相必須全面性提升，以莊嚴放光之功德力，讓所有男性在攀上來的過程裡面，攀到哪裡，男性就解脫到哪裡。女相本身存在的莊嚴功德力不畏懼所有男相攀上來，但是在所有的男女對待裡面，女相本身要能夠不承受，同時也能夠讓攀本身變成不攀的狀態，讓所有男性所有會攀上女性的慣性全面性地解除掉。

**功德莊嚴義，男女解陰陽，乾坤不了情，解脫自解碼。**

**人之所愛，人之所求，人之當下，人之畏因，人之攀緣，人自有其不可說之妙用。人之於人，人之於自己，之於人之存在，人之取捨，人行為所為所求皆在人本身之自問自答。**

但是，在這之前，女性自身應該先解除自己的慣性，例如，往外會攀上男性，或者是屈從於男人，卑仰於男人，這一切都關係著無量靈魂體本身的各種不同的不圓滿的功課。所有男女相不等同的對待，是因為無量劫來所有的衡量裡有某一種偏陰或偏陽的不等同。但因為這個世代是人類最後的機會，因此，無量劫所有生命的存在將在最後的機會裡回歸到佛母的懷抱。

**某一種陰陽，某一個生生世世的生存之機，生命的誕生與否，太極陰陽，無極乾坤。某一種心情，某一個無量劫的生生滅滅，生命已沒有了答案，是否只剩回歸的訴求？**

母親本身具備有誕生諸佛的權柄，除了小孩自身的資糧之外，母親肉身的圓不圓滿卻決定了小孩肉身誕生時的各種不同的狀態。母親本身在當世一切男女的對待，與她對自己肉身的善護，是非常重要的關鍵。

女相在無法期待得到男相的善護之時，就是要讓自己完整的完成自主，她必須觀照自身身口意莊嚴的完整性，才能夠觀照所有要來結緣誕生的靈魂體，提供給他們善護。佛母本身的功德就是要令一切誕生的生命能夠不流失。

**雙修的根本，男女的原本，性之所在，男女生命面對的所有。**

**雙修的本義，男女的了義，在最後的究竟深處，彼此善逝的，也等同彼此寶生的。**

**生命之所以誕生，眾生之所以莊嚴，虛空結界，諸佛共振。**

所有女性在日常生活中的根本之道，就是她自己海底輪重大的結界。在無上的智慧當中，頂輪佛首等同海底輪之佛首。所以，**無量地獄的眾生等同無量諸佛的存在，這是確定的事實。無量的眾生，無盡道地獄輪迴的眾生，就是確定無量諸佛輪動的圓滿。**

在女相本身存在的重大莊嚴裡面，女相的肉身能夠讓無量生命所從出。**地獄道的海底輪本身就等同於諸佛世界自性存在的重大變現，**所以當女相的無上智慧在佛首自性空性恢復的當下，她應逐一納入其肉身每一個輪脈的狀態，一直到海底輪都要等同等持。

**海底輪本身等同空性的存在，等同自性的存在。**莊嚴自性清淨的女相自主生命在海底輪的存在與結界裡面，能夠讓過去曾經流產流失的碎片收圓終結，終止一切無量輪迴的痛苦。這就是女相海底輪重大的皈依所在。

當能如此的時候，女相在整個世代舉足輕重的重要性就全面性的建立。因為不受後有的海底輪在女相存在的莊嚴裡面，解除了所有曾經流失的無量生命不能夠完全誕生的遺憾，也同時讓母親沒有任何遺憾的干擾。虛空中解除一切，不再有嬰靈等等這種屬於誕生而非誕生的海底輪的不圓滿。這些流產或被拿掉的小孩的逆向護持的所有密因密碼，全部都因為在皈依境裡面而得到全面性的共修共振，和母親在皈依境上，獲得重大的突破。虛空中所有的嬰靈與類似這樣子的生命體，其靈魂體裡面的遺憾、流失的經驗值，全部解除掉。

**靈魂靈體生命體，密結界虛空藏，密莊嚴生命回歸自性共主。**

**靈魂靈體生命體，密結界虛空藏，密莊嚴生命密正法變動示現。**

這是當下空性佛母在海底輪空前示現的重大奧義，中道正法必將以此做為女相全面性建立解因解碼、解一切苦厄之基礎，讓世界有重新再造世尊男女相等同等持的機會。

所以，每一個女性能成為這個世代終極存在的女相，就必須對自己的存在有一個重要的觀照，對自己的肉身更要有空前的尊重與善護，絕對不承受一切不必要的對應。在有形無形的狀態，從自身本身的心念、眼神、動作、衣服和行為當下，都要以戒定慧不被牽動而莊嚴自身，以此全面性回歸自性如來。唯如來的莊嚴等同自己肉身的莊嚴，才能解除所有在無量劫中曾經不能夠誕生生命的遺憾，全面獲得回歸收圓，回到佛母的無上皈依境，等同等持共自主的存在，而令生命圓滿自主。

**自主皈依，永劫不可訴說的情義。**

**自主共生，永恆不可輪迴的法義。**

**自主共願，永生永世共主，無量諸國土莊嚴實相，萬民共自主。**

# 第四章 男女之間的解密解碼

# 情牽的當下，雙修的可能

——不是只有性行為才是雙修，而是日常生活中男女之間的所有對待。

所有人類的文明和人類的一切要延續，人類本身要有生生不息的最後機會，就必須要雙修，**我們所指的雙修是指日常生活中男女之間的所有對待，不是只針對有性行為的才叫做雙修**，只是男女之間的性行為是透過海底輪的對應，代表著最究竟的全面性的赤裸裸的共振共雙修。但事實上雙修本身是無盡法義的存在，是在平常平凡的日常生活當中，所以人類男女共同相處的每一個狀態都是雙修的狀態。

為什麼要講「非男非女」？它有多層意義，其中的一個意義，「非」有轉化的意思，所有男人的慣性，全面性轉化掉；所有女人的慣性，全面性轉化掉，有各自的轉化，也有共同的轉化。也不是只有男性和女性之間的一切互動才叫雙修，以廣義與深義來看，男性與男性之間也有無上雙修的狀態，女性與女性之間也會有無上雙修的狀態。

我們要去瞭解無上雙修的真正本義是什麼，**為什麼稱之「無上」？「無上」就是把所有上上下下男男女女存在於自身與其他性別不等同的所有分別和所有不圓滿，都能夠無傷、無關、無所住、無染，這就是「無上雙修」**。所有的男男女女、非男非女在日常生活當中，彼此之間的愛戀所共同企求的，就是要在彼此的情愛當中解除所有無量劫來的依戀，解除所有往外的部分，透過彼此之間的共振共雙修，解除掉所有的分別性。

所以，無上雙修的本義不是只停留在一個表面上所理解的性行為而已，此世代的宗教已落入無量沉淪的表相雙修，將女性視為性行為雙修的一個對象而已，這是對女性的極大不尊重，也是極大的分別心，更是對雙修的極大扭曲，對眾生的誤導。所有表相的雙修不等同於無上雙修，所有表相的雙修只是更遞增慣性，累積陰陽相對性的沉重業力，所有表相的雙修皆落入了無邊無量相對性的衡量，輪迴其陰陽相對業力的因緣果報。

**正法中道無二無上之雙修，正法主之國度主性無上雙修，將解碼解除解困所有沉淪於宗教相對性掠奪性之表相，所有不等同之男女宗教雙修，全面解除之。**

海底輪的性行為是一種究竟的存在，但以廣義、廣天下、廣最深的法義來看，男女存在的一切，其每一個呼吸、眼眸、心念、舉手投足，一切的一切都牽動著彼此之間的情，情牽的每一個當下，就是有需要雙修的可能。

**性之無雙，雙修性一切廣天下，性之不二，共修性究竟妙法生活。**

**人類之愛，生活之義，不二說性行為，密情牽無量妙法。**

男女從不認識到剛認識，逐步認識到最後熟識的一切可能裡面的每一個層次的深度廣度，每一次接觸，每一個圖謀，每一天的當下，在男女共同轉化的時候，是沉淪還是提升？是累積還是解除？都是不可思議的狀態，全部都是一種雙修的過程，也是雙修的結果，每一次雙修都在輪動男女之間無邊無量的可能性。

性的本身是心性、慣性、個性、空性、法性，這都取決在人絕對自主的「覺所」——覺一切處當下，觀一切處必然，清明之處，清淨之義，義之所在，智慧於無上男女非男非女。

**覺觀清淨本男女，覺情究竟本陰陽，覺境當下本乾坤。**

**如來愛所非愛，人性共所圖謀，心性雙修空行男女。**

每一個男人，肉身雖然是男的，但在一生當中某些時候，他內在的一部分狀態也會有屬於陰性的部分，他的體內也會有雌性荷爾蒙，只是他肉身的顯相是男相。女性也是一樣，肉身是女人，但是在她本身存在的某一些心思、某一些狀態裡面，也有屬於陽性的部分，體內也會有雄性荷爾蒙。基本上，我們的生命在最深的狀態都是非男非女的，在一切男相，也不在一切男相；在一切女相，也不在一切女相，現在生不管示現為男相或女相，過去生不管顯相為男相或女相，生命的一切，都已內化在自身的存在裡面。

所以，**無上雙修也存在於自身肉身與生命存在的狀態裡面**，中道正法的各自主，不管肉身是男人還是女人，都可以同時轉化自身肉身與生命裡面存在的一切陰陽。同一個肉身裡面，有一個顯相的個性，和不顯相的個性這當中都存在著男性和女性的特質，全面性的「非男非女」，在一個肉身裡面就能夠轉化，這是對自己肉身無上的雙修。

**生命都在彼此感動的相應中，流露出生命本身彼此真正叩問的答案，生命創造的學習，是把生命的能量形成生活的真義，真理是非識性的道理，真理的路是生命放下所有道路之後的生命之路。**

**自性如來同時可以涵攝非男非女，入一切如來本身之正法世尊，如一如法。**所以，無上雙修重大的訴求是在於「無上」，所有的分別、所有的男女陰陽共振，都要往無所求、無所住的方向，這是目前人類不熟悉的，這就是「密無上正等正覺無上雙修」。

所有我稱為「密」的，指的都是目前人類所不知道，無法到達或尚未揭示給人類的境界和奧祕，與任何宗教系統無關。

當一個世代的男女，他們在共振無上雙修的當下，功德直接放光的時候，往上可以善護到他們共同的父母，善逝父母當初承受的所有苦難，父母共同雙修中所有的不圓滿皆可以得到解除，用他們無上的智慧解除父母在雙修上陰陽分別與落入的狀態；也可以往下放光，善護、寶生自己的小孩與他們的感情世界。

所有可能存在於陰陽雙修裡面的每一個對應的功課，每一個世代所對應到的男女課題是無法預設的，是絕對不等同的。世代的傳承是不可言喻的，世代的苦難是不可解說的，世代的示現有其生命必然要解因解碼的奧祕與圖騰。每一個不同世代男女共修的狀態，無論其面對的課題如何的不等同，世代與世代之間都必須共等同共尊重。

三世共雙修，等同無量世共男女、共陰陽、共無邊無量、共非陰非陽、共一切當下相對性之狀態。全面性的解除三世共雙修當中的所有苦難，是共三世雙修之深度廣度，是無邊無量的不可思議。

**所有的因緣，都在牽動任何啟動的人生課題，緣起的當下就是牽動出所有必須放下的，緣就是一切的關係，解因緣是智者的相應，攀因緣是慣性的行為，因緣自有其智慧的取捨，人是總持所有因緣的唯一一人。**

**在人類空前的當下，主性以無上之正法，第一次示現出正法共雙修、共三世無上雙修之解因解碼解圖騰之重要內涵，以此全面性善護供養世尊女相終極重大之本義。**

歷代以來，有不可思議的女相在歷代傳承的某一個時空裡面，有其關鍵的示現與顯相，無邊無量的渡化某一些苦難眾生的同時，也為諸法如來中道正法妙法的親臨，做起承轉合的守候與佈局。無上雙修解除一切相對，正法的收圓，終極女相世尊的回歸、恢復和解碼，是人類回歸終極圖騰的最後機會。

一切生命回歸無上共振無量世代之共三世共無量世雙修之根本法義，其解因解碼之無量功德，得以令其回歸終極女相世尊自主之無邊無量皈依境上共同共願之佛果。

主性國度，主性正法，法無邊無量，法之一切，妙法之所在，奧義圖騰，正法無上。世尊男女，男女世尊，世尊自主，所有無邊無量之男女所代表的圖騰法義就是——在無盡的男女雙修裡面，解碼無邊無量的所有相對性。這是男女共振共同的重大訴求。

所有的男相女相、所有的一切，要等同等持存在，共世尊共自主，全面性的善護女相解脫解碼的如來法義，令此世代女性得以以肉身解脫，恢復自性如來，不經過任何不必要的外在形式和宗教。日常生活的平台就是她的真正道場所在，平凡平常的生活就是她永生永世的終極經驗之存在。

生命本然俱足，女相要回歸到**「自身的存在即是本然俱足」**的實相與知見，讓此知見成為女性日常生活中自然自在的根本，讓自性如來寶藏在她行經的一切經驗裡面，能夠寶生其如來本義，解脫解碼的內容生生不息，在她存在的歲月當中，得以日月乾坤再造，以肉身恢復如來成就，肉身成佛，當世即身成佛。

**汝本如來，如來之本也。妳本來就是如來，妳本來就是如來的根本，妳的存在就是終極的存在、一切的存在，妳必將俱足一切。**

女相要培養對自己的基本認知——本然俱足，以本然俱足的狀態去行經每一個存在、每一個行為。在解碼解除所有的過程裡面，當到了一個臨界點的時候，將會看見——沒有任何照見的過程，沒有任何覺受的過程，一切的存在，**一切本來就是佛的狀態**，肉身是佛，非肉身是佛，一切的境界，皈依境上，**一切境就是如來境**。

所有的眷屬都是如來本身放光延伸出去，等同如來的狀態，如來之法義，如來之根本義，以及所有如來皈依境上，所有眾生、所有眷屬，共同存在共同善護的結界。

**無上本義共結界，雙修男女共如來，**
**佛果佛因佛自在，觀音觀妙男女覺，**
**無上雙修無上修，男女不二共世尊，**
**自主世代共傳承，空性乾坤共永恆。**

# 中觀即是無男女相

——自性起觀，直接轉向面對自性如來，在不往外的情況下，解除自身慣性。

男是陽，女是陰，有他們各自不同的密碼、生命型態和苦難形式，有各種不同的男相之狀態、女相之狀態，那畢竟還是分別的、相對的。在太極的圖騰裡面，陰陽是圓融的，但是兩邊各自有兩邊系統裡的一個原點，那就是所謂的密碼的切入點，那就是打開「男非男，女非女」的重大轉換的那一個祕密的原點。

**中觀即自性起觀，從自身的男女相身口意觀緣起一切之即身因果，而寂滅一切即身男女相之慣性，觀男女相當下大捨，覺男女相轉識成智，解一切男女相一切情境情愛。男女陰陽互動，緣起自性觀，緣動自了義，圓觀無上雙修，觀當下法供養自性如來，解密解碼無量劫靈魂體陰陽之慣性，解密解碼無上雙修自性如來虛空密藏。**

所有男相的肉身都有無量劫存在的陰性生命軌跡，在靈魂體，在無量宇宙的生命形式當中，都必然不可說的存在於男相即身肉身裡面神祕的密碼中。反觀女相亦然。男女共親臨世間之情愛，為無量宇宙無量靈魂體之共願，開演男女之互為世尊互為主，開陰陽共自主之萬世太平，開男女非男女之中道男女無上正等正覺之正法，於地球主性親臨之道場。

單純用「男相就是男相」的知見來解決男相的問題，或用男相熟悉的方式，來解決男相的問題，這是表象的解決之道。對女相的狀態而言，亦是如此。

**單純之中的不單純，男女相的即身肉身皆俱無邊無量的生命形式，一肉身男女，一肉身男無量劫，一肉身女無量劫，一肉身之共雙靈魂體，共陰陽靈魂體，共非陰非陽靈魂體無量劫。應以此宏觀之志，相應男女相之輪動肉身之存有。**

**男女非陰陽，非男女共陰陽，共男女空陰陽，空男女非陰陽，空陰陽非男女，一切男女無量密碼，生命解碼，男女陰陽共圓融，無極原點不二義，太極乾坤圓男女，男女無極本天地，男女無生自性生，空性男女寶生佛，男女中觀空行密，男女共主共實相，共主男女共即身，即身男女主皈依，男女實相主皈依。**

我們不落入男相的慣性，也不要落入女相的慣性，這就是中觀男女相的基本態度。每一個男相背後一定有一個女相內在的狀態存在，每一個女相也一定有某一種男相特質的狀態存在，不管在生理的、個性的、靈魂的，甚至是累世的記憶體，都是這樣的。在男女共修的過程裡面，有兩個層次，第一種：找一個對象，以夫妻或戀人的方式互相去照見彼此的問題，將兩個人共同的問題，在夫妻或戀人之間的互動裡面把它解除掉，那就是通往「無」男女相的過程。

簡單的說，就是男女之間互動的一切情傷、一切困境、一切互相牽動的不圓滿，全部都把它拿掉，全部都「無」掉，全部都無所住，無所住於男女相的苦難慣性。但這種方式，畢竟還是需要往外找一個對象，還是往外的、相對的。

**中觀本義，中行密義，無量宇宙，無盡靈魂，一男女無量寶生，一非男非女無量輪動，空性男女無量如來之所從出，男女本中道，男女共中道中觀不可思議之佛觀，觀男女密行無量層次無量靈魂體，入廣三修無男女相解脫不可思議。**

而另外一個層次是真正的更高層次的「無男女相」，就是不再需要一個外在的對象來共修，就是我所指的「無上的自性不二的男女相」，意思就是每一個人自己轉身往自己的內在，而不再往外、不再尋求、不再需要找一個外在的對象才能夠面對。他／她已經超越了這個過程，直接將自己男相或女相的慣性轉身，不往外，觀自在，觀自己男相或女相的慣性。誰在觀呢？「自性起觀」，以自己的慣性直接面對自己內在的如來，面對自己的自性，面對自己內在存在的圓滿和清楚，不斷的拿自己的慣性供養自己的如來，直接就在我們的肉身中面對自身的生命，不需要再往外找一個相對的對象。

這是沒有任何攀緣往外的男女相，所有男女相的慣性不再有識性相對的陰陽對待，男女情愛情境全然放下，當下全然觀自己問題之所在，覺受如來自性應許的法流，湧動在男女即身肉身輪脈能量自主的恢復。在緣起自身的覺受中，仰望於如來，以覺納入如來全然的密藏，自己的肉身放下無量的慣性，以此供養如來本身的法流涵養於即身肉身。

**男女在於有別，而讓生命不斷的分裂中進化演化。**

**男女在於有別，成就男女的無分別，讓正法的無上正等正覺能夠示現人間。**

**男女在於有別，而讓生命的次第清明清楚。**

**男女在於有別，讓主性的親臨在分別中得自主的無分別，入一切生命的必然，在生活中，行主性的路。**

在自己的自性如來和自己慣性的密共振當中，原本男女相肉身的慣性是一種世間的存在，原本如來是男女相內在清明清楚的存在，這是兩者之間最後的相對修行修法的共願共行的無上雙修，在解除最後兩者之間的識性距離之後，所形成的解脫了義的角度，就是所謂的「無男女相」。

**「無男女相」是男女肉身以最後的識性肉身，叩問自性如來最深遠的非男非女之示現，**一方面轉化最後男女相的習性，一方面也初步相應自性如來於男女相肉身的自性法流能量的灌頂加持，這是無上雙修非男非女無邊無量靈魂體共願的陰陽法緣，是宇宙存有中密行大用的無上廣三靈魂體雙修。此宇宙密藏將在未來逐一的開演在地球男女關係的進化上。

**男女一切不等同之類別，觀自在，觀男女共不同之一切對應。**

**男女即身不往外，非一切男女相，轉識成智法供養。**

**男女一切情境，不在相對之慣性之愛，男女共觀共覺共密行，直心本心法供養，解一切相對之層次，行不二妙法，入如來密藏不可說。**

在外在上，不再找另外一個對象，而是直接轉身面對自己的慣性，當有某一種不被牽動的厚度時，剩下會被牽動的部分，自己就能夠直接起作用把它消化掉，做為自己供養內在如來恢復的一個法供養。不管你身為男相或女相的慣性是什麼，都沒有關係，甚至可以延伸到你生生世世淪落在各種生命形式的男女慣性，通通都可以在不往外的情況下，供養你內在如來，把慣性全部解除掉，這就是我所說的「中觀即是無男女相」的意義。同時，也能夠讓自己的內在如來恢復，這就是真正圓滿的男女相。

**對應的諸相，男女共為如來之本心，共為如來之本身，共為無極之原點，共為天地之陰陽，共男女一切行法之妙覺，男女入一切非男非女之共相應，入一切空男空女共中道即身中道輪脈之無上經絡，男女不二，共還原如來雙修無上廣天下一切如來志業。**

**男女一生情緣的叩問，無不是生命慣性大捨的當下，無不是生命寶生佛成的確定。**

## 與內在如來無上雙修的密行

——以慣性與苦難供養內在如來，啟動如來的恢復，轉識性身成就無上如來身。

女相面對男相對她的海底輪做出一切進進出出的行為，等同於面對男相在生活中所有行為的來來去去、所有與無常世界進進出出的對待與對應。

每一個輪脈都是性的輪脈，每一個對待都是性的行為，因為，性不是只有單一的海底輪的交會才稱為性。**性的廣義與深義是——男女在日常生活中的每一個對待與對應裡面，都是性本身的一切**，它是心性、本性、當下性、慣性、苦難性、個性，與一切存在的價值，而其重點都是——一切的狀態都是如來的心性。

**性之奧義性之本性，性之本有性之深義。**

**性如來，非性非當下一切究竟本性。**

**性輪脈，性男性女，性日常生活，性對應一切如來本性。**

當女性在面對和承受一切男相的苦難，到了她已經承受不住的時候，她可能會開始建立起結界，而漸漸步入「緣起性空」的境界。這時候，她可能會進入一個「結果」的狀態，就是為了成就她這一世的佛果，必然地，她會做一個重大的決定——「戒」與「定」。當下建立不往外的結界，這當中的界面有很深的佛因佛果。

**性緣起佛因，本因，無上因。**

**性緣起佛果，緣一切結界，出世入世，性不二妙法。**

當一個女相在她通往緣起性空的修行上，有一天終於不再往外落入男女相的期待時，因而她自己本身存在所在的每一個當下就會產生一個界別，這就是一種「結界」的狀態，就是指她本身的狀態、她女相的慣性不再往外，不再落入男女相對待的輪迴中。

在這樣的結界狀態與決心中，女相會有她自己在修行上各種不同層次不同境界的次第，首先，她知道她的海底輪不想要再承受任何的男相，這裡的「承受男相」指的是再找一個男人，有性的行為。但因為她有某種領悟、改變和提升，所以她再遇到的男性可能會比之前的人更合適她現在的狀況，只是，那還是在一個男女相的對應裡面。這個男性可能比較能溝通，可能可以讓她承受得比較少，然而，無常的變化是無法預設的，這樣的改變可能會變得更好，也可能變得更糟糕。當時空的輪動狀態到變得更糟糕的時候，她可能有一天還是會無法承受，而產生退轉的情形。

**性如來密結界女相無量層次，性無關性如來之變現。**

**性如來密結界女相無量層次，性無染性海底輪渡化一切。**

女相解脫初步基礎的建立，是她不再落入所謂期待更好的男人，因為這是無可期待的事情。當她的次第提升上來的時候，她海底輪的結界使她完全不往外尋求，把最細的期待和一點點絲毫的心念也都通通終結掉，這才是形式上無上的結界。當這個結界建立起來的時候，這個女相就確定在形式上不往外了，而開始過一個無性的生活。

這當中又有不同的層次，有一些女性她會轉移到別的外在形式上的人事物，例如：如果她有足夠金錢上的資糧，她可能會去買很多東西；如果她有一些好朋友，她會常去找朋友打發時間；或者她轉移到工作上，成為一個工作狂；或者去當義工，以服務別人的方式滿足自己；或發展各式各樣的興趣、喜好、藝術、運動……等等之類的，有各種不同的轉移方式。這些女性會在外在形式上不找男性來戀愛結婚，獨善其身，但是她仍會在外在上或物質上做轉移，這是一種越來越普遍的現象，但是不見得能夠提升。這樣的「戒」本身只是形式。

**性之戒，生命於生活一切人事物，結界不承受。**

**性之定，生命於海底輪解碼，無傷自主，無染清明。**

**性之慧，生命雙修男女不二，法供養如來本心無上。**

另外一種就是她不再靠任何外在的轉移，不只是不靠男性，也不靠任何女相會喜好的外在事物來轉移，連這些也全都全面性的不再期待，她唯一的目的就是專注在一種清淨純然專一的生活態度，逐步的形成。在形成的當下，她會無所攀、無所住的在她自身的存在中面對自己的生命。這時候，她會放掉很多識性，逐一地覺察她自身更深層的女性個性、慣性、可能往外的部分，清明了義。

有一些人她可能會做出一個人生中重大的決定——出家，出家是一種為了自己本身能夠走上真正全面性面對自身生命的解脫之路，而做出的重大決心。但另一種方式是不出家，在自家的日常生活中，遍一切處的基本的生活著，而產生一種專一、專注、如一的統合性，逐一剝落她自身的慣性。

**家非家，慣性之家，如來本家，出家在家，家家阿彌陀佛。**

**你的家，有形無形的家，我的家，有關無關的家，大家的家，大家回歸如來的本家。**

然而，當走上更深的次第就是——以自身的慣性全面性地供養她內在的如來。所以她會開始覺察女相的諸有情對男相的卑仰，面對一切諸有情的各種不同可能被牽動的狀態，都能觀自在而全部放下。在放下的當下，她會感受到內在如來逐步湧動上來的力量，那就是她的生命力、生命正法的恢復。

**法無法，真實法。覺一切處，妙一切處。性之本身，性之所在。她自身性不往外的當**

**下，就是她如來心性的恢復。**

**性無法，性一切不往外，性示現一切男女輪迴之所在。性本然，性供養，所有性執著之性慣性，性中性，性不思議於性之當下，正法之性，一切生命之所從出，性之結界，生命究竟之根本。**

女性在女相諸法如來的空性上，妙法無上，所以當她能夠得到內在如來無上的法供養時，自己就能不斷的放下，她自身的慣性所卑仰的是內在的如來，而非自身之外的一切相對性的人事物。她所謙卑的、所要如一的、所要進化的、所要放下的、所要一切的一切的重大恢復都是她無上的如來，她會自問：「將以如何的存在，如何的改變，以如何的輪迴才能夠輪動出無上的如來？」這當中，就她自己與如來之間的對應，如來會應許她在一切處，在結界內無上的對應，然後開始逐步讓她的慣性解除。

**我們是共如來的生命，性的如來，供養肉身法緣的雙修，性的自主，如來輪動男女無常一切進出的輪迴，愛是如來的觀照，性的動能，陰陽共本願的感動，我們在如來的自性海中，緣起一切性愛的空性，解脫所有男女無量劫來的糾纏。**

在慣性逐一解除的當下，她會生出一種無上的感動、感恩與感念，這樣的感動本身就是動出她真正如來的本位，動出她女相真正的本願。她會漸漸清楚——為什麼她會有這樣的承受？為什麼她會碰到這樣的男生？為什麼她之前會這樣的不清楚？為什麼會有這樣的轉移？當她終於不再往外，而轉向面對自己，只卑仰自性如來的時候，這整個過程中的心路歷程，她全部清清楚楚。

**性之感念，一念無量性，感動性之不動。**

**性之感受，性一念無上智，永不承受。**

**性之感動，性宇宙虛空密性如來運作。**

在這個感動的當下，她也放下所有對男女交合、男女陰陽對待的每一個喜怒哀樂，在解碼所有她自身存在密碼的過程中，也等於同時解除與這個男相無量劫的因緣果報。

**解一男女之無量果報，解無量男女之無量果報，**還原自己供養無上內在如來的完整性。在日常生活中，供養著她自己本身**「性無所性，性無染，性自主，性一切，性解放，性無上女相無上法義之世尊女相性圓滿」**的自主能量。

**當如來承諾應許的當下，這個女相將成為自己世尊的主，**將對性的一切清明清楚，性於無所，有沒有性都不是問題。而此刻，她將照見自己本身自主的性、性的正法、性的如來、性的一切，回歸到她自己圓滿的性、終極的性。性於無所住的當下，會對海底輪的放光清明清楚，而生出一份感動，她心念裡面無邊無量的所有性的捆綁，都能夠解除掉，而成就她佛首無上性之智慧。**在女相世尊的解碼裡面，性就是佛首，就是如來智本義。性解脫，性海底輪的放光等同佛首的放光。**

**性本義，性世尊海底輪諸佛本智，女相密無上性法義，性無所，性一切處，共願性共果，性圓滿世間一切男女之戒定慧。**

**性乾坤，終極世尊女相自主之性，佛首第一義空性，性不二中道。**

當有女相終極恢復這樣子的自性解碼的當下，她的存在將會感召許多女相不斷的放下，因她在日常生活的平凡中，示現她所經歷過的一切自主性，終極之不可說而自說一切。所以，**女相的性自主是一個終極重大的結界，為了自己永不消耗的對自身、對如來的承諾，唯有如此，才能有恢復生命的機會。**

女相卑仰她自性如來的當下，如來對她的承諾是——永生永世永不輪迴的皈依，清淨而永不再墮入輪迴。當她的每一個輪脈當下都等同海底輪，不再落入往外，不再輪迴的狀態時，她會清楚任何的轉移都是不必要的，任何的過程都是不必要的，確定永不往外的同時，也確立了自己金剛不動的功德。

**終極性之永恆，永生永世性永不輪迴，性功德金剛性，世尊女相自主，如來性無量心性本性，性因果輪動不動，終極結界，性原點之奧義，性一切本來面目之終極，性原點之太極，陰陽乾坤，世尊女相終極海底輪原點自主。**

以此示現出來的前所未有的新世代新女相的解脫解碼是完全不同於過去的，她會將其無量劫來所有女相的狀態全部解除掉，而邁向自主的新生，這個自主的背後就是自性的力量。這樣新生自主的女相不在於新，而是在於傳承一切舊有的苦難，一切女相苦難的承受就是一種傳承，她解密解碼無量的苦難，解密解碼以後，全面性的變成她自主人生裡面無邊無量的功德，生生不息著。

**不想問性愛之間無量層次的次第，性愛的互動，太多男女慣性的變現，不管是沉淪或提升，總要有不退轉的領悟，陰陽結界，不動無極，一種無法預設的愛，在生活的考驗中，你我都是愛情下因果的流動，走上愛的法流，所引動的轉化，應莊嚴男女之間的世間尊重。**

當她的如來承諾於她之後，她自身也不斷地轉識成智，漸漸地，她的肉身會開始改變，包括肉身的體質與敏感度……等等。原本她每一個輪脈當中「有漏」的慣性，會逐一解碼解除，而大自然當中各種不同的天候變化，如溫濕度等等的干擾狀態，她也終將不再受制其中。

所以，當女性的慣性在每一個境界轉換的過程裡面，不斷放下的當下，她承受自男相的部分會解除掉，自身會承受男相的那一部分的限制，也會逐漸改變而不受制。當她放下自己的慣性，不斷的以慣性與苦難供養內在如來，與如來無上雙修的當下，她女相的慣性肉身也會逐步質變成大我的女相肉身，成為得到世間尊重的女相肉身。這裡說的世間尊重是指包括六道、無量道的有形無形，對女相肉身與其每個輪脈的尊重。

**性肉身女相一切輪脈，性一切性之一切無上性雙修。**

**性肉身世尊密一切女相解性慣性。**

**性肉身女相密金剛密女相終極性世代不可說。**

每一個天候的起承轉合，所謂的春夏秋冬，各個不同的季節天氣，各種環境的狀態，都會越來越能轉變她的體質與敏感度，而與她和合，以利於其生命的恢復，這是不可思議的功德。因為，天候的變化也是如來的教法，肉身的存在也是如來的教法，我們無法改變天候與大環境，但遞減慣性卻是自身可以決定的事情。永不再承受諸苦的決定權在自己身上，但是你要用什麼樣的態度去面對，就取決在日常生活中自己面對生命的態度。

在這整個世代中，所有的女相已經俱足了所有男相往外的部分，也都已經擁有了一切，剩下來的就是解脫的權利，而女相自身不往外的解脫方式卻是女相獨有的特質。女相最大的優勢是她懂得——不往外是她自身俱存的本然，她的肉身結構、她的納入性是自然自主的等同，那是女性與生俱來的最大優點。納入一切男相往外所產生的苦，納入男相的海底輪，這一點的另一個角度就是——女相承受了一切男相。但是，**以女相的密因密碼來看，女相本質的存在就是——納入無盡，但也令一切在海底輪誕生無盡。**一切眾生有機會誕生在地球上，有機會以肉身成佛，就是從女相的海底輪開始的。無量之納入，無盡之誕生，生生不息之可能。

**女相本質，密解碼密妙法。**

**女相本我，密終極密無量。**

**女相本心，密性之輪動金剛功德護法。**

**女相觀自在，妙覺性無所。**

**女相性之清淨，第一義眾生性之本義，當下法義。**

所以，女相的尊貴是在於她本身能夠決定永不再承受，而啟動出自性如來的恢復，大捨善逝而得如來的首肯，善護女相肉身的轉化與質變。所以，女相面對的所有無法預設的狀況，包括生老病死的苦痛，都是不可思議的檢視與提供質變的重要資糧所在。一切生、一切老、一切病、一切死，都在女相本身如來的善護下，善逝所有的慣性。

大智慧的女相以生老病死的一切，審視自己肉身質變所需要的一切，照見自己所承受於日常生活的一切，包括所有的天候，包括每一個時空裡面的任何事情，包括自己承受到所有各種不同外在環境的干擾。而當她懂得如何共等同共等持的不承受這些干擾，在打破這些受制的同時，也不斷的放空，不斷的放大，一直到無邊無量的深遂深遠之處，皆是自己無盡的存在。

**男女的一切對應，都在覺受彼此落入的識性，性是究竟的法供養，一念之性，男女無分，念念相應，宇宙的誕生是陰陽互動如來的佛果，男女共無念，宇宙之愛，陰陽共等身，**

**男女戒定慧，生命自主的能量，成就生老病死生命叩問的答案。**

納之無量，無量之納，納之一切，大環境的一切，所有時空變化的一切輕重，冷熱乾濕，一切時空有形無形的狀態都能夠對應而相應，解碼自己的承受與受制之處，解除自己的慣性，而逐步地存在於自己的存在之中。

放下的當下，如來不斷的湧動，你就能清楚明白，**一切的承受、當下的逆向都是如來對你照見的本義**。唯有你能夠照見的當下，解密解碼的同時，也要能放得下，放下的當下就是無上的等同等持，能放得下的才是你的。

**性照見，性本空，性一切，性人事物，性生活。**

**性時空有形無形，不二性對應相應性解碼。**

**性究竟，性國度，性正法，自性滿一切性行為。**

如來視你放下的層次、功夫、自在度，以及所臨在的當下性和無時空性，來提供你應有的外在環境，圓滿你志業的法供養，這是必然的。因為你必須要有這樣放下的功德、當下善逝的功德、大捨的功德，才能轉化肉身產生質變，如來才能生生不息的綻放光、綻放能量、綻放一切可能性的納入於你本身存在的狀態中。

**放下的本身就是如來生生不息的重大條件，這是「當來下生」。放下慣性之當下，生如來之本義，生如來無盡之諸法妙有，**這是女相對如來終極莊嚴的無上尊重。

所以，當我們解碼了義如來的善意的時候，我們就要善逝我們自己還有承受的相和震盪的狀態。當我們善逝的時候，就是對如來解除供養的當下，這就是無上如來雙修的共振。

**自主之性，性如來妙法密性善逝寶生。**

**自主之性，性男女生命共天下法義當下。**

**自主之性，性生活生命共等同。**

**如來共振於你的，也是你當下放下的，放下的當下，解如來義的當下，你沒有任何的震盪，就是你轉識性之肉身成無上如來之身，這就是「如來無上無量雙修」。**

**納無所納，放下無所放下，一切的逆向、一切時空存在的干擾、對肉身的所有不順遂，都是如來教法共雙修的共同法願。**

肉身的願就是如來的願，但這裡面肉身與如來的落差，卻在如來以逆向照見的當下，肉身覺知了一切如來的妙用，放下一切，讓自己肉身無染，不受任何干擾，不受任何牽動，不受制任何狀態。如此，你的整個肉身就能夠有重大不可思議的改變，相應無量的時空，相應無量的生老病死，相應無量的任何天氣的起承轉合，都在如來的教法裡面，等同等持共振的當下，共同莊嚴女相終極世尊清明清楚的自主自性空性的生活。

# 逆破男女相的識性知見

——任何存在的相對性，全部粉碎，只要是相對性，就是有男女相，就是有陰陽相。

我們人類的慣性所對應出去的陰陽雙修，以人類的立場來講，雙修是什麼呢？就是男女要在一起，能在一起最好，不管怎樣的好也在一起，怎樣的腐朽也在一起，怎樣的修為也在一起，怎樣的次第也在一起，所以這是在一個陰陽靠近的狀態裡面去理解雙修，就是以所謂的陰陽合和、陰陽交集的狀態去理解。而人類就以這樣的方向和軌跡，在天下共處的時空裡面，形成了男大當婚、女大當嫁的狀態，然而，這是一種人類的慣性軌跡。

所以很多人即使已經走在修行的道路上，他對男女關係的看法仍然是這樣的理解，包括任何修行或宗教系統，都是以這樣的認知去看待男女的共同關係——人就是要結婚，人就是要戀愛。幾乎所有人都是以這樣的意識來看待無量男女之間的狀態，沒有其他的了。可曾有人想過，這裡面有多少的輪動、多少的意涵是被覆蓋的？

**之所以愛你，打破了所有愛的形式，在不預設中，愛你的無量，在無窮盡中，愛你的無限可能性。**

這是人類長期以來所習慣的一種慣性軌跡，但是當你想要解脫的時候，就要逆向於這個方向，就必須對這樣的慣性軌跡全面性的重新思考和打破。人類在這種軌跡裡面，大家久了也都習慣了，根本不太會有人去仔細思考其中的問題，當不同的男女結合在一起時，他們各種不同次第和因果的結合，會產生什麼樣的連結後果？人類也沒有智慧去評估。

這個不是一個對錯的問題，以究竟的狀態來講，陰陽的交合其實是連結了陰陽雙方無量劫來所有生命形式的輪脈和其中隱藏的因果，也輪動了他們所有過去生無量劫任何生命形式的陰陽對待。但是人類在海底輪的交合過程裡面，隱藏了多少悲苦？多少承受？多少因果？多少未知的狀態？大多數的人類處在未覺的狀態下，對這些都一律視而不見，都不願意去談，只要能夠和合，只要能夠妥協，只要能夠在形式上很快樂，只要日子能夠過得去就好。結果到最後，男女之間全面性的應該透過雙修而啟動的生命覺醒，不但沒有什麼進展，各自生命本質的密藏，也都覆蓋在這樣的慣性識性裡無法恢復，這才是真正的大問題。

**愛的問題，我將在你面前，解除所有的苦難，不再有任何的承受，只求一種最終極的覺醒，叩問於男女的，男女之愛，就是陰陽解脫的生命終極的完成。**

所以，我們今天要叩求的是什麼？雙修的打破，逆天地陰陽而行，這個「逆」不是單一的逆向，不是順逆的逆，而是所有形成這樣子陰陽結合軌跡裡，那一些非常既定化的理解理念所形成的禮教、規範、標準和主流價值，完全都要打破，寂滅掉。

這就是「非男非女」的基本面，意思就是無量男性的落入，全部轉化掉，無量女性的落入，也全部轉化掉，但是這是男女各自要轉化的部分。在共同的面對裡，彼此之間的折磨、戰爭、生死、因果，也全部都要「非」掉，就是「非男女相」，然後，成就世間尊重的男女相。所以，在雙修中任何的次第裡面不能自主的部分，都必須全部質變，誰也不必再有所謂人世間男女相識性的任何知見、任何往外的操控，或追尋的狀態，這些都要全部解除掉。

**在逆向中，也是愛的終極的臨在，在順向中，怎麼愛都是可以的，一種尊重的愛，我們共同的自主，生命的傳承，愛的本源。**

「非男非女」包括什麼？人世間一切陰陽對待的關係，父與母、妻與子、兄與妹、姊與弟、戀人之間、一切關係當中的識性知見和對待，全部粉碎掉。說穿了，人世間的陰陽對待關係裡面有太多的悲苦，困在其中的所有相對性的男女糾結，所攀緣纏繞的無量劫因果，我們全都要逆絕之。

在逆向的無邊無量的逆向次第裡面，全部要粉碎掉；無量生命男女相的識性知見和對待，也都粉碎掉；在宇宙任何的道場裡面，甚至是任何的狀態，比如：日月，也是陰陽，有關的一切識性，全部粉碎掉；任何時空裡面任何形式存在的相對性，全部粉碎掉。只要是相對性的，就是有男女相，就是有陰陽相。

不斷打破，不斷寂滅的當下，我們才能完全「逆其密義而行之」，這就是我所謂的「逆密」的狀態，也就是這個「密行」的狀態是逆向的。因為大家都喜歡順向，以為男女相就是要如何才是正常的。逆破的男女相本是打破一切順逆的情境情愛，男女相的陰陽識性之寂滅，本就是最究竟的密行的逆向，清淨清明，宇宙陰陽識性的逆密行法。

而「逆密」的狀態，就是我們有一個重新看待男女相的知見，逆密的存在，代表每一個世代的男女之轉識成智的功德力，代表整個世代傳承的進化演化。在逆破的密行打破之中，陰陽的對待隨時隨地能透過男女相產生重大的沉澱與反省，這是無極性的中道輪動，在相對的陰陽識性中，同時輪動整個生命進化的陰陽重新再造的寶生之道。覺的密行之男女相，都是逆密的非男非女之圓的輪動，也是男女終極解密解碼的逆密空行之妙法。

但是，那會是怎樣解脫之後的一個密行的不可說？這種「逆知見」會對現在人類慣性的男女關係，有無邊無量的照見和清楚，男女各自在關係裡面可能有的因果之輕重，都能在瞬間因為「逆知見」，而不需要有一般世界男女相的面對過程，就能夠不承受所有的男女相。否則，靈魂感應，歲歲朝朝都在其中的磁場裡面承受著，那樣承受的痛苦清楚的刻劃在靈魂體的記憶中，無量劫都不會有絲毫的閃失，只要是不解脫的，永在輪迴之中。

**不必問我為何愛你，這是不需要答案的，因為愛你，我復興了自己的生命，我以自主愛你，我復活了自己的慧命，我以如來愛你。**

任何的生命形式，無量絲毫之細的碎片都在陰陽交合的輪迴裡面，能夠因為「逆」一切，而解男女所有輪脈的每一個互動，每一個互動的形式全部都必須無邊無量的寂滅之，滅之陰陽，以陰陽滅之。所以，無邊無量之細的狀態，在我們有瞬間的「逆」時，打破我們在其中的生死輪迴，當下抓下自己本身非男非女的時空磁場，於即身肉身的存在當中，入自己空性解脫不二的妙法。

無量男只是法，無量女只是法，不在男，不在女，不在任何生命形式的陰陽。這樣子的無關性，在所有的關係裡面，只要你落入其中，你就有相對性，你就有男女相。你如果在這個關係裡面來來去去，就算打破時空，或有某種時空的阻隔，終究在一個臨界點裡，你還是會承受的。

所以，逆向知見的無邊無量，中道逆向非男非女空性解脫奧義的第一空性義就是**無男女相，非男女相，無關男女相，不在男女相。**所有人類想法中「我認為男女就是要怎樣怎樣」的自以為是，是沒有這回事的。生命本身是一個狀態，**為什麼我一定要是什麼呢？我不落入我肉身的狀態，我解我肉身的狀態，**若我肉身是女性，難道我體內沒有男性荷爾蒙嗎？若我肉身是男性，難道我過去的生生世世從未做過一名女性嗎？所以，我們不只要面對世間太多男女相的親人關係、友人關係，還有太多人朝思暮想的所謂愛戀關係，即使沒有形成具體的愛戀形式，但也有某種男女相的心理和生理反應狀態，那也是必須要面對而解除掉的。

人類在無邊無量的狀態裡面，最後的訴求就是解苦。生命因為很苦，所以就必須要有某些動作反應出他的苦，以求得可以解苦的機會，但大部分人的動作所引動的都是更深輪迴的狀態，不知其輪迴而形成一切生命形式來反映自己的苦。生命在他自己的輪迴中，因為救不了自己的苦，所以就以陰陽相、男女相來反應和輪迴自己苦的狀態，結果日子久了，大家都習慣這個樣子。生生不息的不是生命的密藏，反而都是在男女相裡面的苦，因為永遠解除不掉。

**生命的存在，就是情愛的情海，在愛的引領之中，我們都變動了自己的無量，湧動了生命本質最深的密碼，因愛而解密解碼。**

所以，我們必須有一個完整性，不思議男女的問題，不落入男女的問題。我一肉身，不在男，不在女，面對無邊無量男女陰陽對待的關係裡面，已經有了無量諸苦；而面對自己的過去生，曾經在陰陰陽陽的生命形式裡面，也是有著無量的諸苦；面對自己當下的肉身，裡面也有男相，也有女相，自己必須與自己雙修，甚至必須在寂靜的結界當中，不往外的拿自己的慣性去供養自己的如來，逆一切處而行。當我們以此供養如來的時候，如來就是直接打破我們男女相中相對性的識性慣性。無男女可講，無無邊無量男女可講，只是適情、適性、適意的人間輪迴而已。

逆生命之逆一切生命之愛，在逆一切的無邊無量當中，直接打進終極的狀態，打入終極生命的原點。在密的終極裡面，我們自己要有一個中觀的知見，觀一切逆男女相，有關男女相的一切價值觀念和意識型態，認為男女相該如何如何的，都不在我們的存在裡面，都不在我們的歲月裡面，都不在我們的解脫裡面，都不在我們即身肉身的每一個存在裡面。

以此不可思議的實相，非男非女的存在，完全回歸到自己的如來性。放空，沒有任何世間存在的一切男女相，非男非女，恢復即身肉身的法供養，於自己全然終極的究竟，供養出自己的如來。以如來的等同，入空性的無上處，就是空性之處，不空男女，不空男女直接就是入空性的第一義，非男女相。

**愛是陰陽的圖騰，是所有永劫來的密碼，法供養著所有男女的不空之愛，成就著所有陰陽的空性之愛，在一切愛中，都是無上的佛首智，在所有回歸的究竟之中，愛的圓收，情的收圓，我們是男女中道中脈的中觀之愛。**

# 男女識性的解除等同宇宙永劫以來相對性的解除

——永劫來無量生靈最深的叩求，最後陰陽相解除的收圓狀態。

在天地陰陽之中，我們人與人之間或男女之間就是共陰陽的狀態，陰陽共自主的狀態就是在男女相肉身彼此之間的交合當下，彼此互為世間尊重的海底輪，互為自主性的海底輪，互為轉識成智的男女雙修的解密解碼。男女的交合是為了什麼？交合的法義就是陰陽共生的狀態，重點更是在陰陽共滅的狀態。在陰陽共修當中的結合，就是男女雙修的交合狀態，在交合當下那一份愛的重點就是不思議。

重點是在中道無上的存在中，在無極的狀態裡面，它變現出一個陰陽的重點就是天地，然後在整個人類存在的關係裡面就是男女，男女之間的一切交合本身就是為了和合一切的交集，在交集當中共主性的重點就是不思議。我們的肉身在交合當中，一定要安住無住的不思議，在一切性的行為當中，要無所做，在交合的當下，所要會合的是永劫以來的集結，所以，男女在交合當中的狀態就是性愛的壇城。

**給你一個愛的壇城，求如來座下的皈依，求男女之愛的解脫，只在求的本願之中，愛上一種無分別的情愛，愛的壇城裡，我們都將選擇成為自己的自性之愛。**

相對性的肉身在雙修的當下，雙方一切的不安恐懼和識性慣性全部都會結合起來，因此所有一切的情緒情境都會被湧動上來，所以在陰陽交合當下的報身成就，就是中陰渡——渡化所有一切在男女交合當中的一種融合。海底輪本身就是最深的面對之處，是生滅之中最關鍵的地方，也是一切有形無形陰陽男女相生死中陰渡的地方。在陰陽男女的互相輪動之中，無不是識性本身的最深層的中陰渡之轉識成智，會把男女生命磁場最負面的部分，全面性的照見湧動，是承受最重的地方，但也是解脫最關鍵的地方。

男女交合的過程裡面，重點不只是一個性行為，而是男女彼此之間生活中的愛戀和一切身口意的互動，都是一種男女的交合，不是只有做愛才叫做男女交合。更重要的是，男女之間在相愛之後，這個相愛本身是相對性終極的道場，偏向陽的成為一個男相的肉身，偏向陰的成為一個女相的肉身，但其目的都在反應落入陰陽相的極端性。性愛的輪動就是陰陽極端性最直接最極端的反應之處，所以在交合的極致之中，都在反應男女陰陽最深層的因果照見與湧動，但同時也在訴求男女陰陽相最深遠的男女共雙修之無極圓滿的解苦解難解密解碼，這就是男女陰陽交合最深遠的圓滿功德本志之所在。

永劫以來重大的結合，在互動過程中的一切行為，都是一種心性的行為。我們所講的性行為，不是指在做愛的時候才叫做性行為，這裡所講的性行為是男女之間的心性、個性、慣性的行為之身口意的互動。在一切愛戀的交集當中，我愛你，你愛我，男女之間相愛的心性和合的過程裡面，反應了雙方永劫以來一切的眾生因果，同時在互動中，成為彼此之間的婚姻關係、愛情關係、一切的因果關係。

**就算因果關係而愛，有關的愛情，無關的人生，男女的心性之中，愛了多少男女生死的課題？如何才有一種無承受的男女之愛？**

生命本身有沒有辦法在男女之間的交往當中，成為一個共為世間尊重的狀態？男女之間的因果功課在輪動當下的狀態裡面，這個交合是遍一切輪脈的，是遍一切因果的，是遍一切當下的，生命怎麼去面對它？如果你今天沒有辦法成就一種中道的男女關係，你就會處在一個男女之間完全徹底不安恐懼的痛苦，因為在生活中，彼此之間會互相照見，互相控制，互相熟悉。而互相熟悉的過程裡面，其實就是彼此永劫以來男女相的因果在彼此靠近中。

所以，今天我們在男女雙修的過程裡面，我們愛著對方，但是我們的心是不往外的，我們不能夠把我們的價值全部用在檢視對方，我們要把與對方有關緣起的不安恐懼，拿來成就我們與如來的雙修狀態。我們不只是去看著對方的問題，重要的是，我們不落入對方的問題；更重要的是，對方的苦難或者男女之間交往共同的苦難，都要成為自己本身當下即身觀自在的畏因緣起的狀態。我們在與對方交往的過程裡面，這一份心性互動中的所有震盪、所有不安恐懼、所有不穩定的磁場，都是永劫以來我們共同要透過雙修而解除的面對過程。

所以，我們要瞭解這重要的連結的法義，男女的這一份愛才有辦法解除所有永劫來的不安恐懼，和永劫來所有陰陽對待中不等同的所有苦難。

**在苦難中愛吧！在男女的雙修中解除永劫的不安恐懼吧！男女的關係，都是究竟的法義，一切是不可說的，所有的關係，都是法性的所在之處。**

所以，我們自己本身在男女交合過程裡面的一切緣起上，所會合的陰陽共振的一切苦難，都要將此緣起成就我們自身的觀自在，成為我們畏因莊嚴的狀態。在愛戀當中，自己本身的心態是不往外的，不能只是看著對方的問題，在觀照當中，要觀照自己在一切男女對待過程中被牽動的狀態，而能夠觀自在，然後解除掉交往中的一切苦難。我們被牽動的，在當下就解除掉，解除的過程裡面去供養我們內在的如來性，供養內在主性的恢復，在我們互動的男女關係當中。

所以，當我們的主性法流充滿在我們的海底輪時，代表著一個關鍵性的狀態，為什麼我們在某一段的人生歲月裡面，會有男女的交往？男女交往的階段代表的就是雙方這一世彼此之間的法緣一定要究竟，所以，當彼此的海底輪在對應的時候，它並不是一個單純的性行為，而是在表達——彼此之間苦難狀態的次第，在這個階段裡面，透過性行為去解除掉。

但若是解除不掉，而又完全是處在識性的狀態與知見當中時，那麼，這樣的男女性行為就是一種海底輪被牽動的狀態，更重要的是，每一個輪脈都是被牽動的，代表著你永劫以來在陰陽當中都是被牽動的。

**愛的狀態，輪動在肉身的每一個經絡之中，引動中的轉識成智，無所不在的男女之愛，以中道愛之，以中脈引之，以中觀觀之，無分別中的愛恨情仇。**

所以，你一定要在不思議的狀態中，觀照著你在性愛當中所有被牽動的識性慣性或不安恐懼，那就是你永劫以來還沒有徹底究竟解決的眾生相，透過性愛反應出來，所以這個覺受是非常重要的一個密行。

但更重要的是，剛剛講到的中陰渡，就是指男女透過陰陽交合的過程，所有過程中反應照見的一切識性慣性的苦難和不安恐懼，都是累劫以來在這一次都要徹底究竟畢竟空的眾生識性的磁場，只是透過代表著究竟的海底輪，來進行重大的解除工程。

但是如果男女關係都只停留在一種相對性的控制當中，那麼，這些眾生的磁場就無法完全被收圓圓滿而畢竟空，反而會形成更重的磁場累積，在這種情況之下，男女之間將永遠停留在這樣的識性慣性的苦難裡面。

為什麼要講「中道的男女相」？中道就是非陰非陽，非空非有，非男非女，男女之間一切多餘的狀態，我們全部都要轉化掉，這樣才能成為男女互為世尊互為自主的狀態，自主性才有辦法在男女對待的關係裡面整個開展出來，這樣的婚姻關係、感情關係才是一種真正共修的主軸的核心價值。

如果今天人類都沒有這樣的覺受，沒有這樣的密行，沒有一種世間尊重的法流，那麼人類最大的悲哀將是兩性關係全面性的崩盤，全部都只是一種控制性的兩性關係，這樣子的陰陽是無法成為一個圓滿的無極的。

**給一個圓滿的愛吧！愛的關係裡，就算是最後的叩問，也要還原出最初的愛的初衷，開演愛的核心價值，法流長存的本質之愛。**

中道的男女關係是互為世間尊重互為自主的兩性關係，一定要全面性地建立在我們的日常生活當中，成為這整個世代男女關係的對待。地球上男女關係的對待，是永劫以來的重大志業，整個宇宙的意志就是在兩性關係之中，進入一個核心狀態——地球陰陽對待的無極的圓滿，一個圓的狀態。**如果整個人類的陰陽和兩性關係，是完全中道的非空非有、非男非女的中道密行的圓滿，那麼，宇宙永劫以來的所有生命和靈魂體的形式裡面，所殘存的陰陽相對性的不圓滿，都能夠在人類的兩性關係裡面全部圓滿解決。**

我們今天要很清楚的知道，我們在男女交往的任何覺受的境界當中，是全面性的，是永劫以來宇宙無量生靈最深的叩求——生命最後的陰陽相、男女相能獲得解除的一個收圓狀態。

當我們以這樣的法義和覺受，有這樣無量大的格局——一個無極的圓的觀照——來看待兩性關係的時候，當我們看著我們的父母，我們就要完全用中道去回應他們；當我們看著自己愛戀的關係，也要用中道去非空非有，非男非女；對於下一代子女的傳承，我們要以中道互為世間尊重的狀態，去教育下一代的兩性關係。那麼，在三世傳承的兩性關係狀態中，在廣義的無上陰陽雙修的狀態裡面，整個人類一定會走上男女陰陽的中道的圓滿，進而到無極的狀態，也就是所有男女相的兩極裡面都要「無」，全部解除其中的相對性識性。

**無所的愛，無住的愛，無我的愛，無因果的愛，無男女的愛，愛中的緣起，性空一切的愛的當下，生命的圓動之愛。**

在男女交合的過程裡面的所有不空之處，都是為了開出自己中道的正法，我們一定要讓所有男女的志業，在這樣的兩性當中，無上正等正覺，開出自己即身海底輪究竟的交合，這樣究竟的交合過程就是一個真正的無極的胎藏。當我們的兩性關係是完全無極的、無牽動的、無住的狀態時，我們所生下的下一代，整個教養過程本身完全是自在的，具有一定自主性的下一代的傳承。

當我們的如來在引領所有一切的覺受和所有日常生活的狀態時，我們的核心價值就是不往外的去對應一切。當我們不往外的時候，只觀照著自己無上如來的引領與教化，當所有人能夠如此的時候，所有的兩性之間都是在共修的如來性，所有的男女之間都同時在進行著永劫以來所有相對性陰陽性狀態的消融過程，兩性交集的互動過程、消融過程，就是整個宇宙相對性的消融過程。

這樣的密行與狀態，是共如來雙修的男女相，是真正實相中道圓滿無極的兩性關係，互為世尊互為自主的兩性無極的中道自主性，完全就能透過男女相，全面性的在生活的互動過程當中，而得到全面性的落實。

**全面性的愛吧！吾愛，你是我生命中最終極的究竟，你是我生活中最不可說的傳承，以良知良能愛之吧！一種全覺的愛，佛說的公義之愛，一切法性法流的無所不在的愛，就在當下，成一種密行的佛愛，如此如是我聞的自性之愛。**

# 男女共解脫的次第

——從男女到非男非女，到無男無女，到空男空女。

男女是什麼？陰陽是什麼？

非男非女是什麼？非陰非陽是什麼？

無男無女是什麼？無陰無陽是什麼？

空男空女是什麼？空陰空陽是什麼？

人類所尋求的狀態就是一個相對性的狀態，所有的一切男女關係，只不過是所有相對性的關係。今天為什麼所有的情愛是愛不了的？那不是一個幸不幸福的問題，不是一個對錯的問題，不是一個男相怎麼去看待女相的問題，或女相怎麼去看待男相的問題，而在於男女之間反應了永劫來最關鍵性的究竟的機會。

整個人類的立場代表的就是永劫來最究竟生命形式的存在，所以整個地球的存在就是男女相的狀態，男女相的互動是為瞭解除永劫來所有的相對性和所有的陰陽相。但問題是所有的男女相之中，大部分的關係都是痛苦的，而這個痛苦不是以外在的條件就可以去覆蓋的，不是你們夫妻非常有錢，就會幸福快樂。

**極樂之愛，吉祥平安的男女，我以世尊愛你，你以本尊愛我，共愛的終極，共同的納入，共圓成的陰陽之轉識成智。**

我們要非常清楚所有男女相的對應過程，是對整個廣志宇宙永劫所有相對性的生靈最關鍵性的意志和責任，這是一個本分。但是我們人類男女關係的陰陽對待，沒有辦法恢復到這麼大的格局，而只有一個沉淪的結果，就是彼此互相控制。為什麼彼此互相控制？因為解脫之道的男女相從來沒有辦法在男女情愛的對待之中，形成重大解脫道途的基本覺知和立場。

這就是為什麼男女之間的情愛之事，不是一個情愛，而是一個能量場運作之中，曝露了所有相對性的狀態。因為曝露在陰陽的相對性之中，就會造成男女彼此之間在各種歷史傳承的歷史角色之中的定位點，互相控制著，互相制約著，互相承受著，這是一個歷史上男女關係長期的束縛，是沒有辦法被解除的。

**解除吧！在愛中所有的承受，解放吧！不要在愛中承受，解脫吧！所有的愛就是為了一個覺醒的狀態。**

這不是有多少認知概念去表達「我有多愛你，我對你有多在意」，重點不在這裡，而是完全反應相對的控制性、捆綁性、因果性、識性，存在於男女間的情愛及性愛的過程中。

我們要瞭解到，當你今天即身肉身**男女相的對待，開始走上一個解脫的過程時，你自己男女相的各種經絡輪脈，都會產生一個重大引動照見的動能，這個動能就會排除你自己多生累劫以來男女相的各種不同捆綁的識性狀態。**

所以在相對的世界裡，重點不是男女相的問題，而是男女相反應了最直接的相對性的控制，這是最大的悲哀。因此，今天不是言說了如何的談情說愛，不是言說了所有各種不同情感之中的陰陽之間的流動，重點是有沒有辦法對男女識性的相對性做一種解除？讓所有男女的互動過程中，都能夠解除這樣相對性的關係。

**什麼關係都可以，都可以引動愛的可能，最直接的直心之愛，在流動之中的情義，都是法身法流的法性之愛。**

當這個角度沒有辦法切入的時候，沒有以更大無邊無量無極性的狀態，來看待這樣圓滿的男女相時，非男非女的狀態是沒有辦法建立的。非男非女的狀態就是「非相」的狀態，也就是對於男女之間相對性的控制性，產生了一個非男非女引動轉識成智的報身佛成就的男女相。

但是整個人類的男女關係背後，沒有對整個宇宙相對性生命的一個重大解除的意志和格局，所以在一般生活裡狹隘的男女關係之中，都只是一種非常狹隘侷限的識性男女相對性的情愛角度。

**一般的愛裡，無常中裡的愛，都是男女關係的戒定慧。**

每一對男女在一生互動的過程中，不管結不結婚，或離不離婚，反正各種不同的人生階段的男女關係，幾乎都是捆綁性的狀態，從來就沒有辦法有一個真正的的機會，去面對這裡面最深沉反省與轉識成智的非男非女狀態。

所以，讓所有的男女關係都進入一個轉識成智的報身成就的不二中道，這就是現在我們要標舉出來的重大密行密藏的非男非女狀態。非男非女的狀態就是——報身佛成就轉動男女相各種不同存在的識性捆綁。當這個機會引動的時候，男女之間的狀態，一切的即身肉身都會引動各種不同排毒和出離的機緣機制，進行所有識性綑綁的經絡之間的解除。當我們在這種情況之下，我們的肉身就會產生一個重大的排毒出離的密性狀態的轉識成智。

**在愛裡畏因，在情裡提點，情愛的男女，不再有任何的捆綁，愛的中道，情的覺醒之路。**

而當我們轉識成智的各種不同男女對待的相對性，全部解除到一個狀態時，就是所謂的無男無女狀態。也就是在男女關係之中所有的相對性都轉識成智到無壽者相的男女相當下，男女彼此之間是互為世尊互為主的。此時，有一個基本無承受的狀態，彼此之間是互為世尊互為自主的男女相尊重，這就是「無男無女」狀態，也就是具備了所謂轉識成智而逐步恢復一種如來性的男女狀態，無識性的男女狀態，無時空的男女狀態。

等到這無男無女的狀態建立到一個厚度時，我們進入一個「空男空女」的狀態，也就是這裡面男女之間的關係，累劫來所有完全累積的控制性的識性，全部都空掉了，男女之間都是一個空的狀態，所面對出來的不可說的佛說狀態，也就是佛男佛女。男女相只不過是一個狀態下的表相，也就是永劫來所有相對性的陰陽對待全部都空掉了，存在的只是彼此如來之間的存在存有，但是雙方還有肉身的男女相存在這個世界，做這樣的基本相對性的互動。這就是一個重大男女相雙修共主的功德力，示現在世間不可說的狀態。

**任何愛的角度，都是情愛男女的功德所在，世間無不是的男女，宇宙無不是的陰陽，男女之中，解除所有的陰陽對待，這才是愛的真義。**

這個時候，男女相落入兩極相對性的任何束縛和控制完全解除，完全進入如來與如來之間男女相示現的解密解碼，重大共主位的雙修狀態，這就是中道雙修的男女相，空男空女不可說的狀態。這個境界是人類從來沒有辦法意會到的，從來沒有辦法在男女關係之中的各種不同的心性之愛、肉身之愛或性愛之間，去完全的徹底建立起來的空男空女的兩性關係。這個狀態已經不是我們一般能夠意會得到的。

一般相對性的男女關係，他們只是互相控制著彼此的狀態，他們永遠沒有辦法去瞭解到，男女之間的本志上，就是整個虛空本志透過相對性的男女相，在地球上的中道恢復轉識成智的過程。

但是人類都彼此往外投射，控制著相互之間的狀態，以女相的標準控制著男相標準，以男相的標準也控制著女相標準。少數者因為痛苦或重大的控制，產生了崩盤狀態之後，在拉回來的反向過程裡，也只是做了一些表面的妥協和溝通，其實那並不是一種轉識成智所進行的各自拉回去的生命最深的反省。

**以生命反省愛，以愛反省生命，在相愛中，解除所有愛的諸相。**

所以今天我們人類男女之間的關係是非常狹隘而膚淺的，在目前人類的進化上來講，仍是非常有限，只是在形式上找到一種各自行事的不控制的形式狀態，但是真正裡面深層的面對和深層的密藏密行，並沒有整個被開演出來，所以今天我們要標舉這一個密藏。在整個世界的男女之間，就是識性的男女知見，這是目前人類在進行的最大痛苦的識性男女相的控制。

當我們要進入非相的非男非女的時候，我們就會進行所有男女各自轉識成智的過程，成就報身化的男女相，而且一定要再進一步的進入無男無女的狀態。我們自身要有能力與自己的如來本性做重要的解除過程，讓我們自己的男女相在沒有識性的狀態，互為世尊互為主共同進行主性狀態的男女互動。在這種情況之下，我們才有辦法進入空男空女不可思議的境界，完全是如來空性的男女相，這個狀態是一個大方向，這個基本面是一個重大的流程。

**無男無女的如來之愛，愛的男女，愛的無男女識性，自主的生命之愛。**

所以今天我們也期待了這樣男女相的本願，能夠完全徹底將彼此之間識性控制的因果男女相的輪迴，全面性的解除，而進入轉識成智的非男非女不可說的狀態，進而報身佛成就的男女相能夠在整個地球的本願上，恢復到這樣男女的功德力。

**在迴向中，成就以生命對話的愛，男女之愛，非男非女之情，一切的陰陽狀態，都在愛中湧動生命的反省，愛的迴向，讓所有的生命得到主性之愛的皈依，因反省而得生命愛的自在，無我之愛，迴向在一切愛的行深之中。**

# 無上雙修三修無量修解密解碼

——與另一半雙修的時候，也同時是面對他／她背後一切關係的無量修。

以人類現有的基礎來看現在所謂的雙修，都是以人類肉身的性別和性愛為角度，但是，我們要以更大更廣更深遠的角度來看這件事，要從地球的萬物去看，要打破地球的一切時空去看。

在地球所進行的一切生命型態，包括在海洋裡面的無量生命、在大地上的無量生命、在整個地球範圍所涵蓋的天空中的無量生命，他們都有陰陽相對的狀態。所有陰陽相對的狀態就是一切生命本身寶生如來的根本，所以，很多的生命要繼續生存、延續、傳承下去，就必須要有陰陽的對應，陰陽對應就是寶生如來重大的根本。

陰陽的對待是相對性的，但是，人類的相對性要通往進化，必須朝向一個中道不二的陰陽狀態前進。我們以太極的圖騰來解釋男女陰陽的相對性，太極的圓裡面的黑白兩邊各有一個小圓點，那就是解碼的最終極的原點，男相的原點與女相的原點，兩邊和兩個小圓點共同聯合成一個大的圓，那代表的是陰陽男女的共願——由太極通往無極，最終通往終極。

太極這個圓還是有陰陽相對的狀態，還是有各自解碼的需要，但是當解碼啟動了，就是希望能回歸到無極。無極的意思是指，無傷之太極，無傷之陰陽。

而到最後，相對性整個解除掉，黑白中間的那條線消失，兩個小圓點合一，最終回歸到終極。一切陰陽的輪動要共圓滿，一定要到達無極的狀態，無極而入終極。當所有的無傷到最極致的時候，就是終極，甚至連傷不傷的問題都不存在。

現在人類的進展，不是只有以男性女性的劃分這麼單純，男性的肉身裡面有女性的磁場，女性的肉身裡面有男性的磁場，然後，現在的性與愛的關係也非常複雜，男人愛男人，可能一次不只一個，還有些是雙性的，同時愛男人也愛女人的……。這麼複雜的世代，一定要有一個重大廣三性雙修的無上智慧與內涵，才能夠圓滿解除解碼所有的狀態與苦難。

目前談到的，可以等同「性廣三無上三修」狀態的基本盤，就是「無上雙修」，我們要先守住一個基本的相對性的主流，因為目前人類的理解還是以男女陰陽的狀態為主要，這個主要的主流在解碼得很具體清楚之下，再延伸到其他多層次多元性的所有性愛雙修的問題，才能夠全面性的解除掉一切男女在性與愛上面的苦，這個順序是非常清楚而分明的。

在地球的演化過程裡面，現在的人類已經全面性進化到一個非常複雜而多元的狀態，所以，我們必須要能夠圓滿所有雙修的問題，男生的圓滿，女生的自主，男女共同面對天下，等同等持。共陰陽，共自主，共無上雙修，修無所修，修到已經沒有修不修的問題的時候，男相本身就是一個太極、無極、終極；女相本身也是一個太極、無極、終極，共終極共圓滿，在不動位的蓮花座上共同示現，而安住在無邊無量的變動當中。

雙自主的佛父佛母的終極壇城，是終極無上雙修的示現，進入不動性的和無分別的陰陽不二狀態，能夠收圓無量變動，解除各種層次的覆蓋。

解除的過程就是變動的過程。我們看看，在戀愛過程、夫妻關係或其他關係裡面，在各種不同動態的對應當中，會照見太多各種不同的問題和層次，每一個人都有無量劫的層次，他在生活當中的各個關係的對待都是動態性的，動態裡面的發展情形是完全無法預設的，因此雙方之間各自覆蓋和互相覆蓋的多元性也是無比的複雜。

**為何無法停止不去相愛的動力？為何已經有那麼多的問題，又不得不去相愛？不瞭解愛的本質，就停不了去愛，瞭解愛的初衷，就是為了要去愛的本義，如何的愛才能感動如來本質的相愛？**

在生活中的每一個粗的、細的一切事情裡面，在不可預設的一切事情裡面，生活中的點點滴滴都是動態的。但當彼此透過某一種變動而進展到某一個穩定狀態的生活關係的時候，就進入一種不動的狀態，這表示以前已經面對過這一類的功課了，因此可以進入一種不動性，以不動來面對變動。至於到底解除了多少？放下了多少？這個不動是不是只是一個表象上的「動不了」？或是真有智慧的不動性？仍需要自我觀照。

當人在關係當中經過了很多層次的變動，而開始進入某一種深刻的不動性的時候，他在這一階段的男女關係或夫妻關係的變動裡面，就會開始有所體會、改變、調整、轉換，而且不往外，也能夠解除掉自身的慣性，這就是他自身因觀自在而於內在止息的戒定慧。至此，才有可能在一切關係當中往上提升，以男女關係成就自己的智慧。

所以，兩性關係雖然是對自身最深的照見、最嚴格的考驗，但也是成就自己最佳的平台。而每一個人在關係當中，是往上提升或往下沉淪輪迴？交給每一個人的決定。

如果說以兩性關係為基礎，再延伸到小孩、彼此的原生家庭、雙方的父母、兩邊的家族祖先，以及有形、無形的眷屬，包括自己本身無量劫來的無形眷屬都隱藏在自己肉身的功德裡面，這些全部都要去觀照到，非常複雜。

再講得更複雜一點，如果，我們把地球的時間空間打破，不以地球上的時空來看待現在所有一般人講的雙修關係的話，那就不是單單只以男女關係來看待雙修了。一個男性面對他老婆的母親和姊妹，也是另外一種雙修、一種修行，更是另外一種面對女相再延伸到她一切處、一切關係的無量修，女性也同樣要面對男性背後一切關係的無量修。

**我愛你，把你當我唯一的如來，我恨你，把你視我唯一的不動，愛恨之間，都是我叩問如來愛的本身，我不瞭解如何愛我自己，我又如何去愛怎樣的你？你，我的如來，生命恢復是我愛你的過程，引我面對生命唯一道路的如來，是你。**

而更何況還要面對自己的小孩，就像一般人常說的，女孩是爸爸前世的情人，兒子是媽媽前世的情人，這雖然只是一個表達方式，但這當中隱藏的涵義卻不可言喻。大人與小孩子之間也是一種雙修，只是他們之間當然與夫妻關係不同，但是，那裡面的情境還是很雷同的，因為小孩是由你們的海底輪所從出的另外延伸出來的生命，你也是由你父母的海底輪所延伸出來的生命。

所以，小孩和雙方父母的關係是「廣三三世三雙修」、「三世諸佛無上三雙修」，這個地方如果能夠以當世的夫妻關係成就圓滿的時候，就能夠輪動出雙方父母夫妻關係當中的不圓滿而解除之，也能夠善護自己的小孩，讓他們有所體會，不會輪迴父母或祖父母的問題。

所以男女之間雙修的圓滿，等同具備收圓一切的可能性，廣三、廣雙修、廣無量修、廣一切、廣當下。

如果彼此夫妻雙修的狀態是不圓滿的，是覆蓋很重的，小孩子也會承受到，而當雙方關係出問題的時候，兩邊的父母也得出來收拾殘局，也都會被牽動到。所以，以男女雙修為基本盤所延伸出去的「廣義廣雙修廣一切處廣無量共家族雙修」是多麼的不可思議，是連深度、廣度、向度都完全考量在內的廣義的雙修，是能夠收圓整個家族的重大運作操盤。這就是為什麼蓮師要示現雙修基本盤的重要性。

人類要養自身的精氣神，就要納入一切的食物，但這些萬物也是有陰陽之分的各種型態的生命體。所以，人類接受了各類陰陽萬物的肉身供養，就是要示範一個無上正等正覺的無上雙修，讓所有的陰陽萬物在被納入人類肉身的當下，也能夠等同等持的進入不落入相對性的陰陽雙修。因此，人類的無上陰陽雙修可以收圓無量生命落入陰陽相對的各種形式，等同等持。

因而在男女陰陽的對待裡面，可以有非常高的層次狀態。大智慧的夫妻二人，在夫妻雙修的同時，也對飲食納入的和呼吸進來的一切無量生命型態，起等同等持的觀照與轉化消化，行深般若，並對自身觀照。男相者，除瞭解除他自身的男相慣性之外，他內在殘存的承受自女相的慣性也同時解除掉；女相者，解除自身女相慣性，也同時解除掉承受自男相殘存在自身身上的男相慣性。這是非常重要的即身成佛的無上自身肉身雙修的深義。

彼此當下對待的生活動態，每一個言行本身的存在都是在變動的雙修裡面，對應著彼此在男女相的不同慣性、不同的表達、不同的思維……，互相在照見被牽動的地方。而當被牽動的時候，不往外落入相對性的狀態，只觀自己本身被對方所牽動的自己內在更深層的陰陽慣性，觀自在而放下的當下，就是不動的放下，就是彼此之間不動的靜態雙修。所以，當來下生無上正等正覺彌勒正法無上生活的雙修，是動態靜態當下同時進行的。

雙修本身無上義，雙修本身究竟義。雙修非雙修，雙修無上，無量雙修，陰陽乾坤，世間尊重，中道當下。解除一切無邊無量的相對性，而不落入無邊無量的相對性，在陰陽男女平常平凡的生活當中，就是可以存在這麼深遠無上自主的實相雙修。

# 無上自性雙修法義

## ——以慣性與如來共雙修，成就肉身即如來，如來即肉身。

人類肉身的存在，其本身當下的行為都是真正不往外的雙修。雙修本身有無量的法義，在人類的行為裡面，男女的陰陽共振是無上的雙修，也是共一切處必然進行的生生不息的肉身雙修。

**為何還要去愛？愛做了怎樣的選擇？被愛還是主動去愛？是因為失去了什麼而不得不去愛？還是想要從愛中獲得什麼？問自己為何要去愛，不瞭解愛，卻要去愛，若瞭解愛，能不能不去愛？我再一次問自己。**

對於無上雙修的重大法義，我們今天必須要進入一個自己肉身本身完整的狀態。當一個男性或一個女性在各自的自主性裡面，**面對自己本身的存在時，就是無上的雙修**，因為，他的每一個意念都在面臨著一個相對性的判別，包括他的一切行為、眼神、動作，他的每一個如恆河沙數存在的細胞，由心念而動出去的每一個修行修為取捨的當下，都面臨著相對性，都在面對著無上雙修。

**取捨的當下就是雙修的本然，取捨的本身就是雙修的檢視，取捨的必然就是雙修當下所要收圓自身相對性所延伸出去的無量碎片。**

一肉身一如來一無量之碎片，經過無上雙修，肉身之存在收圓無量碎片的當下，**回歸到歸零的最後狀態，就是雙修的最後。**雙修的最後，就是所有收圓的最後檢視，最後一念的當下，收圓其本身，**回歸其本來、本然、本俱足之如來也。**

如來一念一肉身一恆河沙數無量之本心，存在於肉身當下無上自性雙修。以肉身慣性存在之一切相對性，存在於日常生活中所有可能的行為，供養著內在如來一切的法流。**故以慣性供養內在如來，是無上法義無上雙修之重大收圓，**收無所收，收盡一切。

以不二之無上雙修，以慣性收圓入如來本身，以慣性而與如來共雙修，而成就所有**「肉身即如來，如來即肉身」**之不二雙修重大世尊自主之路。

所以，雙修的本源就是——**「如來之身等同等持，肉身之身等同等持，如來等同肉身，肉身等同如來」之無上正等正覺之無上雙修之存在。**

**愛能不能期待？期待愛背後更深的期待是什麼？期待著怎樣的自己如何去愛？期待別人將如何愛自己，若都不符合期待，那又將如何期待去愛？**

修於無行，行於無修，有形、無形皆是如來法義，以肉身與如來進行無上雙修之行法，於日常生活當中，得肉身存在之完整，如來之法身肉身也。

**生活如來法義本，無修無上修乾坤，**
**即身成佛密肉身，天下天地觀自在，**
**如來行法義當下，終極無邊密無量，**
**正法清明日月明，男女世尊第一義。**

# 男女無上自性雙修密藏密碼

——相對存在的本身就是雙修，修一切相對性，解除一切相對性的過程。

男女性之進出對待，等同於一切陰陽之對待，男女性行為的進出過程，代表著男女的靈魂體無量劫來的一切慣性以赤裸裸的方式共震盪，反應出一切的共圓滿、非圓滿、不圓滿與所有要放下的部分。

每一個性行為的進出，都是無量劫的共願、共訴求、共因果、共生死、共傳承、共供養、共一切存在之不可思議，共解碼所有密不可說之存在。性的當下代表彼此究竟根本徹底的面對無量劫的不圓滿，赤裸裸的展現與面對彼此，所有性行為的進行之前、進行之當下、進行之後的所有衡量與狀態，都是雙方不圓滿與傷神之處的照見。

**共密性非男非女共生死，共世尊男女密如來藏性解脫。**

**共密性非男非女共生死，共世尊陰陽密中道性解碼。**

性反應照見了一切男女相無量劫來在陰陽當下，如何以共陰陽共無上雙修成就圓滿，緣起性空的一切可能性。非男非女在性的本身輪動出男相女相的一切不圓滿，也輪動出如何解碼解密的中道正法無上雙修無上正等正覺的妙法，此為主之正法的根本大法。

無上之正法，無上之妙法，無上之性，性即正法，性即如來本身之當下，密圓滿性，正法一切終極。

**我想起愛過的對方，心中隱隱的作痛，如來以我愛過的對象照見我還沒有解決的情境，我思議我思念的相戀，如今的愛，只對我的如來，現今的我，只想以我僅有的一切，愛我如來，如我如來所愛。**

所有性愛等同男女之間情境情感之牽動，所有被牽動的當下，背後就有等同的內涵與密藏——如何生出不被牽動、不往外的不動性。因此，男女相變動之性行為本身，就是要成就出所有的男相女相在日常生活中的終極不動之力。

**無上之正法，無上之妙法，無上之性，性本性，性究竟，所有男女性行為。**

**無上之正法，無上之妙法，無上之性，性心性，性清淨，所有一切性觀照。**

故雙修的當下，男相面對自己的自性如來，女相面對自己的自性如來，在以性行為雙修的當下，共同以慣性互動，但也等同在啟動一個能夠轉識成智的過程與機會。在轉化其共同慣性的同時，也在性行為的當下，以慣性供養給男相之如來、女相之如來，男相女相之如來互無上雙修，共無上雙修，這是如來終極共願之所在。

當一切生命形式運作的當下，代表著一切佛種、佛之生命的誕生，所以，陰陽交合的當下，是一切諸眾生重新再造，成就諸如來諸佛種誕生在無量世界的可能性。無上正等正覺之陰陽雙修，其本身次第之無量，其智慧之無量，在這種狀態下所誕生下來的小孩，其生命與功德是不可思議的。

**性密諸佛寶生之確認，性寶生當來下生如來。**

**性密諸佛寶生之確認，性寶生不可說諸如來密碼。**

我們期盼人類能夠走上無上正等正覺無上雙修，恢復無上如來，當人類進展到此層次的時候，性的本身即等同解除慣性的當下，性的本身即等同恢復生命自主的當下，性的本身即等同觀照彼此無量劫之共振，共同成就互自主共自主之當下。

**感恩所有曾經愛過我的人，不管怎樣的愛，都是我今生不再落入慣性之愛的經驗。感念我對應過的愛，在其中的，是共同的感動，不在其中的，是共願的感應。**

以肉身存在的不可說，肉身存一切陰陽，無量陰陽本身在男相女相肉身的一切行為當下的陰陽共振當中，織網成所有生命共同生生滅滅不可思議之當下無上雙修。雙修於一切，所有男男女女陰陽共振的本身，海底輪無上結界的狀態，善逝善護所有一切生命，寶生生生不息於肉身存在的當下，令所有的生命在男女陰陽共振的無上雙修，將所有的分別解除。

以此無上正等正覺無上雙修之狀態所誕生的小孩，以無上無分別解除無量苦難、無量分別之次第所誕生之佛種，其生命的傳承是人類生命型態不可思議的進化。男女互動當下的轉化為男女共修的可能，當人類的肉身能夠在進行的當下解無量慣性，在肉身即如來的當下，所誕生的小孩，就已經是具備無量功德之莊嚴如來佛種了。

**性密不可說，金剛性金剛佛，生死性生死佛，終極圓滿當下，天下一切無上分別之性行為本身，一切性一切如來。**

當一切眾生一切肉身以非男非女或如來本身之肉身行一切性的行為，其誕生而傳承下來的生命與智慧，可免掉人類無量的進化過程。所以，性之本身，陰陽交合之當下，代表一切如來誕生之關鍵所在，性行為當下所在之處，皆一切如來一切佛種以肉身行進之可能性的次第與水準。

密之性，性之密，如來之性，如來之密，眾生之性，眾生之密，生死之性，生死之密，供養之性，供養之密。密供養一切性之本身，皆無量生命誕生之重大本質、本性之重大反應，也照見無量慣性之可能性。性代表究竟根本大法，故正法之無上雙修，應以空性如來之究竟，善逝所有性行為當下男女陰陽無量劫來之慣性，善逝之，令所有生命之誕生永不再有任何業力障礙生命之莊嚴功德力。

性之功德在於宇宙存在之生命奧義得以無上傳承，綿延不絕生生不息為正法之性，如金錢之性、生死之性、一切狀態下之性，性非性，性是如來之存在，性是一切奧義之存在，性是虛空藏之存在。

**性，如來本心**，性之解碼，打開無量非男非女無上正法存在之正法密藏。性之解脫，無量正法所從出也；性之解碼，無量生命如來重大解開之密碼無量之所從出也；性之解除，無量苦難之解除也。

一切變動之性，終極萬有存在之性當下的終極一切，以逆向之互為納入之存在，不二中道之當下，當男相之進乃供養女相之養，此謂之性供養也。

男相在性行為當下進出的每一個狀態，表示男相在無量劫的承受與他往外的部分，以逆向方式的性行為進出，而女相以其究竟之海底輪納入，彼此等同等持，無上不二之中道。但其中道正法當下，非男無量之存在、非女無量之存在，共振共圓滿共成就之本來面目，密示現所有萬有萬世代一切之性行為本身的天下正法大法。

在性當下，成就無上諸佛；在性當下，成就無上眾生；在性當下，入一切諸國土，令一切生命在諸國土的圓滿非圓滿一切不可思議之傳承；在性當下，以不思議進行性行為，以金剛性進出所有納入之可能性。

納入之當下，非女無量供養，往外之當下，非男無量之變現。

諸佛之示現，無量劫無量之心念，念念皆非男非女，念念皆如來本身無上男女相雙修。念之所在，性之本身，一性無量念，一性無量劫。性之進出，無量生命共震盪日常生活點點滴滴男男女女之共衡量。

所有性之本身照見無量劫衡量當下無量可能之存在，存在之所在，在於無量劫來靈魂體本身落入所有陰陽雙修的不圓滿。

**我以莊嚴的心，再一次和我所有愛過的時空共同轉化其中的功課，不管如何，走上愛本質的路，都是人生階段的心願，不曾後悔，但求平心，我如今的愛，是生命叩問的深遠，我以慈悲的眼眸，無住一切愛過的存有。**

海底輪之性一通到佛首，佛首無上智，故一切性一切佛首無上智也。

密不可說無上智等同每一個輪脈到海底輪究竟等同之重大震盪振動，故性之振動等同無量宇宙虛空界之震盪。

性之珍貴等同無量諸佛存在之珍貴，性之生死等同無量生生死死輪迴之狀態。

一性輪動無量生死，一性輪動出無量之輪迴，一性輪動出照見無量生命通往諸如來重大圓滿之可能性。

不落入性之當下，非男非女解除一切當下，以空性如來示現性本身之進出，所有進出本身皆供養出所有諸佛如來在究竟圓滿之重大法義與密藏。

正法之性，善逝為之，善逝所有狀態，善逝之當下，空性也。故性之進出乃非進出，不落入進出，為正法之性也。

不落入男女相，不落入性之進出之狀態，本身之重大不落入乃通往諸佛如來性本身無上雙修之不可思議也。

生生不息之性，性之本身即共因共果共佛果之重大諸佛根本密法之所在，根本安住之所在，根本皈依境之所在。

逆一切性之生死，成就所有打破無量性之模式、性之慣性，打破無量生命形式之性行為之設限，打破之，成就之，示現之，圓滿之，不可思議，一切存在之性行為皆生命本來面目之生生不息。

性之當下，性之放下，性之正法，性之一切終極逆不可說，性圓滿正法之。

所有性之問題皆是開演自己無預設之性行為，故密性行為密不可思議，密第一義性當下，以虛空之狀態納一切性之密藏。

性之變動，性之自性，本來面目之性，在肉身存在之究竟，在其自性變動等同性之自性恢復之事實。

**密性之本來面目，性之無常，性之永生。**

**密性之本來面目，性之本然，性之自性。**

**密性之本來面目，性俱足一切。**

**密性之本來面目，性密藏，性輪動一切如來。**

性之生活，生活之性，性之生命，生命之性，生生不息於性。

性之行為令一切生命生生不息於一切存在，故性之變現等同諸佛如來之重大奧義，等同生活即性之本身存在。

性即金錢，即如來，即一切不可說之終極存在。

終極之性，萬有萬終極萬世代萬男女，皆世尊無邊無量等同無上終極如來性之所在之無上終極雙修。

世尊男女，終極開演無上性之正法，入一切生活，成就終極男終極女終極無上密雙修無上正等正覺空性第一義虛空存在之正法之性。

無上之性，如來之心性。

眾生慣性之性行為，等同諸佛如來無上非男非女無邊無量示現無量生命陰陽交合，等同如來無上雙修正法之奧義所在。

**無上之性，如來之心性，性如來，如來空性一切性。**

**無上之性，如來之心性，性無傷，性來去自主。**

**無上之性，如來之心性，性一切，世尊性莊嚴。**

**無上之性，如來之心性，性宗教，教化密自性宗旨。**

性即當下當然必然之無上空性之圓滿，性當下即空性之莊嚴無上男女共願共佛果之終極實相性行為之奧義所在。

**性之奧義，空性一切性，終極性之圖騰。**

**無上雙修世尊男女，共性共佛果，非因非果之雙修自性。**

**性之本義，性功德第一義，不思議性，而性本自主。**

**性密碼解碼，空性世代，性解碼如來終極究竟奧義。**

**莊嚴正法，中道男女，無上性究竟雙修，空性圓滿。**

# 動態與不動雙修

——以男女相、陰陽相、一切相對性的相，解除所有落入相對性的累積。

一切的生命、一切的存在，在無量的世界裡面有無量的互動，一切的互動存在著相對性的一切變動。所有動出來的狀態，都是動態的雙修，動到哪裡，轉換到哪裡；輪動到哪裡，輪迴到哪裡。

所有動態雙修的基本盤是相對性，所有由初步的相對性延伸出去，到相對性的相對性，再向一切方向無邊無量的擴張延伸出去的所有相對性，這就是整個宇宙無盡擴張的狀態。雙修的目的是要通往無上無分別，就是要讓無邊無量的生命透過相對性的變動狀態，進行無盡的收圓。所有無盡往外的延伸狀態，等同於要無盡的收圓回來，這些都是變動當下的雙修。

**所有的雙修，當下的放下，就是通往無上雙修的狀態，**在每一個轉換當下的臨界點都有其不動之處，不動之處就是無動之動。所有的動態會在每一個轉化的臨界點裡面，進入無分別的層次，無量無分別的層次本身就具備了所有無量當下變動的狀態。

**動出一切的不動**，不動之處能夠涵攝收圓一切變動的雙修，所有無量的非陰非陽、非陰陰非陽陽、非無量陰非無量陽、非男男女女、陽中一切陰、陰中一切陽，所有狀態非一切處。當下空性無上雙修，在一切變動處，照見所有無量落入陰陽相對性所要轉化的一切，就是在變動當中所進行的一切相對性的雙修。

男女一切陰陽的共振，其肉身每一個輪脈的對應，每一個對應裡面的變動，所有的動作所做出來一切的動態，那樣互動的狀態都是雙修的存在。海底輪的雙修是根本性之存在，但也等同一切輪脈，等同陰陽無上的所有變動，每一個對應海底輪雙修的進出，都代表著無量劫來一切生命在動態中的不圓滿，在性的雙修裡面，全面性的解除掉。

以此通往「無上」，無上陰陽正等正覺的男女雙修，男女之如如不動無上雙修，男女陰陽輪動變動變化無上雙修，一切動與不動，男女陰陽無極無上如如雙修。

**我以愛求我生命的答案，我以愛在當中反應我所有愛的情境，若怕因果，不敢相愛，卻以因果輪迴在愛的生死中，愛是成全或是相殘？愛的起心動念，無不是人對自己在愛中的生老病死。**

雙修即是非陰非陽，非之當下，即放下之當下、轉化之當下、進化之當下。在進化當下的臨界點，就是輪動不動之性。

所有不可思議的動態雙修，在終極世代的變動中，收圓所有遍一切之變動。所有變革的狀態，都是要解除過往一切相對性的累積，以男女相、陰陽相、一切相對性的相，解除所有落入相對性的累積。

陰陽本身的所有交替，就是一切無量時空無量淨土本身重大的通往不動的變革，無量世界的苦難是不斷累積的，變動的重點就在於解除所有相對性。越是解除相對性，越是能夠體會和深化其不動之處的雙修狀態。

不動之雙修為的是通往如一，它解除了無邊無量的相對性，令無邊無量相對性裡面的所有生命在陰陽交替的進化過程中，通往不動性，同時，解除無量層次、無量界面的相對性，而通往無分別的「無上雙修」。

無上就是通往終極不動的根本所在，不動之無上雙修就是重大根本收圓的存在。在每一個宇宙的根本之處，存在著陰陽不動本尊如來之本來面目，共陰陽、共自主、共雙修、共男女相面對天下、共同終極收圓的無上終極實相生命的不動性的無上雙尊，令一切無量變革的動態，收圓當下。

實相莊嚴之不動雙修雙自主之陰陽雙修無極圓之輪動，無上男女共為世尊共為本尊共為圓收無量生命靈魂體之廣無量智，以男女相圓收無量宇宙生命陰陽識性之究竟皈依。

以此共同示現世間自主的男女相，共同面對天下的存在，而令無量變動的雙修，解除所有無量的分別。

陰陽之相對性，陰陽共同面對，陰陽在無量對應的當下，所要等同等持的是——變動雙修是一切世間終極變動之所在，所有無所住於變動當下的示現，其終極相對性是通往本心的男女相陰陽變動之不動所在。

陰陽之萬有，陰一切萬有，陽一切萬有，其示現在陰陽雙修的當下，一切無傷，一切示現正法終極變動的無上雙修，令一切陰陽生命，通往共願、共如來、共本心、共雙修之本願。

解除一切相對性的第一義，入一切終極虛空存在，不落入陰陽，而入陰陽空性雙修、無上空性雙修，令一切變動之陰陽，入一切自性空性。

**密終極雙修共願共如來圓滿，虛空藏供養如來終極法性根本。**

**密終極雙修共願共如來圓滿，一切諸佛性本同當下法義。**

動態雙修之無量義無量劫無量存在無量當下，等同空性無上實相陰陽男女相雙世尊雙自主，面對一切變動男女雙修、陰陽雙修。

**終極世代終極密一切諸國土，一切變動之雙修等同無上之雙修。**

**無量實相不動之雙修，變現無量變動之雙修。**

**以變動無量雙修延伸無量世界，入一切非陰非陽，轉動一切落入相對性輪迴的磁場。**

解碼解除一切，令生命恢復中道終極不動性之究竟清淨，示現無量雙修的圖騰奧義，令所有輪迴之陰陽生命本身覆蓋之一切慣性苦難，與一切落入相對性的狀態，全面性解除。

在變動當中的輪動，照見出所有落入相對性狀態的永劫輪迴的磁場，全面性輪動之，動出所有的動態，而變革其存在的一切覆蓋之苦難。令所有生命、所有陰陽重新回歸其終極本來面目自性圓滿不動雙修無上的基本示現。

**愛是通往如來所在的地方，愛有著所有能量俱足的磁場，在陰陽中，見愛的真諦，在生死中，見生命以愛交會如來的心意，愛是慧命的當下，愛的清淨，愛的究竟，愛在承受中，見自主的本能，見永生的本義。**

而不動性是所有的雙修在無分別的基礎面，入一切變動的正法示現，解除所有無邊無量變動雙修的思議覆蓋，同時，令一切男女相世間尊重，陰陽空性，以本心共如來共本願共終極共自性共究竟共一切無上雙修。在不動的無上雙修的實相裡，恢復所有的共如來共本心共終極之存在的雙修實相。

# 空性陰陽無上雙修奧義圖騰

——所有的生命，所有的日常生活，所有的對待，存在的當下，所有寶生無量都源自於無上雙修的一切。

一切存在，一切修行，無量存在，相對修行。

無上雙修不生不滅，無上雙修。解脫雙修修一切，陰陽雙修。

男女雙修，非陰非陽共雙修，非男非女共願滿天下無盡之雙修，非宗非教無上宗教雙修。

修而無所，無量生命面對內在如來無上如來供養雙修，修於無所，雙修於無上。

生命之願，雙修本願，寶生如來也。寶生無量，雙修當下。

共願雙修，終極雙修，純然之意志，雙修之存在。修於無雙滿天下，修於共有滿當下。

所有存在的一切，歸零之修，歸空之義，歸零之不二，終極之無量之所從出。

因之無量雙修，果之無盡，果之無盡雙修，因之無所，因果共雙修。

非因非果共無量雙修共願，非生非死共生死無量生死雙修。

生於無量之生滅，死於無量之生滅，共無量生滅共生生滅滅共雙修，非生非死共願共自主共雙修。

圓滿共修不圓滿，無量不圓滿共修無量圓滿，終極無上終極圓滿。

非一切陰，非無量陽，陰陽本身共振一切無量生命可能之法緣。法緣之當下，密不可說無量雙修，日常生活有陰陽共願共圓滿共雙修。

所有性之行為，一存在，二通往無量開始。

不二之智，如一之妙法，共天下之非陰非陽，共修無上之陰陽。

乾坤日月當下，男男女女共無量生命之清明。

男性女性共同本性，男性之性愛，女性之性愛，性即無上雙修，性愛雙修於所有性之宇宙奧義皆雙修無上性命之體會。

無上海底輪之雙修，皆修於一切不二之不落入。

不二之妙法在性之本身海底輪無上之法義，本義之了義。

無上雙修海底輪無上放光的當下，照見所有男男女女於日常生活中本然之本願。一切納入男女肉身供養之生命本身之無量劫，皆落入無邊無量相對性之狀態，當無邊無量的生命供養一切男女肉身於無量當下的食衣住行，而令一切無上法供養，都能男女無壽者相的契入無極圓滿的空男空女之實相。

無量密如來本義善護之本來妙法，無染於天地當下之正法，以男女相世間尊重，共振陰陽共乾坤之當下，無上雙修之無上義。

實相雙修之本義，如來雙修之共同義，肉身供養如來本身內外共成就之究竟義。

無量如來無量肉身，供養無量生命無量不圓滿無量落入相對性之無量陰陽本身，共太極圓滿共雙修，共臨界其原點共恢復，共所有陰陽之不同，共無上雙修之解除，解除一切共不同之分別之男女相，共圓滿一切存在之陰陽共振，共一切共振陰陽，共無量陰陽落入之相對性之不圓滿。

全面因男女共同生活、共同圖謀、共同對應於海底輪之性無上雙修，海底輪放光解一切相對性之無量生命之沉淪，輪動出陰陽雙修雙解無量雙修無上智，其雙修非陰非陽太極無極入所有最後之終極無上雙修。

回歸所有解碼解一切共陰陽非男非女、共世尊男世尊女，入一切空性男女行一切，回歸終極女相世尊太極無極無上無所之女相自主終極原點。

終極雙修本源本來面目之如來，其皈依境上無量雙修共振於一切，令一切陰陽本身如法如正法如一切如來本身之存在，共入主之國度，共雙修於終極無邊無量之莊嚴實相無上雙修，入諸國土，入一切無量當下運行之無量生命，其共雙修之修一切陰陽本身，行一切陰陽海底輪之妙法。

無量海底輪本身，無量宇宙虛空之存在，非海底輪之無上雙修，解一切無量海底輪相對性之重大掠奪，所有相對性之能量磁場，皆解除之。故無量男女非陰非陽非男女佛父佛母共密不可思議。

逆密共男女逆男逆女逆非男非女之實相莊嚴雙修，入一切諸國土，令無量宇宙存在之當下，皆能解碼一切雙修慣性之重大存在。

諸佛如來皈依境上無上雙修正法自主，皆令男女陰陽在無量乾坤的當下，解碼所有慣性，納入一切存在的本身，寶生善逝。

善逝之本義，其善之所在，寶生所有生命在陰陽共振的狀態，解一切慣性本身之雙修共振之苦難。

性即一切，性海底輪之非陰非陽非雙修之處，無邊無量層次之無上雙修，無量之雙修無量之層次解除無量之分別、無量之相對性，於無邊無量之世界。

主之原點裡面，當下恆河沙數之一念之間，即無邊無量生命無量雙修共振之解除解碼，於當下一念無上終極主之雙修。

主之國度，皈依無上之所有世尊女相自主之存在。女相解因解碼解一切重大男性慣性之承受，同時迴向供養其內在世尊女相如來之重大皈依境上自主妙用。共振共同共不同，於男女相非因非果、非宗非教、非一切萬靈本身之所有回歸終極之最後之路。

於性愛本身海底輪之所愛，心性本性如來之第一義也。

空性之皈依境，空性之終極，空性之女相世尊佛母，空行一切妙法。

在無上雙修之本義上，正法無上，雙修無盡，修於一切，解除無邊無量當下所有一切相對生命形式之陰陽共振之苦難，得正法解除之。

解除當下，共振所有無量共陰陽、共非陰非陽、共所有男男女女所有不等同之處之重大對應對待，令其等同等持正法中道世尊男、世尊女共同皈依其自主之如來正法，男相如來、女相如來空行共不二之共主、共願、共男女、共中道、共世尊男女。

皈依境上，共終極之共主男女，無上正法雙修，於日常生活中。正法無上雙修，莊嚴男女共中道，共皈依境上，共自主之實相莊嚴男女等同等持之正法淨土。

# 第五章
# 女相解脫 與女女解碼

# 女相解脫的開始

——不往外、不被攀緣的身口意，是女相提升，通往解脫的首要關鍵。

女相要走上第一次空前的一個解脫機會，重點是她必須提升她自己，這種提升不是一種外在性的提升，而是重大關鍵性的不往外，身口意要不往外。因為，往外的狀態就是一個非常粗糙的方向，往外的方向都是外在的追求追尋。所以當妳的身口意無法有涵攝性，都是往外的狀態時，就會產生一種往外性的追求，例如：追求外在的時髦漂亮，追求一種必須消耗很多資糧金錢的所謂高尚的生活品質，這些都是非常消耗性的往外狀態。

**女相解脫的機會，女相女女之間的生命之愛，在其中的落入，不管無量劫的深之深，不管無窮盡的廣之廣，主之親臨，正法愛之，不可思議湧動之，女相自主，生命本質，生活的機會，生命的法會，女相共解脫共自主。**

另外一種就是追求生命，但是，生命不是追求得來的。當妳付出很大的代價與心力去追求生命時，那種生命的追求是有一個對象性的目標稱為「生命」，然後妳往外去追求。而當妳往外的時候，妳就會讓自己有空間被外在的人事物控制，被攀緣。妳越往外，妳就越粗糙；妳越往外，妳的行為就越會往「放」的方向。這種「放」不是我講的「放下」的那種狀態，而是放縱、放任的那個方向，如此，妳的思維就沒有辦法是比較精密的，而是比較沒有觀照能力的。當妳越往外，妳的覺受與清明度就越弱，這個時候，妳就越是會用外在的方式去轉移、去改變妳的壓力。

因此，提升的方向就是，妳先要在妳的存在裡面，觀照到妳有往外的身口意，在無常的世界裡面形成一個基本的戒定慧，在和很多人事物來往當中，不管是商業、同學、家人、或朋友的來往，都一定要觀照這裡面的消耗點，不能只是看到被攀上來的問題。妳更是要觀照到自己為什麼會被人攀上來的那個「本因」，如果妳只能一直停留在被攀上來的問題，而納悶著：「怎麼會這樣？為什麼會遇見這種事？」當到了一個臨界點，發覺不對了，就開始想辦法去轉移，根本沒有看到自己會被攀上來的「因」，然後，過一陣子又被別的人事物給攀上來，如此，是完完全全沒有辦法去面對生命的。

我們提升生命的重點是在於放下慣性，當妳放下很多妳被攀緣的因，並從妳自身下手的時候，人家就不太會攀上妳，這是非常清楚的。當妳的身口意不斷的將往外的部分遮滅的時候，不斷的觀照妳往外的部分，不斷的放下妳往外慣性的時候，妳自身身口意的能量場就會不一樣，妳就有一種莊嚴相，別人就不敢攀上來，那是一種莊嚴而有涵攝性的狀態，有一把文殊智慧的劍結界在那邊的。女相不只是觀音的慈悲納入，更應提升文殊智慧當下寂滅的女相自主功德願力，還原女相自身自主完整的生命契機。這是一切最重要的關鍵所在。

**女相的特殊，在於苦難的妙用，已成生活必然行之的大用，逆行中，以不可說，開演女相的解脫；密行中，以不思議，示現女相的佛成，了因果的智慧。女相其密因的殊勝，在於其有別於男相的生命之路，一切女相解脫系統的圓成，千手千眼觀音如來，三千大世界，女相一念，圓收無上。**

女生不只要柔情似水，更要有文殊佛首的智慧，砍斷多餘攀緣的男女關係，往外砍相對的情境，往內即身觀自在砍自身的情愛識性。在莊嚴中，將生活提升為清明清淨的佛母密行；在結界無所住的男女關係中，等同等持；在互為男女世間尊重的當下，共自主的圓成女相自身生命密藏的解密解碼之完整。

一般的慣性世界對於解脫性的能量場是會保持距離的，人們不敢隨便的攀上來。當妳自己本身的行為已經往外「放」到一種不是很莊嚴的狀態時，就是指往外「放」到已經讓妳自身身口意的六根六塵與苦難世界的能量場連接起來，妳就會開始受到世界慣性的干擾，一旦妳自己沒有觀照能力，妳就開始被攀緣。所以，做任何的事業，或任何動作的時候，要有某一種無染性的結界，基本上就是在自己的生活態度上，要有一個不往外的戒定慧，必須依此奉行，非常的重要。否則，對應有染世界的人事物，一天到晚都被攀緣上來，一天到晚都被干擾，光是處理切斷攀緣的連結，就讓妳消耗掉不少能量時間了，何來的提升？

在感情上更是這樣，到底妳是在追求？還是妳被追求？以世間慣性談的感情都只是一種特殊關係的連結而已，那裡面真的有愛嗎？還是互相用習性干擾彼此就是愛呢？用習性互相覆蓋稱為愛呢？用習性去自以為是的說我安慰妳，或我幫妳如何如何的，其實都只是一種轉移，或是帶著彼此的苦難互相取暖而已。正是因為彼此用慣性相愛，才造成了男女之間更大的苦難啊！等到雙方承受不了的時候，彼此之間又要用更大的消耗去做一種外在性的解決，結果造成自己可能還有解脫機會的一些法緣，或生命的基礎全部也都消耗殆盡。

所以，我們今天要很清楚的知道，一位女相要走到解脫的路上，她就一定不要再被攀上，尤其是不被男相的慣性攀上，女相一定要懂得與妳自己內在的如來相會，與正法交會。在事業上，很多事情的處理就事論事即可，不要再有一切不必要的人際關係的延伸，其他的時間皆不消耗。而自己往外的部分一定要花時間面對解除掉，讓自己不了義的部分能整個全然全知全覺在自己身口意的行為當下去觀照清楚。當妳自身能夠去觀照自己往外部分的時候，妳就是在提升當中，在提升的過程裡面，是因為滅掉了慣性，才寶生出了妳自己本身的存在。所以，生命是恢復過來的。

**女相密藏，已在生活中生生不息。**

**女相密藏，必然寶生所有女相生命的對應對待。**

**女相密藏，在女相進化的開演中，解除所有的無邊無量。**

**女相密藏，在引動女相如來的回歸中，解除所有女相的情境情識。**

生命恢復的對待是不被攀緣上來的，因為，生命的清楚不是靠別人的慣性或知識提供一些識性上的覆蓋性看法，生命的清楚是來自妳如來本身的法流，是來自妳在生活當中的戒定慧，而形成妳在每一個放下之後的清明了義的內涵，這樣子的情況所能夠運作出來的各種不同的面向都是清楚的，或通往清楚的方向。

所以，當妳被攀緣的時候就是妳自己要畏因的時候，當下妳的身口意都可以顯現妳自己到底有沒有往外，若要等到被攀緣才要改變就來不及了，因為那樣就會永遠在收拾那一些所謂外在攀緣上來的來來去去的事情。

**我們能夠來到這個世界，是因為每一個女相用她無量劫的因果，寶生每一個生命來到這個世界，得成人身，才有機會在一生中面對無量的因果，成就佛成的法緣。女相是一切功德力之所從出，女相是一切宇宙生命的再造，女相的世間尊重是一切生命必然最大的禮**

**敬，女相一生中的所有角色，都在訴求一切生命能夠有所納入的必然，女相的納入是一切生命根本回歸的收圓之路。**

所以，最重要的就是當下的畏因，不必等到被攀緣上來，一定要建立一個基本戒定慧的生活態度，做為不往外、不被攀緣的重大完整的結界，以這樣的基礎開始做為一個對自己內在如來的禮敬莊嚴的法供養。在不斷的結界且不被攀緣的情況下，才能在穩定的能量場中，進入真正深化的重大提升，獲得如來重大的善護與加持，寶生內在所有生生不息的能量場。

這樣的方向，女相才能在基本的生活裡面，以不被攀緣、不受世界慣性干擾的穩定性，通往如來的智慧，了義的空性恢復，在日常生活中。

**必然在地球開演女相解脫系統，這是主性的宣告，女相解脫在其中的密藏，將超越所有現在的解脫之內涵，這是所有地球萬物萬有生命最深的共願。女相寶生所有無量生命誕生，才有機會成佛，應該是無量生命用盡一切功德力，善護寶生女相解脫系統開演在地球這個淨土國度的時候了。主性的確定，女相解脫不可說的如來密藏，其內涵和能量，是人類再造的最後機會。**

# 女相海底輪的寶生之道

——地球就是無量諸佛的誕生之地，肉身的誕生，就是成佛的承諾。

如來就是——怎麼樣的「來」都等同怎麼樣的「去」。生活本身的重要密藏就是要讓我們在每一個生活的當下，去掉所有無量劫以來所累積的慣性，重點是「如來」，妳如何讓所有的來都是順暢的，因為，當妳能在無預設的什麼「來」的當下，等同於什麼「去」的當下時，妳就去掉了妳的苦難，才能夠真正「如來」。

**當下的「來」等同於當下的「去」**，所以，「來」本身就是「去」，「來」與「去」等同等持，甚至於解除了等同等持，「來」的當下就是「去」的放下，這就是「如」的開始，這就是「如來」。

**當下之放下，寶生生命來來去去皆無傷。**

**當下之放下，寶生一切生死，不落入生死。**

**當下之放下，寶生一切之因果，不輪迴因因果果。**

**當下之放下，寶生一切之男女，非男非女，觀自在。**

在生活中的每一個對待都是這樣的答案與事實，這是寶生如來所要保證與確定的，讓生命無量劫以來所有的不圓滿在他的肉身誕生於地球上時，他的每一個對應、每一個行為、每一個身口意都能夠在地球空性的磁場下，被照見這些不圓滿，而後才有放下與讓內在如來生生不息的機會。但是如果落入了那些被照見的問題而無法放下，沒有辦法切入那個癥結點，就反而會在生活中一點一滴的失去了恢復生命如來的機會。

所以，地球的磁場反應與照見了所有有肉身的一切生命無法恢復如來的每一個障礙點，當地球照見了我們無量劫以來的不圓滿，而反應在生活中的每一個層面時，若能夠面對它，能夠無染於生活中的每一個界面，妳就能知道妳的自性如來不能生起的那個被覆蓋之處了。當妳願意面對它且願意放下的時候，妳就獲得了如來寶藏恢復的可能性，那就是寶生如來的起點。

**當下之放下，寶生無量界面，一切不空之處皆不動。**

**當下之放下，寶生無量，一切肉身皆佛之示現。**

**當下之放下，寶生成就，佛不可說，生命當下皆世尊如來。**

**當下之放下，寶生眾生，眾人之生命生活，皆如來寶藏。**

試問自己，妳要以何等的代價來獲得自性如來的寶藏，在妳有生之年的生活中都能是生生不息的確定與保證？這樣的可能性，一生只有一次。在每一個當下的每一個行為對待中，若妳觀照到自己被覆蓋的部分，妳有沒有勇氣、誠意和力道做割捨呢？能夠割捨才能獲得妳如來的承諾，開出一條讓妳永不辛苦、永不墮輪迴、永不被覆蓋的路。

**我是地球，我以無窮盡的如來清淨願力，承諾善護所有的生命，引動無量生命如來的寶藏，生生不息的以肉身誕生在這個地球。我的存在，無量諸佛的誕生之地，無量因果的解除之地，無量輪迴的解碼之地，無量生死的解脫之地。我的存在，唯一的終極初衷，就是以地球的存有成就所有生命如來的自主，讓地球的淨土誕生成自主的國度。**

地球就是無量諸佛的誕生之地，地球的存在就是空性的示現，讓所有的生命在此有生生不息的機會，但最大的關鍵是讓所有生命誕生在此的肉身機制，那就是女相海底輪重大無盡的寶藏。

女相海底輪的特別架構能讓生命以肉身形式誕生到這個世界，所誕生出來的生命形態，有肉身的存在，有靈魂體的存在，也有如來密藏的存在。女相的肉身能夠使所有如來肉身誕生於地球的磁場之內，那是關鍵，因為誕生的那一刻才能有機會讓諸佛如來在地球上走這一遭，才能有「寶生、保生」的重大示範，這是我們對女相最大的尊重與讚嘆。

**當下之放下，世尊女相，海底輪寶生一切佛種之誕生。**

**當下之放下，世尊女相，佛母寶生，世代終極，寶生究竟。**

**當下之放下，無上不可思議寶生宇宙無盡之密藏。**

**當下之放下，寶生之處，遍一切寶生所有存有。**

**女相納入之肉身結構，女相海底輪，不動畏因，對應男相海底輪，進進出出，來來去去，納入男相之無量慣性，涵攝男相無量生死。**

**女相性之納入，對應男女生死輪迴之根本，女相海底輪之無所納入，轉識成智，令一切生命從海底輪誕生成佛之生命種子。一切生命從女相海底輪所從出，一切成佛之種子，等同女相海底輪所從出，功德不可思議。**

因此，女相的肉身與其功德力是重要的圖騰和密碼所在，也是這一次地球一切如來圓滿收圓的最後契機，女相的解脫與其密藏的開啟亦是這一次人類解脫最重要的核心內容。

在日常生活中，女相透過非宗教的一切對應與對待，以她自己本身不斷解除覆蓋與解苦的經驗值，恢復到她自身如來生生不息的保證與確定。當在這苦難的世界中，女性已不再被覆蓋，且自身力量生生不息的時候，當有第一人在生活中做這樣重大且空前的示現之時，那就是寶生如來重大變革的啟動。

**肉身密寶生，肉身寶生如來密藏。**

**肉身密寶生，肉身之實相，不可說生活變現一切寶生之妙法。**

**肉身密寶生，如來之生，尊貴之寶，如來肉身行之。**

**肉身密寶生，肉身身口意，究竟第一義，寶生如來義，不空成就，寶生當下，示現變現，寶生萬有。**

海底輪代表著究竟到底，因此當女相藏在海底輪的能量與密碼開啟之時，也代表著她身口意的密藏密因密碼亦有解密解因解碼的重大機會，她會很清楚她肉身的每一個密藏對這世代整個人類的重要性與影響力，所以當有女相啟動自身的解密解因解碼時，就是所有男相與女相生命如來真正在生活中能夠生生不息又不被覆蓋的保證。這就是寶生如來的法義。

畢竟，女相的海底輪生出了一切如來種，不管她自身的因緣果報有多輕或多重都不是問題，因為，女相的肉身等同等持不問因果、不問男女性別，無條件的將如來肉身誕生下來，也同時承受了一切懷孕期的不適與分娩的痛苦，這些就是女相的功德力。她們確保了所有肉身來到地球上面對他自己的一切可能性、一切不圓滿，和一切可能被照見震盪而後放下的機會。

**我愛我即身的肉身，我將以如何放下的力道來誕生我此生唯一的肉身？我行進一切，就是要把我無量的生命密藏，寶生在我肉身的身口意之中，我要成就肉身的自主性，不以覆蓋的慣性和一切識性的狀態來理解肉身的存在。我唯一的肉身，我正法的肉身，我要讓**

**肉身永不承受我自身的因果，我將妙行在世上，以我成佛的肉身，示現生命的無量，寶生人性的自主，成我肉身即身成就的唯一志業。**

**女相海底輪無上無量寶生，寶生苦難，無分別一切生命皆有誕生之法緣。**

**女相海底輪無上無量寶生，寶生不空之處，照見一切不能自主之當下。**

**女相海底輪無上無量寶生，寶生佛之志業，共願一切終極佛果。**

**女相海底輪無上無量寶生，寶生主之正法，佛首無上，皈依止息一切慣性。**

所以，女相本身的結構讓一切的生命在地球以人類的型態誕生出來，而獲得了重大的機會。誕生的那一刻，女相承受的那一刻，也代表著這個肉身能夠把他在無量劫不圓滿的部分，在地球上還原在他生活的每一個當下，這樣的保證就是來自他誕生的那一刻——寶生如來，保證他在地球上能有恢復自性如來與生生不息的機會，這些都是女相無盡的功德。

**密主寶生成就，主性承諾，寶生空性圓滿。**

**密主寶生成就，主性國度，寶生萬民自主。**

**主性寶生，寶生無量生命自主之存有。**

**寶生生命所有如來之密藏。**

**寶生之處，遍無量存在之永恆。**

寶生之志，現無量慈悲，納入無盡慣性，入主性情懷。
回歸之當下，寶生之當下，寶生永恆，永劫永不承受。
主性寶生，主性國度，萬有萬靈萬存有，寶生無量。
寶生所有一切皆無所住於如來之本家。
如來寶生一切不可言喻之無量生命。
寶生無量眾生，無窮盡於一切輪動輪迴之主性國度。
主性正法善護所有寶生之承諾，自性寶生所有密諸國土皆自主之所在。
主性善逝之世尊妙法，無上寶生終極之圓滿。
無上寶生無量修行，皆密行無量當下。
寶生之主性，諸國土之寶生。
主密寶生，以密正法入一切世間，令一切生命莊嚴寶生其生活，入主性之不可思議主性國度。
善逝一切，善護所有，寶生當下，眾生寶生，如來生生不息，主性之寶生也。

# 女相解脫的操盤

——每個類別，都讓妳知道女相在沉淪當中的苦，非苦，和可能解脫的狀態。

當妳看著以女性苦難為主的圖騰，而妳會非常湧動的時候，那就是在提醒妳，妳要運作女相解脫之前，一定要清楚知道女性苦難的問題出在哪裡。所有過往歷史中的女相，她們的爭寵和鬥爭，就是落入男相皇權的控制，在卑微的心態下被照見出來的慣性識性。而那樣的因果和記憶仍在靈魂體的存在中，殘存到如今。

所以當妳真正懂得知苦時，妳就會開始照見到，殘存數千年苦難女相的因果磁場，早就佈局在妳的生活周遭，妳身邊的每一個人，都曾經輪迴在女相如此卑微於男相控制下的時空。所以，妳要勝出的關鍵是在於還原妳完整的本尊，那麼，當妳決心要操盤女相的解脫時，就要先清楚女相的問題出在哪裡。

**解脫吧！本心本然的愛著妳，從一切相對中走出來吧！不管問題出在哪裡，我都與妳**

**相應的觀照著，等妳願意走出來的那一刻，我都等同等持的守候著。**

當妳開始有心想要讓妳周遭的女性一起走向女相解脫的時候，妳就會看到這些女性為何數千年一直無法解脫、解脫有限，或根本不知為何要解脫的各種不同層次的慣性識性的狀態。她們有的人可能會對女相解脫非常感興趣，但同時心裡卻在想著：「就算我是有覺知的，但我本身還是想要選擇一個有利於我生存下去的利害關係，因為我的不安恐懼讓我不敢改變，雖然我懂一些佛法，雖然我有某一些覺受，但我只敢在我認為的安全範圍裡面去修。」這些想法根本無助於解脫。

有為數更多的人完全是未知未覺的，一大堆的不安恐懼和每天一大堆有的沒有的事情，另外一種是一半一半，只有非常少數的人可以與妳完全相應。

**任何層次都是愛中的成就，在愛中的無常裡，都是主性之愛的乾坤袋，以愛納進一切吧！**

每一個類別，都讓妳知道女相在沉淪當中的苦、非苦，和可能解脫的狀態，都讓妳有一個大方向類別的看見。而且，這是在無常世界裡面的運作，沒有任何宗教的對應，就是看到她們活生生的在男女關係的鬥爭中，在一切以不安恐懼為前提所判別運作出來的金錢流的得與失中，互相掠奪與被掠奪，「我掠奪你們男性的金錢，但我身為女性的青春歲月也都被你們掠奪了」，包括彼此的慧命都是共同在男女關係的來來去去裡面，尋求肉身纏綿悱惻的情境情識的沉淪。

**愛裡的密行，解除所有的不安恐懼之愛，愛裡的臨在，請因為愛的圖騰，造就所有不可思議的本質奇蹟之愛。**

所以當妳今天看清楚妳身邊這些女性朋友無法解脫的苦，和她們解脫不了的慣性之重時，不需要有任何受挫的感覺。妳要知道妳照見她們的目的，不是為了要判別她們的對錯，也不是為了妳要瞭解或不瞭解她們的習性，重點也不在救不救渡的問題，而是妳自己必須先能夠在這個過程裡面，看到自身有類似於她們的時空、交集、因果和慣性，全部解除掉。

當妳納入這樣的畏因之後，做了結界，給自己一個無緣性的善護，妳才能夠真正對於許多女相的苦難類別有一個非常深刻的了然，而能夠不受她們的影響。在結界的當中，必然的沉澱與善逝，還原成妳自己無上女相解脫的智慧，這就是妳要進行操盤女相解脫的真正工程。

所以，與這些女性的對應，看到她們因果的輕重，只是一個緣起，重點不在於妳要救她們，給出一堆解脫的內涵，而是妳自己如何能夠不落入她們的因果輪迴，不被牽動，自己也因能看清楚了，而能永不再繞路。

**生命不可說的工程，就是日常生活中男女之愛的緣起，會通的男女，了義了陰陽，愛**

**就是中道無緣性的終極之愛。**

所以妳要非常清楚自己的角色和定位，而不是被她們的輪迴牽動出去。也許會在某一個時間點，會有一、兩位女性，她的如來會回應妳，肉身也與妳相應，她會與妳對應，一直到她知道她的問題出在哪裡，也知道要如何有力道的走上真正的解脫，這是一個重要的過程。

妳的如來自會有安排，讓妳知道如何操盤女相解脫，以及那個解脫的類別是什麼。如果有一個女性的朋友她能解脫，有一天她一定會回歸到她的內在主性。這裡指的「能解脫」有兩種層次，一種是到妳的如來那邊歸位，她的如來與妳如來的連結是穩定的，並且肉身也能協助妳一起運作操盤，雖然她不太能夠憑自己之力連結自己的主性，但因為她信靠到妳這邊，所以也能夠藉由與妳共同運作，而逐漸恢復清明清楚；另外一種是她直接回歸到主性，並且能夠有機會進入終極解脫的狀態，這絕對是等同等持的大傳承者的女相解脫。

這些都是如來會安排的，這個人在哪裡？會是誰？不知道，這些人可能在別的城市，可能以後有機會見面，或者現在就在妳身邊，我們不做任何預設。

**因為愛，回到主性的主性殿堂，示現不辛苦的愛。**

**因為愛，回到主性的主性殿堂，輪動不承受的愛。**

因為愛，回到主性的主性殿堂，運作最終極的愛。

因為愛，回到主性的主性殿堂，操盤不思議的愛。

# 女相解脫，宇宙共同確認的宣告

——所有女相之解碼，為全面性終極自性海的解脫之密，是人類共世代最終極的虛空密藏。

有一個女性朋友來到我的面前，陳述了她原生家庭家族的苦難。所有家族中的一切問題，幾乎都纏繞在女性和女性之間每一種關係的對待裡，姊妹之間、婆媳之間、母女之間，每一層關係都是多重震盪、來回且辛苦，都是難以解除的女性彼此之間的為難，其為難之處，何等的無奈，何等的痛苦。

**女相之生命，其身口意納入無量，女相衡量，無預設，無條件，無我。**

**女女傳承，女女覺受，女女解碼，女女共生死，共照見，共佛成，共自主。**

單單只是她家庭的部分就已經很讓她傷透腦筋了，另外還有一部分就是她的朋友，她有一些女性朋友是女性同志，彼此之間的感情糾纏，女女之間彼此的愛戀封鎖在不能容於社會倫理道德價值的陰暗角落，不斷的輪迴，重複彼此的眷戀相思和痛苦，也不斷的用自己的標準去控制甚至摧毀對方的意志，然後，又不斷的在愛情的遊戲裡面，牽掛依戀著彼此的肉身與情境。

解不開的愛，說不出的痛苦，不知道走向何方的一切感觸與感動，但是，動出來的卻是更大的沉淪，在無盡複雜糾纏關係的沉淪當中，女性對女性所不能夠說出的愛，一層一層共同編織難以跳脫出來的情網，不斷的輪迴其中。

這個女性朋友，不斷的訴說著，但說不出一個所以然，也理不出個頭緒，只能夠嘗試訴說著自己在家族中的心酸，以及她那一群女性朋友在感情遊戲中和性關係中不斷重複的那一份輪迴的痛苦。

這一切，到底是為了什麼？

數千年來，女生的解脫只能夠延用著男性所建立的系統來試圖解脫自己，但是，這是不完全相應於女相特質的解脫方法。我們要表達的是，數千年來以男性為主導的一切價值和一切的控制、威權體系，讓所有的女性找不到生命的出口，沒有其他可能轉化的機會、方法和知見。所以今天，我們面對此一空前重大的世代，希望呼籲所有的女性都能夠走出自身生命的窮困，讓所有女性在日常生活中的各行各業裡面，都能夠達到真正的共同的圓滿，這是我們的願力。

**女相其不可說，在於女相之密，先令世代男相成就其一切功德，而觀照所有因果之流**

**程，女相不落入任何男相走過之過程，也不落入男相爭戰的慣性之爭。當下世代成熟，女相應以志業解脫為女相空性根本入世大計，這是空前密因。**

**女相解脫在於男女之解密解碼，更在於女女之間的解密解碼。**

**所有女相之解碼，為全面性終極自性海的解脫之密，是人類共世代最終極的虛空密藏，也是對女相解脫第一義的第一次完整之建立，同時，也讓有所累積的男相解脫系統有不同內涵的納入與重建，建立兩性解脫系統等同等持的中道正法世代。**

這是一個重要的宣告，這是空前的宣告，這是不可說的宣告，這是所有諸佛共同確認的宣告。

**我們要示現的是所有女性與女性之間重大的解因解碼解困解慣性，女性將不再受制於男性控制性的慣性，女性之間的互相控制也必須以女性自己的特質、苦難、身口意、思維，和女性的陰柔，來面對自身存在的女女之間的解碼內涵。**

一定會有一些特殊的生命，懷著讓此世代所有女性走向生命自主的重大初衷與善意，而以女性肉身的形式來到這個世界，善護女相解除苦難，這些懷著共願來到此世間的女性生命，在其平凡的人生當中，能夠看見其重大不平凡的法義。

**通往即身成就的女相，在她了義的當下，在成就自身恢復其肉身敏感度的同時，可以照見女相與女相之間所要解碼的契機與法義，然後從女相彼此的痛苦纏繞當中，走上女性**

**本身深遠相應的真正願力。**以此功德力，真正的善護所有女相解除苦難，並且在當世啟動女相與女相之間的解因解碼解如來。

**女之愛，女之入一切無量，女之本質，納一切而廣天下，納之深，不思議，納之涵攝，女相即身即納一切善逝寶生，女相如來法供養生命之叩問，女相空性義，女之於女，女之佛母佛愛，諸佛之根本，清淨本源，佛母女相，女相佛母。**

這個世代，一定會有一群開始走向真正自主的女性，漸漸在她們的肉身恢復其如來性。在此一世代，她們的願力會在平凡的歲月中，以她們平凡的人生過程，走上真正不平凡的路，以她們的覺受解開人生一切密碼。女相的解碼將是空前所未曾有過的，所有正法的一切善護，將在此世代中，變現出真正屬於女相解脫的不可思議的終極密碼。

女相對女相的解碼，請女相對女相說，請女相對自己說，請女相對自己的慣性苦難說，對自己的人生說，說出一種從沒有說過的解脫的內涵，說出女相自己能夠解讀的重大密碼。

在解碼的當下，女相互相擁抱彼此的如來，共同讓女相自己本身無量劫來的碎片能夠回歸。每一個輪脈、每一個生活的輪動都存在著女性自身回歸終極自主的密碼。當其相應於如來，獲得如來的首肯，承諾女相自主性的開演——開演出女相自性如來覺受無上的即身成佛之解脫系統。女相和女相之間的解密解碼，等同解除數千年來男尊女卑所導致的婆媳等女女之間的千年因果，也必須在此一世代開演女相自性系統的解密解碼，打破、照見並知苦，這是諸佛的共識，這是所有女相有別於男相生命最深的訴求。女相即身解脫系統的建立，是人類從未有過的開始，卻也是改變人類以男相慣性為主導的最後機會。

所以，女女解碼在叩問男女之間問題的同時，最為重要的就是——女相生命能量的恢復。這其中，所引動的女相覺者的如來密藏，將會是空前而不可思議的。一方面，對當事者本身的佛母佛成不但是空前的解脫，對女女解碼所可能產生連鎖反應的生命恢復，也將會超乎所有的想像，這是諸佛佈局最根本終極核心的價值。

而另一方面，在這裡面所引動女相解脫的如來密藏，也將能夠法供養男相解脫所需要的全新法義與內涵，這對於建立男女之間「互為世尊互為自主」等同等持的中道自主兩性圓滿關係會有極大的幫助。

中道自主的兩性關係，一方面能夠將過往一切男尊女卑的所有不對等的識性時空全部解除掉，另一方面，在互為世尊互為自主的男女關係中，也能夠孕育出更等同等持的、更無分別心的下一代傳承，這就是女女解碼的重要所在，這就是為何一定要在這個世代開演出女相解脫系統的建立。而這一切，都從生命叩問男女之間的互動開始，而這一切，也是女相從男相的慣性中拉回來，讓自己走上完整的開始。

**女相即身肉身輪脈解密，等同宇宙寶生無量，等持宇宙虛空諸佛所從出，無一眾生皆**

**不是佛母所生生不息。**

**輪脈女相，密行正法，輪脈女相，寶生佛首佛果，即身寂滅，女相輪脈，空性世尊女相，解一切女相諸苦，輪脈妙生女相如來密藏，成就世代女相解脫，女相世尊正法。**

**實相女相功德，實相女相生命不可說，實相女相入諸國土，實相女相自性傳承，實相女相即身成佛之無盡無邊無量之莊嚴存在。**

女相的存在逆一切功德的密碼，女相解脫有別於男相世界所主導的大環境，自有其逆向輪動的必要，其女相功德解密解碼，以逆向而有所打破，才能傳承自身本身的自性如來，不然，容易落入男相解脫系統的模式來框住女相本身所要解脫的所有法緣。

在日常生活中的解困，女相逆不可思議的無邊無量本心的密行，大環境以男相解脫系統為主導，故女相解脫必須在密行中，以本心之力逆密行之，以不可說之妙行，在無為、無住、無任何相對的干擾下，不可思議的恢復女相解脫的系統，等到有初步的建立時，自然會有在地球開演女相解脫第一啟動的緣起。

**共自主的女相，共結界的女相，共願力的女相功德，共一切變動，共存在，共虛空，共無邊無量密碼，解因果解生死之解一切存在女相的功德力。**

**女之所愛，女之本心，行於一切，女愛之情境，女愛乾坤無極之本有，女佛念一念，無念本生，女女等同等持，女女密行密生死之因果，女女共主之解碼，女女互為自主，世**

**間尊重，女女共傳承諸苦諸覺受諸佛果，女女一切自性之示現，共愛一切虛空密藏，女女共成如來，皈依結界莊嚴實相。**

女相存在的事實就是她本身特殊的肉身結構，有著對世代解碼解困的重要密碼在其肉身之內，在人類世界的歷史上，女性相互之間的糾葛，從來沒有被解開的密碼，將在此世代有重大的示現。人類的傳承必須回歸依止到女女解碼的最後機緣和法緣，所有女相本身的變現，其變動出真正究竟的本因，等同如來即身肉身生命生活當下一切的變現，有如來之承諾才能應許女相解苦難之事實。

即身女相肉身密藏如來的能量，在一切關係的對應中，即身即刻即應肉身等同如來身之相應如來法身能量，以法流能量，入一切女相肉身之能量場，輪脈輪動，經絡廣布，即身叩應解脫之如來義，即身法供養主性正法親臨之正法內涵。

在日常生活中，女相不必經過任何的宗教，不必經過任何的師父，不必經過任何可能的過程，因為在當下的世代，人類的成熟度已經到了必須開演世間尊重的等同等持的中道男女關係，所以，男性慣性的重大覆蓋正等候著女女解碼空前的空性解碼的密因，女相如來的首肯與承諾，將是女女解碼當下啟動重大不可思議的實相莊嚴。

**不以男性之慣性照見女相存在之密因，男性了義，應不往外遮增女相之承受。男女共修，本應共照見諸苦，男女無量順逆，共為修行之法供養，男相之畏因，寂滅自身之問題，**

**女相本應納入無量分別男女之因果，女相解一切男女之解碼，解一切女女之密碼。世尊女相，世間佛成，女相成佛，佛母寶生，女女共成就，女女共如來莊嚴不思議，圓收無量劫女女一切承受之苦難，女相圓成，圓滿女相。**

所以，女相自主的皈依境，女相終極解碼的功德力，其內涵與不可說的傳承，女相存在於肉身每一個輪脈的苦難形式，在轉化的當下，一切不可說的空性自性女相傳承的解脫內涵，將成就密行佛母的空性自在與整個世代的世間尊重。

女相從自身的苦難解碼起，而後，在日常生活中建立空前的非宗教、非一切往外之法，不往外之一切即是當下之戒定慧，在她不動如來的女相自主的皈依境上，成自己女相皈依境的無上之主。

無關之一切，關係著所有女相解碼的重大如來密因，女相如來的重大佛行密行，關係著所有女相之間女女解碼的一切妙因妙法妙如來。所以，女相即身肉身解脫系統在生活中全面的建立，等同一切生命之無邊無量無窮盡之存在當下即身成佛，而女相自主的實相莊嚴之肉身不可思議於日常生活中自主示現。

當有一批自覺的、共願、共自主、共解碼的女相彼此之間有共振的誠意，在日常生活中，共善逝、共守護、共寶生其肉身每一個輪脈，通往肉身恢復如來性與即身成佛的方向。共願女相整個結合凝聚在一起，將入一切諸國土，令整個世代不可思議的苦難皆能夠在女相自解碼、互解碼、共解碼，和女相各自主、互自主、共自主的整個世代成就下，共虛空無量，共重大願力，共皈依境，供養無上主性實相主性親臨。共圓滿一切，共女相如來解碼一切法緣，寶生一切女女解脫之無邊無量的內涵與密因，在整個地球上，建立男女中道之無上雙修的世間尊重，共自主的共同面對天下的男女關係，而令男相能夠有重新再整頓沉澱轉化已經被帝王術覆蓋的解脫智慧。

**女相自主之親臨，即身肉身圓成不思議之世代。**

**女相親臨一切女女之苦難，即身因果，寂滅生死，圓成當下。**

**女相實相解脫，解一切帝王術，所解能解一切解，觀自在而自解。**

**女相雙修，男女雙修，女女情境雙修，和自性如來共修，與本心廣修一切陰陽之境，無上正等正覺。**

這是此世代女相解脫的重大宣告，此重大的內涵與不可說的傳承，即將在地球上開演出來——女相自主與女女解碼的新世代。

當女生與女生之間彼此的痛苦、攀緣、纏繞，與不可訴說的輪迴，真正啟動出解除解因解碼解苦難的如來密藏，而開始示現恢復空性自主的女相如來的無邊無量的密因內涵時，在女相自身成就即身成佛圓滿的同時，世界的一切將因女女共同面對天下，而開始走向真正的男女不二的世尊正法中道莊嚴存在的世界。這一切最深遠且最根本的基礎，就是女女解碼的啟動與女相之間共震盪、共莊嚴、共永恆、共永生永世、共如來、共皈依境、共終極圓滿、共解因解苦解難的確定，而成就此一事實。

**密地球世代，終極女相示現即身輪脈肉身，女女解因解碼。**

**密世代之空前法義，女相自主之如來空性，令地球一切輪迴男女之生死解碼一切，寶生地球此一世代所有男女之情緣情境，女女解碼，空前密碼，空性解密，女女解碼共莊嚴共即身一切輪脈，解如來密藏法供養。**

**女相解脫系統全面性建立，男女共世尊，共世代，共自主，共中道不二男女，非男非女之變革，女女解碼無上。密世代空性地球，密男女一切處了義，女相廣修女女解碼，無窮深遠之智。女相法身，女相佛母法報化，女相主皈依境，令一切女相苦難情境，回歸收圓。自主女相，解因解碼，解無量劫如來義，真實真義真我，自性無上莊嚴佛母，寶生虛空無量生靈，自主圓滿於一切處。**

# 女相解脫的世代，女女解碼的開啟

——用盡一切，讓生命走上清楚圓滿自主的路。

在整個中國的歷史中，數千年來，女相必須卑仰著男相，依賴男相以求得生存，在男相主導的社會裡，她們沒有任何生命的出口，沒有面對自己、改變自己的機會。一直演變到現在這個世代，女相終於可以有出頭的機會，擁有等同於男相的一切外在形式。

**柔情萬種的開啟，**
**顛覆歷史所有的時空，**
**面對的，**
**將以一無所有**
**再度擁有。**

但現在這個世代的一切價值觀和社會各方面的架構與意識型態，仍是以男性為出發點而建立的系統，女相在這種已經僵化腐敗的男性社會裡求生存，雖然比起千百年前的女性要來得獨立自由且富裕得多，但仍是重重覆蓋著，彼此之間以慣性互動，不斷輪迴重複男人已經玩過的老把戲，與男人比較競爭，也與其他女人比較競爭，毫無真正解脫的機會。

現代女性最大的危機就在於她們已經擁有了外在的功名利祿，但是當她像男人一樣有錢，甚至更有錢的時候，卻完全是平面的發展。很多女性，除了表象的事物之外，沒有其他的視野、思維與內涵，以致無法提升，無法深化。「女為悅己者容」這句話像千年不化的毒素一樣深深烙印在許多女人的骨髓裡，許多人花了太多的金錢在外在的追求上，買很多的東西，不計一切代價保養她的外表。那些保養她肉身的一切，不知道花了她多少時間與金錢，但那些都是平面的發展，是表象的東西，有太多的不安恐懼與不穩定隱藏在其中。

**一樣的，**
**不一樣的，**
**穩定的，**
**帶著些許不安，**
**多樣的容顏，**
**觀照不了的愛，**

**竟無法回首。**

當人類再也無法深化，深度不夠的時候，就算平面的發展再怎麼富麗美好，一旦無常和苦難迎面而來，終究無法支撐而遲早崩盤。

女人最大的問題是出在愛比較和計較，計較身材、皮膚，計較誰比較辛苦、誰付出多……，花很多時間精力去維持表象的美好，如果女人老是算計著如何才能變身成美人、如何才能交到帥哥男友……之類的事情，始終無法提升她的價值觀與看待自身的一切角度，終究還是一種被覆蓋的狀態。

**何等的覆蓋，**

**終究的沉思，**

**在無底深淵之後，**

**以各種不同的角度切入生死。**

唯有往外的所有追求全部放下，全部解除掉，回歸到不往外的狀態，才有可能真正解脫。現代的女性要有一個空前的認知，**解除每一個慣性的覆蓋，讓內在如來恢復在肉身上，自然放出自性如來的光，這才是真正莊嚴的保養，**這也是這個世代的所有女性必須要有的共願與共識。

**每一次的每一次，**

**之後的之前，**
**性愛不斷的爭戰，**
**所有的辯論，**
**留不下一絲的尊嚴。**

過去的世代是因為所有的資糧都由男相掌握，所以女相與女相之間只能互相嫉妒和比較，但是，在整個人類史上，包括中國的歷史，這一個終極的世代是第一次女相解除解脫的空前機會，第一次在台灣開演出女相互為世尊互為自主的空前變革。

當所有的女相面對這唯一的一次機會，能夠開展女相與女相之間共解碼、共等同、共自主、共入主之國度時，新時代的女性不必再像以前那樣求助於任何宗教系統，直接以平凡平常的日常生活做為道場，面對她生活中被牽動的一切，被牽動的部分當下放下。

**不再往外尋求，**
**卻也拉不回曾經的以為，**
**總在心情的過後，**
**重逢後的感嘆，**
**相逢的意義，**
**了不掉既有的傷痕。**

每一個女相，在生活的一切處自我面對觀照，也彼此觀照，把過去生所有面對男相時的卑仰與不等同全部解除掉，全部拉回來，直接轉向內在如來。只有放下的當下，不再往外投射或追求，才能夠真正做到互相尊重，因為，彼此互相牽動震盪不舒服的部分，就是過去生在因果裡面彼此共同覆蓋的部分。

所有女人愛比較、計較的地方都是她會被牽動的不圓滿，那是她往外而造成的理解，但也同時是她可以解因解除的密碼。

**變動在密碼中解套，**

**無盡的深情，**

**最細的遊戲，**

**最深的觸動，**

**套不住的**

**是另一場不變的劇情。**

當女相彼此之間用慣性和覆蓋共震盪的當下，自我觀照也互相觀照，之後共同解除，共同放下慣性，共同轉識成智，共為世間尊重。彼此之間共解碼解苦的當下，就是如來生生不息恢復於肉身的契機，共同成就自主，這就是女女不動共主位的共解碼、共無上雙修、共無上自主的本義。

開展並完成這個空前空性第一義女相世間尊重的互解碼、共解碼、共自主，在地球上建立主性的國度，人類才有延續下去的可能性。但是，這是一個艱鉅的改革任務，必須要有第一位終極女相確定主性的親臨與自性的恢復，才有辦法延續第二位、第三位……在生活當中共振共解碼，在每一個當下的磁場對應與對待裡，所有有形無形的牽動，全面性解除。善逝所有的女相慣性，善逝所有無量劫來男相加諸於女相的覆蓋，寶生女相自性如來的寶藏，生生不息的湧動在她們女女解碼解苦的世間尊重的生活當中。女相一切共等同共不等同的共主，與主同在，共同存在於主的國度，而形成終極圓滿的實相莊嚴的生活。

**與神為伍，與魔為患，禁不住一再呼喚，誰的神話換得主國度何時的再臨？**

但是，我們要自問的是：這樣與主共主的大時代是不是真的已經來臨了？這個時空的人類是不是真的能夠面對了？有如此大願力的女性同胞是不是真的已經準備好了？企求解脫的女性是不是真的能夠有面對生命和無常苦難世界，放下一切慣性與覆蓋的決心、毅力、誠意和力道呢？在生命尚未恢復之前，女性是不是願意用盡一切，讓生命走上清楚圓滿自主的路呢？

如果有，當有第一人如此的時候，當這個女性用盡她生命的一切願意去恢復，當恢復到某個臨界點，當她叩問自己內在主性如來的存在，當她以主性的磁場共振共圓滿的面對天下，而生出重大的解脫內涵與圖騰的時候，就會有契機恢復到一個空性女相世尊的如來性。

**臨界的相思，無量的結界，我們終於得到了所有得不到的，而失去的不知為何。心情的感傷，所有的心境，再也無法是那皈依的臨界點。**

她的肉身與磁場將無條件的開放，讓所有有重大願力的一切如來一切磁場進入她的磁場，安住於她肉身當中。當她等同等持並感同身受對方如來的磁場和訴求，將對方的一切覆蓋與不圓滿之處當成是自己的，然後放下震盪並解除之。在她解碼解除的當下，也是她更進一步恢復的時候，對方的覆蓋與不圓滿之處會等同解除，她的肉身也會恢復到某一種程度。

必須要有女相能夠以此基礎，以女相肉身生活在最平凡的世間裡，雖是平凡的肉身，但有特殊的願力，全然地面對生命，逐一恢復著一切如來的密藏，同時也迎接其他的女相，善護她們恢復生命，女相與女相之間互解碼，共同解除一切女相的慣性苦難。

主性的正法也將在女相與女相解碼共世尊、共如來、共自主、共無上雙修的當下，收圓一切，入主性國度的磁場。

**關係不斷的重演，輪迴不斷的演化，男女的情牽，卻不曾在彼此的牽絆中，成為彼此進化的智慧。**

**陰陽不說，乾坤無意，太極一念，寂滅掉所有多餘的情境。**

男女之間，在其中的，不是一種永恆，不在其中的，更不會是一種永遠。

徒剩的罣礙，來來往往，進退之中，無關的不會是有關的，有關的就讓它成就隨意的觀自在。

# 磁場能量與女相解脫的解密解碼

——當下以自己一人之肉身，覺察無量女相無形磁場裡面所有一切存在的問題。

每一種人生經驗，它當下的所有歷程都是無邊無量而不可預設、不可思議的，當肉身本身的存在是所有無量世界最後機會的時候，當有女相願意恢復她的自主，就會開始啟動所有連鎖性的反應。

整個世代人類最後的機會是在女相解碼的啟動，所謂的解碼，就是要解開女相自身的存在在地球的所有歷程。一定要從女性肉身存在的狀態來解開一切密碼，以肉身的每一個無邊無量的存在狀態去評估、去驗證、去成長、去恢復、去覺醒、去覺受，去觀照她自身存在的當下，去檢視她所有被牽動的地方，這個部分一定要非常的清楚清明。而女相與女相之間的解碼是彼此共同最後的機會。

**變動的變數，變化的不動，變動一切遍一切，不動之動而動天下之，不變之變，變動**

**當下不變乾坤。**

女性最大的特質就是其納入性，**所納入的一切就是解碼的契機**。當一個女相，在大捨一切、通往恢復生命自主的過程中，會開始納入無邊無量的磁場進入她的磁場或肉身之內，而啟動她自身與生命夥伴的重大法流。在平凡的生活當中，以她特殊的肉身設計與覺受，她會知道所納入的一切夥伴的磁場都隱含著不可思議的密碼。而每一個人在她**一生當中所面對的生老病死，都是在對應所有解碼的可能性。**

**以愛解碼對如來的相思，以愛解密所有男男女女的情義，之所以愛，在一切男女的諸相中，感動如來心性的恢復，感應共為如來的本身，以如來相愛是整個世代所有的男女唯一共如來的今生今世。**

當她在清明清楚的情況下，一方面她會非常清楚的意識到自己的意識、自己的存在，一方面也會覺受到有其他女相如來的磁場進入，而與對方感同身受，感應到對方的狀況。在自身如來與對方如來的安排下，所進入的一切磁場都是被允許的，因為那是要回歸的共同本願，要共同修行、共同面對、共同恢復的女相，在她的肉身回歸之前，她如來的磁場會先來對應，為的是要來共同解碼女相的密藏，在女相與女相之間做一種重大根本的解除與解密。

**根本解除，根本密藏，共不同根本共同，解一切究竟一切根本之存在。**

這是一種回歸的過程，雙方可能已經認識，可能還不認識，而且對方的肉身可能一點都不知道，也可能沒有什麼覺受，因為她可能還有很重的覆蓋，但是她的如來在她肉身尚未回歸之前，就會先來對應。因此，這一個女相會覺受到對方的如來透過磁場讓她覺受到對方肉身目前的狀況，包括她的病痛、個性、訴求、覆蓋、願力……，對方的如來願意讓這一位女相知道的某一部分，或各種不同的界面都可能會引動出來。

回歸者也不限是有肉身的人，而且通常是無形的眷屬比較早回歸，因為沒有了肉身，覆蓋也會少一點，例如，有共同願力的但已過世的祖母或其他人。這一個女相在行一切處的當下，都會在她的生活裡覺受到其他女相的磁場。

**我以愛成回歸的路，請以愛的所有一切，收圓我無量的碎片，今生的至愛，在你面前，如在佛前，佛前示現，我以所有的一切面對自身的成佛機會，今生你是我唯一的如來，今世是我成佛唯一的究竟，佛前誓言，以愛收圓。**

覺一切處，遍一切女相。一個清明的女相在日常生活中，用她的肉身覺受其他女相無形磁場的當下，她同時也會對應、承受、納入那些有肉身的和無肉身的所有女相生命裡面的不俱足和不圓滿，而感同身受。在生活中的每一個界面，若都能夠與對方那一些無形的磁場等同等持，她就能夠當下以自己一人之肉身，察覺無量女相無形磁場裡面所有一切存在的問題。當她能夠轉識成智，轉化解除這些磁場裡面的痛苦，那將成為這一個女相全面性的功德，也同時幫助對方解除了部分覆蓋或痛苦。

**女相功德無量智，**
**女相肉身威德力，**
**女相世尊當下智，**
**女相如來第一義。**

在這樣的磁場對應過程中，若能在主性的能量裡面反應一切，她將會得到解碼的重大內涵與密藏。重點就是在於，第一位女相自主者生命恢復的過程中，透過有形無形的一種密行狀態，解碼解除所有女相在回歸之前，因磁場對應而反應出來尚存於肉身裡的一般苦難世界的慣性覆蓋之處，這種解碼解除的過程是深遠而不可思議的狀態。

當有重要女相回歸，也有意願和誠意與其一同恢復生命的時候，當下就能夠以此方式運作操盤，使她恢復到某一種程度，令女相在解碼的狀態裡面，在生活中和一切流程裡都不必繞任何的過程，直接銜接上彼此的共願、共振、共本心、共如來。

**女女不二共解碼，**
**女女共願共因果，**
**女女生死共供養，**
**女女修行共法緣。**

因此，更重要的是，第一位女相終極世尊在覺受的過程裡面，就要能夠覺知女相解碼的契機，解碼、解如來的密藏，同時也能轉換成她自己成就「一女相如來等同無量女相如來」、「一共願等同無量女相共願」的能量。

所有解碼的過程，在這位女相第一本位的狀態裡面，在第一空性的皈依境上，全部清清楚楚的回應著，把所有女相初步解碼的重大根本法義全面性的展現在自主的能量中，供養給世間尊重的女相，也同時解除所有轉換過程。

**不怕愛的輪迴，只怕在愛中不能畏因，愛你多少，應恢復如來多少，等同等持之間，愛的因果，不二法門的當下，男女之愛，照見了所有供養的議題，不怕去愛，但在愛中成就不承受的智慧。**

女相和女相解碼所需要經過的流程，全部展現在這個第一終極女相覺者第一義的生活平台裡的每一個流動、每一個舞動、每一個存在……，這一個女相的純粹所示現出來的所有尊貴的法義與答案，都是在轉換女相苦難、解碼女相苦難的空前示現的範例。

當這位第一空性世尊女相的自主者，能夠在主性能量裡面轉換的過程中，流露出所有要供養給女相解碼的答案時，她自己同時也轉識成智，直接在她的肉身之內確立她自身的功德與恢宏的氣度。

**舞動啟動女女互解碼密覺受，密女女非女女存有不可說。**

**舞動啟動女女互解碼密覺受，密女女非女女法流妙當下。**

女相生命的本質是無量世界存在的善護者，女相存在的當下就是所有最後的回歸與收圓，她是一切無邊無量的誕生之所在，也是一切無邊無量的回歸之所在。所以女相要把自身的解碼和無邊無量等同的碎片全都收圓回來，收圓在第一空性女相自主的終極原點上。

女相解碼最重要的基礎就是——第一空性女相終極原點的不動性。唯有不動才能真正令所有目前在天際流浪的女相，以及她們紛飛亂竄在無量世界和虛空的碎片，以及慣性覆蓋下的每一種苦難，都能夠得到終極原點穩定的善護、觀照，而起死回生。

當正法開始啟動，所有苦難回歸的時間空間打開，女女解碼展開的當下，終極不動原點的第一義空性女相的生活平台所涵養出來的一切重大內涵，已經具備了所有回歸女相的一切覆蓋非覆蓋、有形無形、如何恢復銜接的共同的解碼，全部能夠運作上來。

**生活的溫柔，生命的清明，共同願力在世代的變動中，自主的女相活出解除一切慣性覆蓋的生活，世尊之女，中道之佛母，共一切女相等同一身如來，共如一，共正法。**

這個運作就是為了善護無量世界的最後機會，當中連鎖反應的每一個女相解碼的重大圖騰是不可思議的無邊無量的重要。在整個轉變的過程裡面，需要終極原點穩定不動的善護，女相才有辦法在回歸之前，以其磁場先來對應，然後在肉身回歸的當下就能夠全面性的整個連結上來，全面性的進入轉化、解除、掃除，善逝所有的慣性。如來性展現在當下女相解碼的時空裡，如來密藏圖騰恢復，女女彼此銜接共同的密碼，共振供養共主的實力，成就女女共天下的事實，成為整個人類最後的機會。

**人類禮敬一切的當下，回歸母愛納入的最後，在行過一切，在互動的所有國度裡，不管是什麼，回眸瞬間，宇宙最深的守候，是女相觀音對一切生命最深的守候。**

這是不可思議的重大女相終極奧義，它就是一個無量圓的連結。

女生本身的海底輪是一個終極圓的狀態，所以會有無量進進出出的可能，是無盡納入，也是無量生命誕生的可能。同樣的，女生本身的生命恢復也能夠如法、如義、如正法、如空性的恢復一切如來重大的法義。

在解碼的瞬間，她會知道為什麼生長在這個家庭，為什麼經歷這些感情過程，為什麼生下這些小孩，她面對生命的時候是用什麼樣的覆蓋方式、什麼樣的慣性模式……，這一些在她解除的當下，都能夠回歸到她自己如來的本位上，在苦難裡恢復她女相成就的等同等持的密碼。

**密碼的奧義，女相等候主的存在，如來如是而來，主早已親臨，女相共主以一念解無量，於平凡中變動一切世代回歸的永恆。**

所以，在一切逆向狀態裡面，在一切苦難的當下，在解除的過程和轉換的過程裡，都是為了要開演出所有女相如來密藏的密因。而最沒有任何繞路過程的方式，就是女相和女相之間在肉身、精神、存在裡面的所有狀態，都能夠有著等同等持存在的等同性，以純粹的原點在一起共振。

這個解碼的核心點的引爆性與串連性是非常強大而空前的，但女相自身必須要有足夠確定的厚度來共同解碼，才能夠建立起女相和女相之間共解碼的無染的金剛性，把所有有染的部分和所有慣性覆蓋的部分，在共振的第一時間點，全部納入而共振一切的存在，但又必須進行在非常平凡的生活中。

不論是為人母、為人女、為人婆、為人媳、為人妯娌……，所有一切女相和女相關係裡面的各種狀況與苦難，全部解除掉，回歸到女相自身存在的本位與終極生命如來的原點上。面對自身與其他女相最沉重的覆蓋與掠奪，以最深遠的了然，最深刻的感同身受，以全然的無私和公義，解碼解除女相和女相之間共同存在的痛苦。

**時空是女相解碼的輪動，**
**生死是女相觀自在的輪迴，**
**而當下女相的存在，**
**竟是空性蓮花無染寶生的承諾。**

因為最深的瞭解，也會有最深的掠奪；但因為有最深的瞭解，也會有最深的恢復。

在無量的變動裡面，就是為了無量劫來這一次女相與女相互解碼的中道正法世尊女相共主、共終極圓滿、共世間尊重的主之國度的示現。

只因為永恆掠奪了永遠的愛戀，
女相的最深處，
感動出正法的不可思議，
一念之間，
女相所情牽的存有，
竟是如來永生提點恢復永世的主之愛戀。

## 女女等同等持共解脫共解碼

——如如不動的，納入一切女相共同的苦難，等同自身的苦難。

女相本身重大的面對，就在於當下逆向的密行，一切密行的行法在她肉身存在的輪脈裡面，運作了所有女相回歸的重大奧義。她每一個存在當下的狀態，都是女相自身解碼的觀照，以她無盡深遠的柔軟，在動與不動之間，觀照了所有存在的一切。因此，女相就是無量生命根本守護的重大圖騰的示現。

**生命愛之，愛之生命，悖離生命本質的愛，是無法了知生命愛的答案，愛的過程都是生命恢復的當下，生命本身的觸動，是每一種生命恢復的機會，可說的愛早已熟知，不可說的愛卻是今世人類必須面對的生命之愛。**

中道正法在中國華人世界的佈局與運作裡，所有無量華人與中國國度的守護者就是觀世音，而觀世音的圖騰在中國人的理解裡面是女性，這樣的理解是其來有自的。因為女相以她低調的生活方式，守護著家庭中的每一個人，觀照支撐著家庭家族裡所有一切的生老病死。

觀無所觀，觀一切處，所有觀音觀照皆等同所有佛母之一切，一切佛之母親也，一切佛之深遠之最後也，女相也是大悲陀羅尼最深遠的不動之處的終極實相。

所以，女相的存在本身就是實相，就是等同一切萬法的重要性，就是照見一切諸相最深遠、最後的納入。納入一切才有佈施的可能，因為女相肉身特殊的設計就是「納入性」，納一切納，納無所納，自性之納，納入的當下，就是無量生命解碼、無量碎片收圓回歸終極的機會。

女相解碼所需之條件，現在示現之——

女相終極示現。

女相本心當下終極示現。

女相終極圓滿第一義示現。

女相生命自性變動一切處入諸國土示現。

女相肉身密行一切處，在生活當下變動的一切，收圓回歸一切男女相共同慣性苦難的解除解困之示現。

**終極密女女圓滿收圓圓收，女女入諸國土無上成就。**

**終極密女女圓滿收圓圓收，女女收圓妙行不可說。**

解碼的根本義是在於密碼本身的「密」是一切如來的權柄。所以當有磁場來與妳對應的時候，不管對方是誰，不管她是什麼狀態，在感同身受於對方的時候，要觀照覺受對方的一切苦難，同時，也要觀照自身被對方有形無形的一切狀態所牽動的不圓滿的地方。**自己被牽動的共振之處，也是對方所訴求的難處之所在。**

當對方的磁場不可思議的來與妳對應的時候，它會反應在不同的層次裡，它可能會反應在肉身的每一個輪脈中，也可能會反應在生活中的每一個界面的結界、非結界，和打破結界的過程中，也可能會在妳的眼神裡面反應出各種不同的眼神，也可能會在妳的佛首裡反應出不同的心念，在妳肉身的每一個狀態中反應她的可行與不可行之處、她所有的困難，或正在轉換的狀態。這些都會如實反應在妳的肉身和覺受裡，就是共肉身、共密行、共如來。

這種對應的過程對解碼解密來說非常重要，這就是無上密行，共女女雙修共一肉身共無上密行本願。

在一切願力裡面，以終極女相的功德力支撐著所有女相回歸的每一個輪動的狀態，在終極女相的一切覺受裡，女相輪迴的一切苦難會反應在終極女相肉身的每一個狀態、每一個當下、每一個存在裡面，然後輪動出另外一個女相所需要解碼本身存在的不圓滿，這就是共女女雙修共一切。

即將回歸的女相在感情上、在因果上、在生老病死上、在一切的不圓滿裡面，通通會反應到終極女相的覺受裡，而當此終極女相世尊感同身受，等同自己的苦難，全面性納入一切對方磁場裡面的訴求與不圓滿的時候，也在生活中轉識成智為每一個不可思議的內涵與智慧，全面性的解除這些不圓滿。

所以，女相終極的肉身，她的功德力就是無量女相肉身的等同等持，全部變現奧義成圓滿的示現。

對方的磁場來與妳共振，一定是以她自己本身的苦難來供養妳，而當妳被牽動的當下，端看妳能不能觀到妳自身為何被牽動的本因，以妳自身如來的正法當下放下。覺受對方諸有情的苦難，在放下的當下，就是妳與對方磁場共振的功德，就是女相與女相解碼的契機。

一個終極自主的女相，在覺諸有情女相苦難的時候，當下最根本的究竟義就是——觀自己被對方磁場的一切苦難所照見自身的不圓滿之處，在感同身受的身口意裡面，觀自己密不可說的被牽動的部分。一個重要的覺受，自身要等同等持的轉識成智，把對方的苦難轉換掉，但是一定要先從自身下手。自己在放下震盪的時候，已經不再是一種個人修行上的面對，而是女相和女相之間的共振、共解碼、共佛果、共自主的圓滿。

**女女解碼而成就即身成佛的條件，就是在於女相肉身無條件的以她的每一個輪脈、每一個存在狀態裡面的第一義，觀照本身被牽動的一切，被牽動之處都等同於自己所需解碼、所需解除、所需放下的一切。**

放下就是解碼的開始，放下的當下，彼此的如來共同供養與確認，如來義就會不斷的湧動上來，這就是互解碼的基本狀態，它會反應在生活中，反應在肉身上。

肉身的密行，在解碼的當下，**如如不動的觀照是一切根本之所在，不動而納入一切女相共同的苦難，等同自身的苦難。**在轉換過程中，每一個界面層次結界的轉與不轉之間，或轉到任何層次的狀態，都在自己肉身終極的觀照覺受下，進行重大變革的變動，而進入無分別的層次。讓對方女相磁場的苦難覺受湧進的同時，能夠安住在自己等同的肉身之內，無染無為的，不斷的納入，等同於自己的茁壯與恢復。

**男女之間的相愛，即是生命變革的演化，解碼之中見真愛，解密當下見如來，以本質的心性，相應所有男女之愛的叩問，任何的愛都對應在所有的諸相中，無不是彼此叩問的答案，都是生命呈現的自主之愛。**

當第一義空性女相在做這種重大轉換的時候，她的第一義就是無量義，她的第一女相根本義就是第二、第三……和無量女相的等同等持的狀態，第一女相中道正法自主就是第二、第三……和無量女相中道正法自主。第一女相的本位，就是一切女相的共本位；第一女相自身解碼的共振一切，就是一切女相無量女相共解碼的狀態；第一女相自主的皈依境，就是一切女相、無量女相共自主皈依境的共存在。

這些都會集中在終極女相原點的存在裡面，如實如一如當下，存在於終極實相終極原點密行的主性能量裡面，共主存在著。

女相在不動的終極原點上，在生活進行的當下轉識成智，令一切無邊無量的女相自動回歸，在變動當中回歸到不動的終極原點，與女相世尊共主共本位共不動。

女相本身的示現，等同於一切諸如來入一切諸國土，入一切狀態，納一切碎片的存在。在女相的生活裡，肉身納入一切成就所需要的所有生命苦難的磁場，女相第一奧義密行肉身的存在，就在生活的點點滴滴當中，不斷的納入收圓所有一切存在的狀態。

所以，女相之終極，女相無邊無量本心究竟，等同等持於一切女相密肉身之一切存在，女相之尊貴等同世尊之存在。

**女相之於女女之根本，成就一切女相所有相對之一切解碼，女女之所有尊重之世代，解困世代所有如來密藏之無量內涵。**

因此，終極第一世尊女相，一女相之肉身就是二女相之肉身，是三女相之肉身，是無量終極女相之肉身，等同等持的在終極的原點上，無量女相等同一肉身女相的實相主性之狀態，莊嚴生活著。

而以此第一義空前女相肉身的存在，解碼了無量女相肉身的存在，以此功德共主，存在於主性的國度。

**女女肉身密無量處，女女無上雙修第一義，女女解碼當下空法義，女女本空世尊自性義，女女不二中道生死情，女女共主共義共法輪，女女不生不滅共天下，女女共願共果共如來，女女時輪金剛共功德。**

女相自身的存在，其肉身的每一個輪脈，在她的運作與對應當中，等同等持於無邊無量女相的時空，令所有存在的苦難，皆能夠收圓圓收於不二中道之世間正法。

所以，在日常生活中，女相存在的當下，就是主性如來等同存在的示現者，女相本身即是主存在的事實。

**女女自主密行身口意，皆有其終極世代收圓之無上功德，女女共主之存在，無量世界重大善逝之正法，一切女女解碼的善護，確定所有寶生如來生生不息的根本所在。**

主性正法開演的當下，就是女相等同於主性收圓一切，在終極原點裡面，終極女相的納入，就是主性國度對無量苦難的解除。

**女女成就所有的根本與最後的機會，女女共振不二當下圓收所有納入的磁場，女女等同等持共不同之共願，女女解因解碼解一切共如來之法緣。**

但是，終極女相彼此之間互解碼共解碼的連結與圓滿，要能夠成為具體存在的事實，在日常生活當中，女相就要能夠有位於終極原點的不動性，才能形成共女相世尊的共願共自主共終極圓滿的莊嚴存在。

這將是無量劫來人類在無量世界的所有存在裡面，最後回歸到正法的唯一機會。主性正法的承諾，在主性的國度裡面，將以無上正法供養女相自主，形成女相與女相互解碼的不二世尊女相共主共莊嚴存在的淨土。

# 願解男女如來真實義

——一切關係在男男的解碼、女女的解碼、無量男女的解碼，無量密中密、解中解的密中解碼。

**無關之智，無上之愛，當下之一切。**

**可說之說，在於示現之本身。**

**有落入之說，牽動之說，對應之說，相應之說，不可說之說，所有所說，無為之說，無話可說，說一切之處，說即切入點，說無所說。**

**說之大用，在於有關之一切，以如何說，以慣性說，當下說，放下說，智慧說，無上說，中道說，宇宙說，苦難說，情說，攀緣說。**

**說之尊重，在於生活，生活之生生不息，在於有關之一切。**

所有的關係，如何無關？無關之當下，無所住一切關係，所牽繫牽絆的狀態，無不是為瞭解一切諸苦，**所有諸苦就是諸佛的照見。**諸佛的照見之不可說，在於所見之處是何因。

有關之因，無關之因，因果之因，智慧之因，帝王之因，變革之因，所有格局之因，密示現之因。

**本因解碼本果，一切解碼一切。**

**帝王解碼，權謀解變動之密碼。**

**解一切變數之苦難之碼。**

解因之處在於觀自己本身當下放下慣性之本有智慧，智慧提升之無上在於肉身的生活態度，所有的渡化觀自身之渡化，所轉化之根本在於解一切苦厄，苦厄本身之狀態就是所有如來教法所要轉化的根本所在。

所有關係的本身，就是所有無關的當下，所有放下的當下，就是解除一切有所關係的攀緣之說。

**愛的本身，引動所有愛當中有關的一切，形成關係無傷的狀態，一切形式的愛，都必須放下識性的我見，本質之愛，直心生愛的心念，愛的當下，應以共同的解除成為愛本身唯一的主軸。**

**說無所說，住無所住，行無所行，用無所用。所有存在的肉身，在一切無關的情況下，**

**運作一切有關的當下，所真正運作諸佛的密碼，於存在的諸有情的世界，那就是解因解碼解如來。**

**肉身解碼，有關無關，有所無所，諸佛密行。**

**功德解碼，有類無類，教化轉化，一切隨行。**

**如來在一切處說，唯眾生不能夠覺。**因為不能夠覺察，乃至於苦難本身沒有辦法照見，所見之處皆諸相而已，所行之處都是表面之說。

所以，當來下生之正法示現在苦難眾生存在的所有界面的當下，每一個界面本身的結界都是要解一切的因緣和因緣裡面的畏因，畏因之處的解碼就在於——**眾生就是如來本身的存在，如來就是眾生的根本所在。**所以，解碼的當下，所有的密碼存在於慣性的本身，慣性等同密碼的存在，它是變動性的不動性。

以不動性面對所有的變動，所有的動之處輪動出一切的輪迴，所以迴向的本身就是輪動的當下，放下本身是唯一輪動的正法。之所以有妙法，正是在於放下本身之莊嚴正確的態度，所渡化的當下就是真正解除所有的慣性，通往內在如來。

在一切的關係當中，當彼此以慣性攀緣的當下，就通向往外的無量輪迴。在不往外的當下，不斷的放下，不往外的智慧產生一個重大的無關之智、無關之愛、無關之深遠、無關之感同身受、無關之生活，對應當下每一個有關的存在。

**生活到處充滿愛的反應，無不是成全生命之愛的終極，愛反應了一切不能自主的部分，愛必然也成就所有自主的男女，生命之生生不息，在於以本質之愛為所有相愛的唯一當下，生命在一切的存在中，都是愛的本身，愛的本體。**

有關之無關，在於一切關係的無所，無所住的、無承受的狀態。當下的照見等同於解碼的事實，所有的過程與事件，就是一切無量宇宙存在於天地人的陰陽交會當下的解因解碼。

所有眾生的關係就是在於男與女的觀念，但是，整個世代中男相主導的系統已經面臨僵化與腐朽，唯獨不往外的女相與女相之間，世間尊重的解碼，女女之間解碼所示現出來的圖騰是人類最後的機會。

**一切因，一切果，一切因果，一切密碼，一切解除。**

解苦的過程就是解碼的過程，肉身的每一個存在本身就是密碼。在苦難的當下，不檢視任何密碼存在的亮度，在轉化的當下，在圓滿的當下，在任何不可思議的當下，或思議的當下，**存在於肉身的一切行為，都是密碼放光的提點。**

密碼本身不是一種表象的號碼，密碼是如來不可思議的教法當中，每一個存在介入的重大能量場。所以，存在的當下，每一個行為都是真正存在等同如來的密碼，一密碼無量如來，一如來無量密碼，存在於肉身的基本面。

所有的基礎都是在於你能夠放下慣性，做為面對天下當下的存在的本義，對無量眾生的尊重就是你自己本身的解碼解除，**自身的解除牽動無量世界的解除，自身的解碼牽動無量世界的解碼。**

大智慧者以智慧解碼，但是，如來以解碼善護天下眾生。解碼本身沒有任何智慧慈悲的問題，解碼本身已經不需要任何多餘的智慧，無需任何智慧相，無需任何慈悲相，直接了當，沒有任何多餘的教法，沒有任何對眾生承載或不承載的問題，沒有有所住或無所住的問題，沒有無傷或有傷的問題，只有一個重大關係的當下就是——無關於天下的當下。

這一個世代，當時空一到，空前的女相彼此之間的解因解碼就會開始啟動。因為，在整個歷代數千年的傳承裡面，女相加諸於女相的苦，更勝過男相給女相的苦。當女相面對男相存在的現實條件無能為力的時候，她唯一能做的就是一直承受，直到整個僵化。當她有幸得到一個等同男相的權柄時，大部分也都不敢向男相去發作，只能夠轉向下一世代銜接的女相。女相擁有者掠奪女相承受者或傳承者，因為女相又瞭解女相，其掠奪之深重，更是深不可知。

**每一個世代，都以生命之愛來傳承所有愛的課題，每一個宇宙，因為愛而示現生命變革的道場，相愛之道，在一切的場合中，進行著無量陰陽乾坤的交替，生命以愛傳承傳遞，生命之本我，在愛中成就所有生命如來自主之愛。**

所以，唯有女相，不只是以慈悲智慧一切如來教法的顯宗之教、密宗之教，更重要的是在於非宗非密非男非女當下解開一切密碼的中道正法，來解除所有女相本身的痛苦。在解碼的當下，等同解苦，令一切女相生命的如來在根本終極女相智慧者的提點之下，等同轉化一切。

其密碼的解碼，等同對方女相如來當下的恢復，女相對女相彼此之間的重大對待，其終極根本之所在是密中密、解中解，密因一切解，密果一切解，內在的如來當下解。彼此以密碼解一切因果，解一切存在，解一切過往無量劫來存在的重大圖騰。令所有女相在以密碼解碼的當下共振，成就整個世代女相共同共願的密碼圖騰，以此供養世尊主彌勒正法無量存在的重大示現，此為終極圖騰基本盤之所在。

當世間尊重自主的女相生命開始走向互解碼的時候，在各自主、互自主、共自主的自性空前空性第一義不生不滅莊嚴重大變現的當下，無量存在的終極自主女相，彼此之間互為世間自主，互為世間尊重，互為世尊女相。互解碼就是互解苦，就是互解天下無量劫來所有陰陽之間「陰」的承受與納入的苦，並全面性解除。

當有第一義之空性終極本位女相以此成就無量智慧，以此善護女相如來恢復在肉身的時候，在解碼的當下，女相肉身任何的苦難都能夠完全被貫穿，如來直接恢復在肉身，共振解因解碼的共同圖騰。

密女相之成就，所有解，當下解，解一切，解女相本身共振慣性下之圖騰，其所企求的是，無量劫來女相對女相彼此生命最深的掠奪，獲得全面性的解除。彼此在解除解碼時的密碼，等同女相如來空性渡化的重大示現，其示現之所在，所有女相的食衣住行、任何生老病死、肉身的每一個當下行為，都空前示現。在各行各業沒有任何修為修行上的過程，直接自主的示現出來。

在解密解碼解苦的當下，通往女相如來空前的密藏與內涵，全面性的成就女相生命力的恢復，其自身的圓滿、氣場、磁場、解脫力、圓滿力，和不可思議的莊嚴之力，都將是無量劫來空前的第一次。

所以，女相在恢復之前，其所受之重大不可思議之逆向結界是非常根本的，其如來所授予之如來戒，以逆向示之於肉身的結界，在一切地球有關的關係當中，是空前逆向之戒也。

因此，自身存在的恢復要先解自身存在的密碼，解如來之密碼。從自身苦難解起，放下捆綁的開始就是解碼的當下，放下慣性的同時，獲得如來的承諾，逐一在肉身解一切生老病死苦難逆向的結界。同時，解除一切肉身逆向的痛苦，也同時解碼自己本身存在生命的法義，成就自己在終極應有之根本定位。在本位當下恢復自主，以自身存在之如來密藏恢復的當下，等同收圓、對應、善護各種重要法緣的女相終極自主夥伴，共願成就之。

所有共同之本願，皆為如來解碼之事實，解一切苦厄，解一切存在之因，解一切存在苦難之果。

**愛在佛的空性中唯一的解碼，就是如來與如來之間的共願。唯一的解密，是眾生與眾生之間的生命顯相；唯一的解脫，是無邊無量生命最後的心願，以如來本質成就一切生命之愛的圓滿。**

諸眾生即諸果，即諸如來，皆在女相解碼的共振裡面，獲得最後解救所有人類苦難的共願與共同圓滿的內涵。令所有世代苦難無量眾生，在圓滿的過程，共同納入一切世尊女相示現之自主的內涵，這是人類最後的機會。

以此終極女相共自主共圓滿的共願，共同示現，共同供養無上救世之主性，共示現在當下地球主的國度，圓滿之，莊嚴之，成就之，入主之諸國土。

# 永劫最後的機會——女相解密解碼解脫系統的建立

——全面讓女相解脫力的如來性完全彰顯在整個地球。

我們在終極廣志的最後機緣上來講，龍華三會要成就的最後關鍵核心就是「女相解脫」，這是以廣大來講。但是女相解脫的狀態就是「女女解碼」——終極女相的女女解碼，所以女女解碼的重點是在於，要解密解碼之前，它一定要有一個連鎖性的終極核心性的解苦解難。

在許多女女之間的互動上，那是一種看不到的重大苦難形式，是比較無相的苦難形式，往往在這個狀態中是一種骨子裡有很多流動性承受的殘忍，骨子裡面的一種苦難形式。所以我們必須有一個非常深遠的初衷，以全面性的終極大格局，去建立這個女相解脫的解密解碼。

這個佈局是空前絕後的狀態，這個地方我們期待有機會去開演出來，這是最後整體人類的一個再生關鍵。因為解脫的系統大部分還是以男相為主的主導，苦難的形式不同，就一定有某一個範圍裡面的解脫密碼是不同的。

整個人類大方向的解脫密碼，是具有一個整體的總持性，所以基本上我們要很清楚的知道，以中道來講，千手千眼觀音如來的圖騰是左邊有五百隻手，右邊有五百隻手，所以，如果其中一邊的五百隻手代表男相解脫系統的建立，那麼女相解脫系統在當今這個世代的建立是不夠的，也就是代表另一邊的五百隻手是不完整的，那就是男相與女相之間的不等同。

這就是今天為什麼要特別在中道的立場、地球的立場去表達，女相直接在無常之中以非宗教性的形式，去建立整個解脫狀態之解密解碼，這個終極大方向我們必須先標立出來。

**空前絕後的女女解脫密佈局，實相女女第一義奧義圖騰的解脫系統之建立。**

我們可以看到很多的國度是何等的男女不等同，今天如果有一個國度其人民的文明性，讓所有人明白某些事情是要等同等持的一種尊重的時候，這個國度人民的慧命的解脫是夠的。但是如果男女不等同的時候，男相對女相同胞的控制性是到了相當大的狀態，對女相的存在的很多肢體語言、對待關係，其控制狀態造成女相很深的卑微時，我們要很清楚的知道，這個國度裡面的男相解脫系統是無明的，是沒有什麼解脫力的。

如果今天有一些自以為小眾的解脫系統，認為這個問題沒那麼嚴重，那我們只能說，這就是最大的殘忍。他們的思維裡是──「我只管追隨我的信眾，我看不了整個地球大格局裡面陰陽相對中的不等同」，他們的小開悟裡面根本沒能力去觀照，連這個基本能量都是沒有的。

所以為什麼一開始我們整個終極大核心的根本智要非常的清楚，為什麼講「非空非有」？這個法義講直接一點，就是對所有具備某一個次第、某一種德性的所有功德者，全部很清楚的表達──這是不究竟的、不夠的。

我們不否定任何人的功德，但是全部都要打破粉碎，基本立場就是中道，我們很清楚的表達，你用中道的宏觀去看的時候，那個殘忍就是──所有在地球上的龐大女相，她們是何等的卑微被控制著，這個殘忍的事實如果都看不到，你要修什麼？

**女女共主性之緣起性空，女女共本願功德之解因解果，女女共廣志之解密解碼，逆密無上示現。**

在人類基本的立場裡面，今天若要講對廣大眾生的救渡，是誰造成所有的眾生苦難？人類自己本身。人類為什麼會造成一切眾生萬有的對待上都是被掠奪？因為人類本身男女相的等同性不夠，是失衡的狀態。

今天我們能不解決這個問題嗎？當開始解決這個問題，整個人類的相對性之兩性關係平衡了以後，所有的狀態是可以完全質變的。我們兩性之間的關係完全是有等同解脫性的時候，再大的苦難都不是問題，我們都能夠溝通出一個中道的狀態，這就是要有「互為世間尊重」，才有辦法「互為自主」的男女相，這就是空前重大的解脫的順序流程，我們整個核心點都是要解決這個問題。

但是幾千年下來社會廣大威權之下的立場，男相的江山，男相解脫性的基本系統都建立了、都足夠了，但現今的結果是什麼？女相完全上不來的一種卑微的苦難，被允許繼續存在著，這反應出男性江山幾千年下來的識性之重，其解脫力已經撐不住，而導致許多的失衡。

一個有解脫力的慧命，是不會應許許多事情失衡成這個狀態的，解脫者內在的一個「覺」中，會有一個「本明」，這個「本然的明白」裡面，一定會做出一種嘗試讓每一個世代次第的傳承裡面，有一種兩性之間的平衡，一定會有這樣子的省思和動作的，這是一個初心本質必然的反應。

**女女解脫系統空前絕後的建立，是終極世代逆密諸國土終極實相之實相藍圖。**

因為一個本質性的解脫者是會看到整個世代比較核心的狀態，和比較失衡的存在的整個苦難情況。因為他會有一個宏觀性的本質，那種才是真正的大慈悲，因為他不會落入眾生的狀態，不會屈居在一個小區塊裡面去決策許多生死的看待。

所以今天我們的核心很清楚，就整個地球的苦難來講，核心點是人類失衡，以及兩性對待的不等同和不完整，是出了問題的。今天若要快速的建立起女相的本覺立場，我們就要呼喚出所有女相背後最深的如來性，整個集結起來，整個湧動上來，讓我們的慧命形成一個重大的火把，在女相的即身裡，將其累積幾千年或甚至是永劫以來的苦難，全部燃燒殆盡，讓裡面的女相主性密藏全面整合起來。

這是女相從來沒有過的機會，若我們今天不做這個事情，那麼要讓女相的苦難狀態繼續這樣下去嗎？男相的狀態已經走盡了，就是如此而已。我們要講的是，如果女相不建立一種空前絕後的解脫內涵時，女人能做什麼？只能依樣畫胡蘆嗎？今天走了幾千年，女人從男人那兒得到一些社會經驗，得到很多外在的條件，也讓女性富足，女人的習性與男人是一樣的形式而已，女相能解脫什麼？那只是橫面的擁有。

所以，女性如此走來就會有兩種習性，除了她自己的習性，再加上男性整個外在形式上的一種資糧轉移的習性。女人擁有的過程就是同男人一樣，累積那種習性呀，只是她是用女相的狀態，去承接擁有整個識性江山的習性。如此，她自己的解脫也只能靠男相認知下的狀態，去理解解脫的系統，她自己本身本質裡面的設計，永劫以來的設計的本質性功德力，全部都沒有機會上來。

**女女共終極虛空意志，女女共解脫之解密解碼，皈依結界無上自性法報化三身等身，女相肉身解脫系統圓成。**

整個地球標示的很清楚，就是一群男性和一群女性，陰陽的對待充滿整個宇宙，陰的部分的解脫力不出來，整個宇宙絕對是失衡的，男女失衡，陰陽失衡，萬物遭殃。所以今天的重點是，全面讓女相解脫力的如來性完全彰顯在整個地球、整個台灣、整個中國，和整個人類族群裡面。女相茁壯了，男相自己才有再造的機會，男相才會退回去重新再造他自己解脫力已經完全不夠的這些狀態。

女相解脫全部湧動上來，是讓男相本身重新再審視自己長久以來的累積。當終極女相整個女女解碼解脫完全建立，整個地球是互為世尊互為自主，一個等同等持男女相完全建立的時候，就是中道無上正等正覺，讓地球成為主性國度的等同具體之時，我們對所有無邊無量萬物的對待，全面性尊重、全面性相應、全面性等同等持，就會全面性的形成。

**女女解脫之主性密藏，盟定主性臨在存在存有主之國度親臨臨在，女女主性共主，女女終極解脫虛空宇宙實相，女女肉身主性密藏逆密空行女相肉身成就。**

所以今天真正最後的機會就是女相解脫，女相的解密解碼要完全建立起來，這個終極的密義圖騰是根本核心，這裡面的密藏要完全成為龍華三會正法，和中道正法裡面的核心價值。我們不只是要建立一個重大正法的不可思議力量，但是，這裡面的核心點在人類苦難的立場來講，諸如陰陽的失衡，男女相的重大不等同，我們必須完全讓女相成就自己的自性海自性佛，在她自己日常生活中，完完全全的去體會那個轉識成智的重大經驗值，這個是空前絕後的重要，這是完全在主性殿堂中即身的重大莊嚴狀態。

女相必須懂得自己轉識成智的流程，必須懂得自己本身即身成佛的重要，必須懂得自己的問題出在哪裡，一定要即身成就自己解脫之重大密藏的完成，要用肉身具體的具體化，在日常生活之中。

女相肉身的妳就是解密解碼的一個大成就者、大智慧者、大圓滿者，妳就是女相諸佛如來的總持代表。女相一定要有這麼大的一個格局，這麼大的一個應許，這麼大的一個決心，這麼大的一個意志，這麼大的一個圖騰，這麼大的一個終極意志的解密解碼，在妳自己肉身的存在裡面。

所以，就面對妳所有的一切考驗吧！如此人類才有最後的機會，就是從此刻開始，女相的解密解碼，徹底在日常生活中建立起來。確定。

**女女終極主性意志自性法流正法輪動不可思議，女女解脫奧義圖騰，女女解密解碼實相終極本願，共世尊共實相共主性，不可思議女女共解脫系統志業圓滿實相。**

後語

# 共願的共愛

生命之慈悲，永存愛之溫柔，只有共同的承諾，迴向在彼此走過的一切時空。方向的渡化，陰陽共振的轉化，不管誰愛過了誰，時空的記憶，不論對錯，審判的分別，只照見曾經落入的慣性。

人生是一種生命的納入，生活若以純然對應，情愛之間，共生共死，情境當下，無不是共願的共愛。

國家圖書館出版品預行編目(CIP)資料

叩問男女—生命中的愛與性 / 陳炳宏、阿媞著.
— 第一版. — 臺北市 : 樂果文化出版 :
紅螞蟻圖書發行, 2015.06
面 ; 公分. — (樂生命 ; 3)
ISBN 978-986-5983-99-4(平裝)

1.修身

192.1 104009241

樂生命 003

# 叩問男女—生命中的愛與性

作　　者／陳炳宏、阿媞
總 編 輯／何南輝
行銷企畫／黃文秀
封面設計／鄭年亨
內頁設計／申朗創意

出　　版／樂果文化事業有限公司
讀者服務專線／（02）2795-3656
劃撥帳號／50118837 號　樂果文化事業有限公司
印 刷 廠／卡樂彩色製版印刷有限公司
總 經 銷／紅螞蟻圖書有限公司
地　　址／台北市內湖區舊宗路二段121巷19號（紅螞蟻資訊大樓）
電話：（02）27953656
傳真：（02）27954100

2015年 6 月第一版　定價／320 元　ISBN：978-986-5983-99-4

樂果文化

樂果文化

樂果文化

樂果文化